하루 한 구절, 지식과 지혜를 함께 쌓는
150일 한문 공부 1

허권수許捲洙

1952년 경상남도 함안 출생. 저명 한문학자, 문학박사.
한문학의 태두 연민(淵民) 이가원(李家源) 선생을 사사하여 정통 한문학의 학통(學統)을 계승했다. 경상국립대학교 중어중문학과와 한문학과 교수, 경남문화연구원 원장, 남명학연구소 소장을 역임했다. 우리한문학회 회장, 연민학회(淵民學會) 회장, 중국역사문헌학회(中國歷史文獻學會) 외국회원 대표, 북경대학·북경사범대학·남개대학(南開大學)·화중사범대학(華中師範大學) 연구교수 등을 지냈다. 현재 동방한학연구원(東方漢學研究院) 원장을 맡아 학술 활동과 한문 강의를 계속하고 있다.『조선후기 문묘종사와 예송』,『퇴계전서』등 120여 권에 이르는 저·역서와 130편이 넘는 논문을 발표했다. 한국한문학사, 한국인물사, 한중문학교류사, 한문교육, 경남지역의 한문학 등을 집중 연구하면서, 전통 학문과 현대 학계의 연결, 한국과 중국의 학술교류, 유림과 학계의 연계, 한자 한문의 교육과 보급 등에 심혈을 기울이고 있다. 7만여 권의 장서를 고향 함안에 건립된 허권수한자문화관에 기증하여 모든 사람이 열람하고 연구할 수 있게 하였다.

하루 한 구절, 지식과 지혜를 함께 쌓는
150일 한문 공부 1

초판 1쇄 발행 2025년 7월 21일

지은이 | 허권수

펴낸곳 | (주)태학사
등록 | 제406-2020-000008호
주소 | 경기도 파주시 광인사길 217
전화 | 031-955-7580
전송 | 031-955-0910
전자우편 | thspub@daum.net
홈페이지 | www.thaehaksa.com

편집 | 조윤형 여미숙 김태훈
마케팅 | 김민선
경영지원 | 김영지
인쇄·제책 | 영신사

ⓒ 허권수, 2025. Printed in Korea.

값 27,000원
ISBN 979-11-6810-353-5 (03700)

책임편집 | 김성천
디자인 | 임경선

하루 한 구절, 지식과 지혜를 함께 쌓는

150일 한문 공부 1

한자기다(漢字幾多) ~ 혹세무민(惑世誣民)

허권수 지음

태학사

서문

 필자는 어릴 때부터 아주 강렬한 습관으로 한문 고전 읽기를 좋아하였다. 그러면서 혼자 '이렇게 좋고 유익하고 재미있는 내용을 왜 사람들이 배워 알려고 하지 않을까?'라고 의아해하였다.
 자라서 한문 실력이 향상되어 번역을 할 수 있을 수준에 이르렀을 때는 '우리나라나 중국의 고전에 실려 있는 좋은 내용을 얼른 번역해서 널리 배포해 우리나라의 역사와 전통이 후세에 전하도록 해야지.'라고 굳게 다짐하였다.
 우리나라의 역사와 전통을 알기 위해서는 우리나라 사람으로서 한자 한문을 몰라서는 절대 안 된다. 오늘날은 비록 한글전용을 한다고 해도, 정상적인 언어생활을 하려면 한자 한문을 반드시 알아야 한다. 일상생활에서의 간단한 의사표시가 언어생활의 전부는 아니다.
 그러나 1948년 대한민국 정부 수립 이후, 국가적으로 문맹자 퇴치에 급급한 나머지 한자 한문 교육을 도외시하였다. 그 영향으로 우리나라의 어문교육은 매우 비정상적인 길로 가고 말았다. 대부분의 우리나라 지도층 인

사는 외국의 것은 상당히 잘 아는 반면, 자기 조상이 남긴 글의 내용은 전혀 모르면서도 부끄러워할 줄 모른다. 한자 한문을 모르고서는 우리의 역사와 전통문화에 제대로 접근할 수가 없다. 그래서 외형적인 문화는 유지되는 것 같아 보이지만, 우리나라의 정신적 문화는 날로 쇠퇴하면서 빈약해져 가고 있다. 그러나 이런 점을 깨닫고 바로잡으려는 사람이 아무도 없으니, 실로 개탄스러운 노릇이다. 상당수 지식인들이 난독증(難讀症) 환자로, 책을 읽어도 내용을 정확하게 파악하지 못한다. 그러니 좀 수준이 있는 책들은 아예 읽지를 못한다.

필자가 다행히 한문학을 연구하고 교육하는 교수의 자리에 있게 되어, 나름대로 최선을 다해서 연구하고 교육하며 35년을 지내다 정년퇴직하였다. 그러나 좋은 한문 고전의 내용을 널리 알리고자 노력했음에도 그 효과는 기대했던 것에 비해서 너무나 미미하였다. 연구하여 내놓은 논문이나 저서를 그 분야의 전공자 아닌 사람이 읽는 경우가 거의 없고, 또 강의도 전공학과의 학생들만 듣기 때문에, 그 효과는 극히 한정적이었다.

적지 않은 연구논문과 저서를 남겼지만, 젊을 때 품었던 '한문 고전에 담긴 학문이나 사상을 세상에 전파한다.'는 희망에는 전혀 미치지 못했다. 나이가 들어 어떤 영향력을 발휘할 수 있는 기회는 점점 줄어들어 혼자 안타까워해 왔을 따름이다.

그러나 희망의 실현은 뜻하지 않은 곳에서 일어났다. 2003년 4월부터 『경남신문(慶南新聞)』에 연재한 「허권수(許捲洙)의 한자·한문 이야기」가 의외로 대단한 반향(反響)을 불러일으켰다. 이 글은 단순히 어느 날 하루 신문 지면에만 한 번 실리고 마는 것이 아니었다. 마침 현대사회에 널리 보급된 인터넷, 스마트폰, 카톡 덕분에 사방팔방으로 퍼져 나가 읽히고, 또 영구히 저장되어 전해지게 되었다. 최근에는 심지어 AI에서 검색되기까지 한다. 전문 연구자는 물론이고, 학생, 공무원, 회사원, 기업가, 소상인, 정치가, 군인

등 읽어 보고 반응을 보이는 사람이 기하급수적으로 늘어났다.

2003년 연재를 시작할 때 칼럼 제목은 「허권수의 한자·한문 이야기」였는데, 신문사의 권유로 2006년 7월 '153회 시위소찬(尸位素餐)'부터 「허권수의 한자로 보는 세상」으로 제목이 바뀌어 오늘에 이르고 있다.

이 칼럼의 독자들 가운데 칭찬하는 사람이 많지만, 반대의견을 개진하는 사람도 없지 않다. 자기 의견과 맞지 않는다고 매도하는 사람, 심지어 지엽적인 문제로 소송 운운하는 사람까지 있었다. 그런 가운데 「허권수의 한자로 보는 세상」이, 사람들이 모인 곳에 가면 자주 화제가 되었다. 매일 아침 성경처럼 한 항목 한 항목 반복해서 읽는 독자도 있고, 1천 회가 넘도록 한 번도 빠뜨리지 않고 스크랩한 분도 있고, 매일 손으로 몇 부를 베껴서 어린 손자들에게 나누어 주는 연로하신 독자도 있고, 읽고 감동받았다며 자주 전화하는 구순을 넘긴 수필가도 있고, 심지어 외국에 나가 있으면서도 읽어 본다며 전화를 해 온 분도 있다.

그러자 책으로 내기를 권유하는 분들이 점점 늘어 갔다. 마침 2023년에 연재를 시작한 지 20주년을 맞은 데다가 1천 회를 돌파했기에, 기념으로 그 해 10월에 제1권을 보고사에서 내었다. 지금까지 쓴 글이 원고지 1만 매를 넘었으니, 책으로 묶으면 10권 가까이 될 것이다. 1인 필자가 쓰는 칼럼으로서 연재를 거르는 일 없이 1천 회를 지속한 경우도 거의 유례가 없는 모양이다.

이 연재물은 단순히 한자 한문 이야기에 그치는 것이 아니고, 필자는 이 글을 통해서 한국한문학, 중국문학, 전통문화, 우리나라 역사와 지리, 중국의 역사와 지리 등을 널리 알리면서, 민족정기 고취, 처세의 지혜 배양, 예절 교육, 사회 정화, 서예 예술 교육 등 다양한 효과를 얻고 있다.

그럴수록 한 편의 글을 쓰면서, 최선을 다해 폭넓게 자료를 수집하여 이해하기 쉬운 글을 완성하려고 노력하고 있다. 많은 독자들이 깊은 관심을 가지고 읽고 활용하니까, 그들을 오도(誤導)하는 것은 큰 죄를 짓는 일이기 때문에 매회 외경감(畏敬感)을 가지고 붓을 잡는다.

이제 새로이 태학사(太學社) 지현구(池賢求) 회장의 권유로 태학사에서 책을 출판한다. 이번에 출판하는 제1권, 제2권을 필두로 하여 차례로 10권 이상 세상에 내놓을 계획이다. 매주 원고를 계속 쓰고 있으니, 최종적으로 몇 권에 이를지 지금으로서는 모른다.

이 책이 널리 보급되어, 우리나라의 언어생활이 정상화되고, 우리의 우수한 역사와 전통문화가 올바르게 이해되어 계승 발전되고, 인성이 회복되고, 사회질서가 바로 서고, 독자 모두의 생활이 즐겁고 보람 있게 느껴진다면, 저자로서 더없이 다행이겠다. 독자 여러분들의 많은 의견 제시와 지적을 바라는 마음 간절하다.

특히 어린 학생들이 이 책을 통해서 한자 한문에 대한 지식을 늘려 나간다면 참으로 기쁘겠다. 한자 한문 교육은 학생들에게 학습 부담을 주는 것이 절대 아니라, 모든 학과목을 탁월하게 공부하는 지름길이 될 것임을 확신한다.

깔끔하고 멋스러운 책으로 출판해 준 지현구 회장님, 편집과 교정에 노고가 많았던 김성천 부장 및 태학사 관계자 모두에게 깊은 감사를 드린다.

2025년 청명절(淸明節)에,
허권수(許捲洙) 경서(敬序).

【차례】

서문   4

1   한자기다 漢字幾多 — 한자는 얼마나 많을까?   17
2   필획복잡 筆劃複雜 — 한자의 필획이 복잡하다   21
3   수창한자 誰創漢字 — 한자는 누가 만들었을까?   24
4   한자특성 漢字特性 — 한자에는 어떤 특징이 있는가?   27
5   제자구리 製字具理 — 글자 구성에 논리체계가 있다. 체계적(體系的)으로 구성(構成)된 한자   30
6   학자유결 學字有訣 — 한자를 배우는 데는 비결이 있다   33
7   독서득지 讀書得智 — 책을 읽어 지혜를 얻는다   36
8   개권유익 開卷有益 — 책을 펼치기만 해도 유익하다   38
9   삼여독서 三餘讀書 — 세 종류의 여가에 책을 읽는다   40
10   불필학습천자문 不必學習千字文 — 꼭 『천자문』을 배울 것 없다   43
11   하유입문 何由入門 — 어디로부터 입문해야 할까?   46
12   공자위성유어독서 孔子爲聖由於讀書 — 공자가 성인이 된 원동력(原動力)은 독서에 있다   49
13   독서귀자득 讀書貴自得 — 독서는 자득(自得)하는 것을 중요하게 여긴다   52
14   독서종류 讀書種類 — 독서의 종류에는 어떤 것이 있는가?   54

15	단기지교斷機之敎— 베틀의 베를 잘라 교훈을 보인 맹자(孟子) 어머니	57
16	독만권서, 행만리로讀萬卷書, 行萬里路— 만 권(萬卷)의 책을 읽고, 만 리(萬里)의 길을 걸어라	60
17	견수불견림見樹不見林— 나무는 보고 숲은 보지 못한다	63
18	기서약명嗜書若命— 책을 목숨처럼 좋아한다	65
19	위편삼절韋編三絶— 죽간을 엮은 가죽끈이 세 번 끊어지다	67
20	굴중독서窟中讀書— 동굴 속에서 글 읽는 아이, 굴원(屈原)	70
21	쇄아복중서曬我腹中書— 내 배 속의 책을 말린다	73
22	호학지군好學之君— 배우기를 좋아한 임금, 세종대왕(世宗大王)의 독서벽(讀書癖)	76
23	등화가친지절燈火可親之節— 등불을 가까이할 만한 때	79
24	행백리자, 반구십리行百里者, 半九十里— 백 리 길을 가는 사람은 구십 리를 반으로 친다	82
25	극구광음隙駒光陰— 망아지가 달리는 것을 문틈으로 보는 듯한 빠른 세월	85
26	자고고학刺股苦學— 잠이 오면 송곳으로 허벅지를 찔러 잠을 깨며 애써 공부하다	88
27	마저성침磨杵成針— 쇠 절굿공이를 갈아 바늘을 만들다	91
28	다언하익多言何益— 말을 많이 하여 무슨 도움이 되겠는가?	94
29	추녀효빈醜女效顰— 못난 여인이 찡그린 모습을 흉내 내다	97
30	정인매리鄭人買履— 정나라 사람의 신 사기	100
31	구곡주九曲珠— 아홉 굽이의 구멍이 뚫린 구슬	103
32	포정해우庖丁解牛— 솜씨 좋은 백정의 소 잡기	106
33	경국지색傾國之色— 나라를 망칠 만한 아름다운 여인	109
34	괄목상대刮目相待— 눈을 비비고서 본다	112

35	사지四知 — 좋지 않은 수작은 하늘이 알고 귀신이 알고 자기가 알고 상대방이 안다	115
36	정문입설程門立雪 — 가르침을 구하는 정성이 있어야 한다	117
37	낙양지가귀洛陽紙價貴 — 낙양의 종잇값이 비싸졌다	120
38	한단학보邯鄲學步 — 서울 사람 걸음 배우다가 자기 걸음도 잊어버려	122
39	거안제미擧案齊眉 — 밥상을 눈썹 높이만큼 높이 들다	125
40	타증불고墮甑不顧 — 깨뜨린 시루는 돌아보지 않는다	128
41	지족자부知足者富 — 만족함을 아는 사람이 부자	131
42	일년지계, 막여수곡一年之計, 莫如樹穀 — 한 해를 위한 계획으로는 곡식을 심는 것만 한 것이 없다	134
43	적선지가, 필유여경積善之家, 必有餘慶 — 착한 일을 쌓아 온 집안에는 반드시 남은 경사가 있다	136
44	철면피鐵面皮 — 쇠로 된 얼굴 가죽	139
45	형설지공螢雪之功 — 반딧불이나 눈빛에 비춰서 책을 읽는 노력	142
46	습로즉신흠習勞則神欽 — 수고로운 일에 습관이 되면 귀신도 존경한다	145
47	검려지기黔驢之技 — 귀주(貴州)에 사는 나귀의 재주	148
48	임강지미臨江之麋 — 임강의 고라니	151
49	인곤성지因困成智 — 곤란으로 인해서 지혜를 이룬다	154
50	기세도명欺世盜名 — 세상을 속이고 명예를 훔친다	157
51	각주구검刻舟求劍 — 배에 표시를 새겨 칼을 찾으려 해	160
52	지자막약부知子莫若父 — 아들을 아는 데는 아버지만 한 사람이 없다	163
53	새옹지마塞翁之馬 — 국경지방에 사는 노인의 말. 사람의 미래는 예측하기 어렵다	166

54	**곡돌사신**曲突徙薪 — 온돌의 고래를 굽게 만들고 땔나무를 옮긴다. 미리 근본적인 해결책을 강구하라	168
55	**곡고화과**曲高和寡 — 노래 곡조의 수준이 높아지면 따라 하는 사람이 적어진다	171
56	**정저지와**井底之蛙 — 우물 안 개구리. 견문이 좁은 사람	173
57	**타면대건**唾面待乾 — 얼굴에 침을 뱉으면 마르기를 기다려라	176
58	**학무지경**學無止境 — 배움에는 끝이 없다	179
59	**진금부도**眞金不鍍 — 진짜 금은 도금을 하지 않는다	182
60	**적반하장**賊反荷杖 — 도둑놈이 도리어 몽둥이를 둘러멘다. 잘못한 사람이 큰소리친다	185
61	**도문대작**屠門大嚼 — 백정집 문 앞을 지나면서 크게 입을 다신다	188
62	**백련봉성**百鍊鋒成 — 백 번 단련하면 칼날이 이루어진다	190
63	**수심불여무심**守心不如無心 — 마음을 다잡는 것이 마음 안 쓰는 것만 못하다	193
64	**소리장도**笑裏藏刀 — 웃음 속에 칼날이 감추어져 있다	196
65	**인기아취**人棄我取 — 다른 사람이 버리면 나는 취한다	199
66	**인개고염열, 아애하일장**人皆苦炎熱, 我愛夏日長 — 다른 사람들은 다 더운 것을 괴로워하지만, 나는 여름날이 긴 것을 사랑한다	202
67	**경당문노, 직당문비**耕當問奴, 織當問婢 — 밭 갈기는 마땅히 사내종에게 물어보고, 베 짜기는 마땅히 계집종에게 물어보라	205
68	**일자천금**一字千金 — 한 글자라도 고치면 천금을 주겠다	208
69	**요동백시**遼東白豕 — 요동 사람의 흰 돼지 새끼	211
70	**백운친사**白雲親舍 — 저 흰 구름 아래가 어버이 계신 집	214

71	복소지하무완란 覆巢之下無完卵 — 뒤집힌 둥우리 아래에는 온전한 알이 없다	217
72	방휼지쟁, 어부지리 蚌鷸之爭, 漁夫之利 — 방합조개와 도요새가 싸우는 것은 어부의 이익이 된다	220
73	명주탄작 明珠彈雀 — 야광주로써 참새를 쏜다	223
74	겸청즉명 兼聽則明 — 양쪽 말을 아울러 들으면 현명해진다	226
75	절영 絶纓 — 갓끈을 끊다	229
76	삼년불규원 三年不窺園 — 삼 년 동안 자기 집 정원도 보지 않는다	232
77	고명사의 顧名思義 — 이름을 돌아보고 뜻을 생각한다	235
78	완석점두 頑石點頭 — 무딘 돌도 머리를 끄덕인다	238
79	천도수근 天道酬勤 — 하늘의 도는 부지런함에 보답한다	241
80	귀곡천계 貴鵠賤鷄 — 고니는 귀하게 여기고 닭은 천하게 여긴다	244
81	사관즉원 事寬則圓 — 일은 너그럽게 처리하면 원만하게 해결된다	247
82	상탁하부정 上濁下不淨 — 윗물이 흐리면 아랫물도 맑지 못하다	250
83	호가호위 狐假虎威 — 여우가 호랑이의 위세를 빌리다	253
84	귀인다망 貴人多忘 — 귀한 사람은 잊어버린 것이 많다	256
85	군자관선 君子觀善 — 군자다운 사람은 남의 좋은 점을 보고 배운다	259
86	시인물념, 수시물망 施人勿念, 受施勿忘 — 사람들에게 베풀고는 생각하지 말고, 베풂을 받고는 잊지 말아라	262
87	불언인단 不言人短 — 남의 단점을 이야기하지 않는다	265
88	양두구육 羊頭狗肉 — 양 머리를 걸어 놓고 파는 것은 개고기	268
89	줄탁동시 啐啄同時 — 병아리와 어미 닭이 동시에 쪼다	271
90	서자심화 書者心畵 — 글씨는 마음의 그림	274
91	지이료사 智以料事 — 지혜로써 일을 처리하다	277

92	교각살우矯角殺牛 — 뿔을 고치려다 소를 죽인다	280
93	습여성성習與性成 — 습관도 천성처럼 될 수 있다	283
94	연목구어緣木求魚 — 나무에 올라가 물고기를 잡으려 한다	286
95	생어우환, 사어안락生於憂患, 死於安樂 — 걱정 속에서 살아나고, 안락 속에서 죽어 간다	289
96	알묘조장揠苗助長 — 벼 싹을 뽑아 올려 크는 것을 도와준다	292
97	선입위주先入爲主 — 먼저 들어간 것이 주인이 된다	295
98	대증투제對症投劑 — 병 증세에 맞추어 약을 투여해야 한다	298
99	어목혼주魚目混珠 — 물고기 눈알이 구슬과 섞여 있다	301
100	작사도방作舍道傍 — 길가 집 짓기	304
101	기호난하騎虎難下 — 호랑이 등에 타면 뛰어내리기 어렵다	307
102	노안비슬奴顏婢膝 — 남자 종의 얼굴빛과 여자 종의 무릎. 비굴한 자세	310
103	용의살인庸醫殺人 — 엉터리 의원이 사람 죽인다	313
104	문장화국文章華國 — 문장으로 나라를 빛낸다	315
105	인지위덕忍之爲德 — 참는 것이 덕이 된다	318
106	적덕유후積德裕後 — 덕을 쌓으면 후세가 번성해진다	321
107	숭조목족崇祖睦族 — 조상을 숭배하고 동족끼리 화목하게 지낸다	324
108	감공형평鑑空衡平 — 거울처럼 환하고 저울대처럼 공평하다	327
109	야용회음冶容誨淫 — 요염하게 꾸민 용모는 음란한 마음을 일으킨다	330
110	수불석권手不釋卷 — 손에서 책을 놓지 않는다	333
111	노출마각露出馬脚 — 말의 다리를 드러내다. 엉큼한 속셈을 드러내다	335
112	일실족성천고한一失足成千古恨 — 한 번의 실수가 족히 영원한 한이 될 수 있다	337
113	무신불립無信不立 — 신의가 없으면 어떤 일이 성립될 수 없다	340

번호	성어	뜻	쪽
114	분형동기 分形同氣	형제란 형체는 나뉘었지만 기운은 같은 관계다	342
115	수주대토 守株待兎	나무의 그루터기를 지키며 토끼를 기다린다	344
116	휘질기의 諱疾忌醫	병을 숨기고 의원을 꺼린다	346
117	인미언경 人微言輕	사람이 미미하면 말도 무게가 없다	348
118	노민상재 勞民傷財	백성을 괴롭히고 재물을 손상한다	351
119	엄이도령 掩耳盜鈴	자기 귀를 가리고 방울을 훔친다	354
120	보본반시 報本反始	근원에 보답하고 처음으로 돌아간다	357
121	유비무환 有備無患	준비한 것이 있으면 걱정이 없다	359
122	승영구구 蠅營狗苟	파리처럼 윙윙거리며 달려들고 개처럼 구차하게 군다	361
123	사면초가 四面楚歌	사방에서 초나라 노래가 들리다. 고립무원(孤立無援)의 처지가 되다	364
124	행불유경 行不由徑	길 갈 때 지름길을 경유하지 않는다	366
125	계주생면 契酒生面	곗술로 낯내기	368
126	욕속부달 欲速不達	빨리 하려고 하면 목적을 달성할 수 없다	371
127	거수거자 擧讐擧子	원수를 추천할 수도 있고 아들을 추천할 수도 있다	374
128	시재망작 恃才妄作	재주를 믿고서 아무렇게나 행동한다	377
129	선정후독 先貞後黷	처음에는 곧게 살다가 나중에는 더럽게 된다	380
130	음수사원 飮水思源	물을 마시면서 그 근원을 생각한다	383
131	개관사정 蓋棺事定	관 뚜껑을 닫아야 일이 확정된다	386
132	입법인민 立法因民	법을 제정할 때는 백성들의 형편에 바탕을 두어야	389
133	풍수지탄 風樹之歎	부모에게 효도하고 싶어도 할 수 없는 한탄	392
134	곡불재등 穀不再登	곡식은 두 번 익지 않는다	394

| 135 | 주능성사, 주능패사 酒能成事, 酒能敗事 — 술이 능히 일을 이루기도 하고, 일을 실패시키기도 한다 | 397 |

| 136 | 과전불납리, 이하부정관 瓜田不納履, 李下不整冠 — 외밭에서 신을 고쳐 신지 말고, 오얏나무 아래서 갓을 바로잡지 말라 | 400 |

| 137 | 가정맹어호 苛政猛於虎 — 가혹한 정치는 호랑이보다 더 사납다 | 403 |

| 138 | 만초손, 겸수익 滿招損, 謙受益 — 자만하면 손해를 부르고, 겸손하면 이익을 부른다 | 406 |

| 139 | 양속현어 羊續懸魚 — 양속이 고기를 달아맸다 | 409 |

| 140 | 교언영색 巧言令色 — 간교한 말과 좋은 얼굴빛 | 411 |

| 141 | 이와전와 以訛傳訛 — 잘못된 것을 잘못 전하다. 잘못된 소문이나 상식이 자꾸 전해지다 | 414 |

| 142 | 혈구분인, 선오기구 血口噴人, 先汚其口 — 피를 머금은 입으로 남에게 뿜으면, 먼저 그 입을 더럽힌다 | 417 |

| 143 | 인열폐식 因噎廢食 — 목이 막힌다고 먹는 것을 그만둔다 | 420 |

| 144 | 신상필벌 信賞必罰 — 공이 있으면 반드시 상을 주고, 죄가 있으면 반드시 벌을 준다 | 423 |

| 145 | 존사중도 尊師重道 — 스승을 존경하고 도덕을 중시한다 | 426 |

| 146 | 행인지불행 幸人之不幸 — 다른 사람의 불행을 다행으로 여긴다 | 430 |

| 147 | 자업자득 自業自得 — 자기의 업을 자기가 얻는다 | 433 |

| 148 | 사반공배 事半功倍 — 일은 반만 하고도 성과는 두 배가 된다 | 436 |

| 149 | 사시이비 似是而非 — 옳은 듯하나 틀린 것 | 439 |

| 150 | 혹세무민 惑世誣民 — 세상을 미혹하게 만들고 백성들을 속인다 | 445 |

1

한자기다
漢字幾多

한자는 얼마나 많을까?

한자는 얼마나 많을까? 글자가 너무 많아 배우기 어려울까? 보통 사람들은 '한자(漢字)'라는 말만 들으면, 먼저 '그렇게 많은 한자!'라는 느낌을 갖고 겁부터 먹는다.

한자는 글자 수가 많은 것은 사실이다. 1716년 청(淸)나라 강희제(康熙帝) 때 편찬된 『강희자전(康熙字典)』에는 4만 2174자의 한자가 수록되어 있고, 1986년 중화인민공화국에서 나온 『한어대자전(漢語大字典)』에는 5만 4678자의 한자가 수록되어 있다.

그러나 한문 문헌에서 일반적으로 자주 쓰이는 한자는 3천여 자에 불과하다. 사서삼경(四書三經)에 쓰인 글자 수를 다 합쳐도 5천여 자에 불과하다. 『논어(論語)』에는 1500여 자, 『맹자(孟子)』에는 1800여 자 정도의 한자가 쓰였다.

한자가 5만 자 이상이나 되지만, 그중 반 이상은 자전(字典)에만 실려 있을 뿐 어떤 책에서도 쓰인 적이 없고, 실제로 쓰인 용례(用例)가 있는 한자는 2만 2천여 자에 불과하다. 이 2만 2천여 자 가운데서도 반 쯤은 고유명사로만 쓰이거나 특정한 고전(古典)에 한두 번 쓰일 뿐이다.

『조선왕조실록(朝鮮王朝實錄)』,『고려사(高麗史)』,『삼국사기(三國史記)』 등 우리나라의 중요한 고전 문헌에 쓰인 적이 있는 한자의 숫자를 다 합쳐도 1만 6천여 자에 지나지 않는다.

우리나라에서는 지금 교육용 한자 1800자를 선정해 놓았다. 이것만 알면 우리나라에서 쓰이는 한자어(漢字語)의 98퍼센트 이상을 저절로 알 수 있다. 한자를 전용하는 중국에서도 현재 1500자를 모르는 사람을 문맹자(文盲者)로 간주한다. 1500자 정도만 알아도 중국 본토에서도 문맹자 취급을 당하지 않으니, 실제 쓰이는 한자의 수는 별로 많지 않다는 것을 알 수가 있다.

한자를 1500자 아는 것은 단순히 글자 1500개를 아는 데서 그치는 것이 아니다. 한자의 가장 효율적인 기능은, 한자 1500자만 알면 약 10만 개의 단어를 거의 저절로 알 수 있다는 데 있다. 예를 들어, '산(山)' 자, '수(水)' 자, '중(中)' 자, '촌(村)' 자 등 한자 넉 자만 알면, 산수(山水), 산중(山中), 수중(水中), 촌중(村中), 산촌(山村), 수촌(水村), 산중촌(山中村), 수중산(水中山), 촌중산(村中山), 산수중(山水中), 산수촌(山水村) 등 배우지 않고도 많은 한자어를 거의 자동적으로 알 수가 있다. 알고 있는 한자가 많으면 많을수록 조합(組合)해서 만들어 낼 수 있는 한자어는 기하급수적으로 불어난다.

한글은 24자밖에 되지 않아 하루아침에 다 배울 수 있다고 한다. 그러나 24자를 다 알게 된 어린이나 외국인이 한글로 쓰인 단어의 뜻을 저절로 알아서 책을 읽고 내용을 이해할 수는 없다. 사실 한글 자모(字母)인 ㄱ ㄴ ㄷ이나 ㅏ ㅓ ㅗ 등은 발음을 나타내는 부호에 불과하다. 곧 한자의 각 글자를 구성하는 획(劃)에 불과하다. 24자를 다 아는 사람이 책을 읽고 그 내용을 이해하려면 각각의 단어의 뜻을 따로 다 힘들여 기억해야 한다. 우리말 단어 5천 개를 외우기는 한자 5천 자 외우기보다 훨씬 힘들 뿐만 아니라, 우리말 단어 5천 개는 서로 조합(組合)되어 저절로 알 수 있는 새로운 단어를 만들어 낼 수 있는 것은 거의 없다. 그리고 우리말 단어 5천 개 정도 아는 실력으로는 도저히 책을 읽어 그 내용을 알거나 내용 있는 대화를 할 수가 없다.

자기가 배운 적이 없는 단어를 처음 보고서도 뜻을 알 수 있는 언어는 한자 한문밖에 없다. 그러니 한자 한문은 절대 배우기 어렵지 않다. '푸를 청(靑)' 자와 '하늘 천(天)' 자를 아는 어린이는 '청천(靑天)'이라는 단어를 보는 순간 바로 '푸른 하늘'이라는 뜻을 안다. '새 신(新)' 자와 '새길 간(刊)' 자를 아는 어린이는 '신간(新刊)'이라는 단어를 보는 순간 바로 '새로 간행한 책'이라는 뜻을 안다. 1994년에 필자의 일곱 살 딸이 필자를 따라 북경(北京)에 가서 살았는데, 웬만한 단어는 보는 순간 뜻을 알았다. 글자를 배우는 것과 동시에, 그 글자가 들어간 한자어를 배운 적이 없으면서도 뜻 아는 것을 직접 증명할 수 있었다. 한자는 글자 수가 많아서 배우기 어렵다는 것은 배워 보지 않고서 미리 겁을 먹는 것이다. 한자는 실제로 쓰이는 것은 얼마 되지 않고 또 배우기도 어렵지 않다.

"한자를 배우지 않아도 얼마든지 의사소통을 할 수 있는데, 한글전용을 할 것이지, 어려운 한자를 무엇 때문에 굳이 배우려고 하느냐?"라고 주장하는 사람이 많이 있다. 인류의 생활은 의사소통에서 끝나는 것이 아니다. 문화(文化)의 전승(傳承)과 학문의 발전은 다 책을 통해서 이루어져 왔다. 책에 쓰인 학술용어나 고급 문화를 담은 언어는 한자나 한문이 아니면 표현할 수가 없다.

2003년 3월 31일

漢: 한수(漢水) 한　字: 글자 자　幾: 몇 기, 얼마 기　多: 많을 다
• '漢'은 한자와 관계된 모든 것을 나타내는 글자.

2

필획복잡
筆劃複雜

한자의 필획이 복잡하다

획수가 너무나도 많은 한자(漢字), 정보화시대에 살아남을 수 있을까?

한자는 글자 하나하나를 두고 말하면, 그 획수(劃數)가 분명히 많다. 그러나 단순히 한글이나 로마자 한 글자와 한자 한 글자를 대비하여, 한자는 획수가 많아서 쓰기가 어렵고 시간이 많이 걸린다고 하는 것은 공정한 비교가 아니다. 한글 '하', '며', '니' 등의 한 글자로는 의미를 담고 있지 못하다. 영어도 a, y, k 등 한 글자로는 뜻을 담지 못한다. 한글과 영어는 여러 개의 자모(字母)가 어울려야 뜻을 나타내는 단어가 된다. 그러나 한자는 원칙적으로 한 글자가 뜻을 나타내는 하나의 단어이다. '목(木)'이라는 글자 하나가 하나의 개념을 가진 단어이다.

동일한 분량의 내용을 나타내는 데 소요되는 시간이나 노력을 다른 문자와 비교해서, 한자는 쓰는 데 시간과 노력이 많이 든다고 해야 옳은 비교가 될 수 있다. '할아버지'와 '조(祖)', '이야기하다'와 '왈(曰)', '지팡이'와 '장(杖)', '푸르다'와 '청(靑)' 등을 함께 비교하여야 한다. 간혹 예외가 있기는 하지만, 한자는 한글이나 영어와 비교하면 같은 내용을 나타내는 데 있어서 글자의 획수가 훨씬 적다. 예를 들어 "할아버지께서는 고기를 좋아하신다."라는 뜻을 한문으로 표기하면 '조호육(祖好肉)'이 되는데, 한글로 된 문장은 모두 67획이지만 한자로 된 문장은 21획이다. 동일한 길이의 내용을 전달하는 데 있어 한글은 한자보다 평균 세 배 내지 네 배 정도 획수가 더 많다. 우리말 속에 들어 있는 한자어를 설령 토박이말로 다 풀 수 있어 푼다고 해도, 분량이 엄청나게 길어지기 때문에 읽거나 쓰는 데 많은 시간과 정신력을 낭비해야 한다. 한글로 풀어 쓸 경우 또 한 개의 단어로서 집약(集約)이 안 되기 때문에 의미 파악에도 많은 장애가 따른다.

또 한글로 풀어 써 놓으면, 그만큼 읽는 사람의 시력(視力)도 혹사당해야 하고, 종이 소비량도 늘어나고, 보관하는 데 필요한 공간도 몇 배로 늘어나야 한다. 참고로 이야기하면, 오늘날 유엔총회나 안전보장이사회의 회의록은 세계 6개 국어로 번역되고 있는데, 한자를 쓰는 중국어로 된 회의록은 영어, 불어 등 여타 언어로 된 회의록 두께의 4분의 1밖에 되지 않는다. 이는 바로 한자의 간결성과 의미 함축 기능이 뛰어나다는 것을 증명해 준다. 현재 우리나라에서 번역되는 중국의 도서들은, 그 원본을 보면 알찍한 150페이지 내외 정도의 문고판 책이 대부분이다. 부피가 있는 학술서적 등은 거의 번역이 되지 않는데, 5백 페이지 정도의 도서를 번역해서 출판하면 2천여 페이지로 불어나기 때문이다.

오늘날은 컴퓨터가 필수품처럼 되어 있어 한자의 획수가 많은 것은 전혀 문제가 되지 않는다. 한자어를 한글로만 쳐 넣어도 특별히 희귀한 글자가 아닌 경우 컴퓨터에 자동으로 한자로 바꿔 주는 기능이 개발되어 사용되고 있기 때문이다. 같은 분량의 내용을 담은 문장일 경우 글자 수는 한자가 제일 적다. 이렇기 때문에 앞으로 한자는 정보화시대가 되면 더욱더 환영을 받을 것이다. 정보화시대에는 동일한 시간 동안 가장 많은 정보량을 교환할 수 있는 문자가 환영을 받을 것인데, 그런 문자가 바로 한자인 것이다. 중국에서는 지금 공공연히 광고문구 등에서 자랑을 하고 있다. "2015년이 되면, 세계에서 가장 많이 쓰이는 글자는 한자"일 거라고.

한자 문맹자를 대량으로 양성하고 있는 오늘날 우리나라의 교육현실을 다시 한번 심각하게 생각해 봐야 하겠다. 한자를 모르고서 정보화시대에 대비할 수 있을 것인가?

획수가 많아 어려워 보이는 한자도 대부분 많이 쓰이는 쉬운 한자의 결합체이기 때문에 기본 되는 한자를 쓸 줄 알면, 나머지 한자는 대부분 쓸 수 있게 된다.

2003년 4월 7일

筆: 붓 필　　劃: 그을 획　　複: 겹 복　　雜: 섞일 잡

3

수창한자
誰創漢字

한자는 누가 만들었을까?

오늘날 지구상에 존재하는 문자 가운데 사용하는 인구수가 제일 많은 이 한자(漢字)는 누가 만들었을까? 중국의 고전인 『한비자(韓非子)』, 『세본(世本)』, 『설문해자(說文解字)』 등의 책에는, "황제(黃帝)의 사관(史官)인 창힐(倉頡)이 새나 짐승의 발자국을 보고 하룻밤 사이에 한자를 만들어 내자 하도 신기해서 귀신이 울었다."라고 기록되어 있다.

그러나 사실 이는 전설적인 이야기에 불과하다. 한자는 일시에 한 사람이 만들어 낼 수 있는 것이 아니다. 이러한 사실은, 후대로 내려올수록 한자의 글자 수가 불어나고, 의미가 다양해지고, 형태가 변하는 것에서 알 수 있다.

아주 옛날에는 각 지역마다 한자의 형태가 달랐다. 갑골문(甲骨文)에 나타난 한자 가운데는 심한 경우 한 개의 글자이면서도 60여 가지의 다른 모양을 가진 것도 있다. 오늘날은 인쇄하는 활자의 모양이 고정됨에 따라서 같은 글자이면서 모양이 다른 한자가 많이 정리되었지만, 그래도 '군(群)'과 '군(羣)', '리(裏)'와 '리(裡)' 등이 함께 통용되고 있는 실정이다.

중국의 전국시대(戰國時代)에는 일곱 나라에서 쓰이는 한자의 모양이 서로 상당히 달랐다. 그래서 진시황(秦始皇)이 천하를 통일한 뒤인 기원전 221년에 승상 이사(李斯)에게 명하여 일곱 나라의 문자를 통일하도록 한 것에서 이 사실을 증명할 수가 있다.

한자는 오랜 시일에 걸쳐서 넓은 지역에서 많은 사람들이 지혜를 모아서 만들어 내었다. 그래서 같은 의미를 나타내는 데 여러 모양의 글자의 한자가 있는 것이다. 지금도 화학원소 등 새로운 사물이 생기면 글자를 새로 만들어 낸다. 요즈음 많이 쓰이는 '암(癌)'이라는 글자도 생긴 지 오래되지 않은 것이다.

한자는, 중국 국민의 절대다수를 차지하는 한족(漢族)들이 대부분을 만들었지만, 우리 조상들이 만든 한자도 적지 않고, 그 밖에 한족 이외의 여러 소수민족(少數民族)들도 한자를 만드는 일에 참여했으리라 짐작할 수 있다. 고조선(古朝鮮)의 국토영역이 어디에까지 벋쳤는지 정확히 고증할 수는 없지만, 한반도에만 국한되지 않았다는 것은 중국인이 저술한 중국 역사에서 기술되어 있다.

우리는 지금 '한자(漢字)'라는 명칭을 쓰고 있지만, 엄밀히 말하면 이 명칭은 타당하지 못하다. 이 한자라는 명칭은 갑오경장 이후 일본인들이 만들어 쓰던 말이 들어온 것이지, 그 이전에는 우리나라에서 한자라는 말이 쓰이지 않았다. 중국에서도 한자라는 말을 이전에는 사용하지 않았고, 지금도 사용하지 않는다. 한자를 '한(漢)나라 시대의 문자'라고 정의한다면, 한자는 한나라보다 훨씬 이전부터 존재했기 때문에 타당하지 않은 명칭이다. 한자를 '한족(漢族)들이 쓰는 문자'라고 정의한다면, 한자는 한족들만이 만들어 한족들만이 쓰는 문자가 아니기 때문에 역시 타당하지 못하다. 이런 까닭에 '한자는 중국 글자이지

우리 것은 아니다.'라고 생각하는 것은 크게 잘못된 것이다. 한자는 동양의 공통문자라고 생각하는 것이 옳고, 한자에 대한 무조건적인 거부감을 갖는 태도는 옳지 못하다.

그리고 우리나라는 한자의 중국 발음과 완전히 다른 우리나라 고유의 한자발음을 갖고 있다. 이러하기 때문에, 한자는 무조건 중국 글자라고 생각해서는 안 되겠다. 서양의 여러 나라에서 로마자를 공통적으로 쓰고 있다 하여, 영어, 불어, 독어가 아니고 로마어라고 하지 않는 것과 마찬가지 논리다.

2003년 4월 14일

誰: 누구 수   創: 처음으로 지을 창   漢: 한수(漢水) 한   字: 글자 자

4

한자특성
漢字特性

한자에는 어떤 특징이 있는가?

한문(漢文)을 구성하는 한자(漢字)는 여러 가지 독특한 특성을 갖고 있다. 한자는 고립어(孤立語) 또는 단음절어(單音節語)라고도 한다. 한자는 모든 글자가 서로 다른 일정한 모양[形]과 음(音)과 뜻[義]을 갖고 있는데, 이를 한자의 삼요소(三要素)라고 한다. 여러 개의 한자가 어울려 문장을 이룰지라도 언제 어느 곳에서나 모든 한자는 각각의 독자적인 삼요소를 갖고 있다. 그래서 고립어라고 부르는 것이다. 그리고 모든 한자는 문장 속에서도 각각의 독음(讀音)을 유지하고 있기 때문에 단음절어라고 한다.

본래 한자는 '문(文)'과 '자(字)'로 되어 있다. '문(文)'은 처음에는 '무늬', '물건의 결' 등의 뜻이었고, '자(字)'는 '새끼 친다', '결혼한다', '애를 기른다' 등의 뜻이었다. 그래서 사물(事物)의 모양을 본떠 만든 상형(象形)이나, 어떤 개념(概念)을 가시적(可視的)인 부호로 나타낸 지사(指事) 등을 처음에 '문(文)'이라고 불렀다. 이미 존재하고 있는 한자 두 글자 혹은 두 글자 이상을 결합하여 새로 만든 한자를 '자(字)'라고 불렀다. '자(字)' 자의 '결혼한다'는 뜻에서 유래한 것이다. '결혼해서 낳은 자식'처럼 '두 글자가 결합해서 새로 생산한 글자'란 뜻이 '자(字)' 자에 담겨 있다. 그러다가 글자가 많아져 '문(文)'과 '자(字)'를 구분하기 어렵게 되고 또 구분할 필요도 없게 되자, 그냥 '문자(文字)'라고 통칭하게 되었다.

한자는 원칙적으로 한 글자가 하나의 단어를 이루고 있었지만, 후대로 올수록 점점 뜻이 같거나 비슷한 한자 두 글자 혹은 세 글자 이상을 결합하여 한 단어를 이루었다. 이는 뜻을 좀 더 명확히 전달하려는 의도에서 그렇게 변했다. 예를 들면 '지(知)'에서 '지식(知識)', '도(道)'에서 '도로(道路)', '미(美)'에서 '미려(美麗)' 등으로 변한 것이다. 한자가 문장 속에서 쓰일 때 후대로 오면 올수록 두 글자나 세 글자가 조합된 한자어(漢字語)의 형태로 쓰이는 경우가 많아졌다. 우리말 속에서 한자를 쓸 때, 95퍼센트 이상이 두 글자 이상으로 된 한자어의 형태로 쓰인다. 지금 현대 중국어에서도 실제로 한 글자만으로 된 단어는 2200단어 정도에 불과하다.

한자의 가장 큰 특성은, 표의문자(表意文字)이면서, 표음문자(表音文字)의 기능도 아울러 갖고 있다는 것이다. 그러나 다른 문자에는 없는 표의문자의 특성이 워낙 강하기 때문에, 일반적으로 표의문자라는 사실만 알고 표음문자의 기능도 겸하고 있다는 사실을 대부분 알지 못하고 있다. 중국 사람들이, 전혀 글자를 보지 않은 상태에서, 한자로 된 문장으로 대화가 가능한 것에서, 한자가 표음문자의 기능을 완전히 갖고 있다는 것을 알 수 있다. 중국에 유학(留學) 왔다가 돌아간 서양 학생들이 한자를 쓰기가 어려우니까, 로마자로 된 중국어의 발음기호[拼音]로만 중국 친구들에게 편지를 보내면, 중국 학생들이 다시 발음기호로만 답장하는 사례에서 볼 때, 한자는 표음문자로서도 전혀 손색이 없다는 것을 알 수 있다.

 한문의 또 다른 특징은, 문장 속에서 전혀 형태의 변화 없이 품사전성(品詞轉成)을 자유롭게 한다는 것이다. 그래서 한문 문장을 읽을 때는 글자와 글자의 관계를 잘 파악하는 것이 중요하다. 글자를 알고, 그 글자를 바탕으로 이루어진 단어를 알고, 나아가 글자와 글자, 단어와 단어의 관계를 잘 파악하여 문장의 뜻을 아는 과정을 일반적으로 "문리(文理)가 틔었다."라고 한다.

2003년 4월 21일

漢: 한수(漢水) 한　　字: 글자 자　　特: 특별할 특　　性: 성품 성

---   5   ---

제자구리
製字具理

글자 구성에 논리체계가 있다. 체계적(體系的)으로 구성(構成)된 한자

한자를 처음 배우는 사람에게는 한자가 전혀 분석이 되지 않기 때문에, 보는 순간 아랍 글자나 몽고 글자처럼 이상한 그림으로 느껴질 것이다. 그러나 조금만 관심을 갖고 보면 금방 눈에 익게 되어 쉽게 기억되고, 기억된 한자는 쉽사리 잊어버리지 않는다. 그 이유인즉, 첫째, 한자는 각각의 글자마다 독특한 형태가 있기 때문에 보는 순간 머릿속에 '상(像)'이 그려져 기억이 잘된다. 표음문자는 음절 하나하나를 읽어 그 각각의 발음이 다 합쳐진 뒤에라야 그 단어의 뜻을 알 수 있다. 한자로 씌어진 단어는 보는 순간 전체가 한꺼번에 상(像)으로 들어온다. '용 용(龍)' 자를 읽을 때 16획을 다 따라가며 분석한 뒤에라야 그 글자를 알아보는 것이 아니고, 보는 순간 동시에 글자를 안다.

둘째, 각각의 한자는, 보는 순간에 이미 어느 정도 그 글자의 의미와 발음을 암시해 주고 있다. 예를 들면 '초두[艹]' 부수(部首)가 붙은 한자는 거의 모두 풀과 관계가 있고, '불 화(火)' 부수가 붙은 한자는 거의 모두 불과 관계가 있고, '비 우(雨)' 부수가 붙은 한자는 모두 기후와 관계가 있다. 그리고 '수풀 림(林)' 자가 들어간 한자인 林, 琳, 霖, 淋 등은 모두 발음이 '림'이고, '서로 상(相)' 자가 들어간 한자인 相, 想, 箱, 霜 등은 모두 발음이 '상'이다.

또 한자에서 발음을 나타내는 부분도 거의 모두 일정한 뜻을 담고 있다. 예를 들면, '책 권(卷)' 자는 발음 '권'을 표시하기 위하여 들어간 글자지만 본래의 뜻인 '말다', '구부리다' 등의 의미를 그대로 포함하고 있다. 拳, 惓, 睠, 港 등의 글자가 그 예이다. '拳'은 손을 만 것이니 '주먹 권', '惓'은 마음이 말린 것이니 '정성스러울 권', '睠'은 눈이 말렸으니 '돌아볼 권', '港'은 물이 말렸으니 '물 돌아 흐를 권' 등이다. '사이 간(間)' 자는 발음 '간'을 표시하기 위해서 들어간 글자지만, '사이', '간간이' 등의 의미를 그대로 포함하고 있다. 簡, 澗, 磵, 癎, 覵 등의 글자가 그 예이다. '簡'은 대나무를 사이사이 벌려 놓았으니 '죽간 간', '磵'은 돌 사이이니 '돌틈으로 흐르는 시내 간', '癎'은 간간이 발작하는 병이니 '간질 간', '覵'은 사이로 보는 것이니 '엿볼 간' 등이다. '봉(夆)' 자는 발음 '봉'을 표시하기 위해서 들어간 글자지만, '뾰족하다', '길쭉하다' 등의 의미를 포함하고 있다. '峯'은 산이 뾰족한 것이니 '봉우리 봉', '蜂'은 뾰족한 침을 가진 벌레니 '벌 봉', '棒'은 뾰족한 나무니 '몽둥이 봉', '蓬'은 뾰족한 풀이니 '쑥대 봉', '鋒'은 쇠로 된 뾰족한 것이니 '칼날 봉', '烽'은 뾰족한 불이니 '봉화 봉' 등의 글자가 그 예이다.

그리고 거의 모든 한자어는 계통적으로 되어 있어, 처음 보는 단어라도 그 뜻을 대략 알 수 있다. 예를 들면 물고기에 관계되는 단어는 모두 리어(鯉魚), 추어(鰍魚), 문어(魰魚), 궐어(鱖魚), 선어(鱔魚), 접어(鰈魚) 등 '물고기 어(魚)' 자가 들어 있어, '물고기 어(魚)' 자를 아는 사람은 물고기 이름이란 것을 금방 알 수 있다. 그러나 우리말은 계통적이지 않아, 잉어, 미꾸라지, 가물치, 쏘가리, 두렁허리, 가자미 등등 단어 하나하나를 다 외워야만 그 뜻을 알 수 있도록 되어 있다. 단어가 계통적이지 않아서 오래지 않아 기억이 희미해진다. 말에 관한 것은 '말 마(馬)'가 다 붙어 있고, 짐승일 경우 짐승을 나타내는 '견(犭)'이 다 붙어 있다.

필자가 직접 목도한 현상인데, 중국의 유치원 학생들이 3천 자 내외의 한자를 2, 3개월이면 거의 다 배운다. 또 어린이들이라도 『논어(論語)』, 『맹자(孟子)』, 『사기(史記)』 등에 나오는 명구(名句)를 상당히 많이 일상 대화 속에서 주고받고, 또 당시(唐詩) 등을 노래하는 방식을 써서 수십 수씩 암송한다. 중국 어린이만 그런 것이 아니라 부모를 따라가서 중국 유치원에 다니는 한국 어린이들도 거의 마찬가지다. 이런 사실 등에서 볼 때, 한자는 상당히 체계적이라, 배우기에 가장 적절한 시기에 정상적인 교육방법으로 가르치면 쉽게 배울 수 있다.

진지하게 배워 보지도 않은 어른이, "한자는 배우기 어렵다."고 미리 말하는 것은, 허위사실을 유포하는 것이다. 자기만 망하면 그만이지, 어째서 근거도 없는 말로 자라나는 이 나라의 젊은이들을 망치려고 하는지? 실로 개탄스럽다.

2003년 4월 28일

製: 만들 제   字: 글자 자   具: 갖출 구   理: 이치 리

6

학자유결
學字有訣

한자를 배우는 데는 비결이 있다

필자가 한문(漢文)을 전공하다 보니, 만나는 사람들 가운데, "한문을 좀 배워야 하겠는데, 쉽게 배우는 방법이 없습니까?", "한자를 빨리 익히는 비결(秘訣)이 없습니까?"라고 묻는 이들이 있는데, 필자는 "한문을 배우는 데 특별히 신통(神通)한 비결이 있는 것은 아니지만, 효과적인 학습방법은 있습니다."라고 대답하곤 한다.

무슨 일이든지 그렇겠지만, 한문을 배우려면, 첫째, 한문에 관심(關心)을 가지고 흥미(興味)를 느껴야 한다. 중국 속담에 "흥미는 가장 좋은 스승이다."라는 말이 있다.

필자의 어릴 적 친구 가운데 축구(蹴球) 국가대표 선수가 된 사람이 있었다. 그 사람이 그 정도까지의 실력을 축적하는 과정을 이해하면, 한문공부나 다른 공부하는 방법도 충분히 터득할 수 있을 것이다. 국가대표급의 축구선수가 된 사람은 어릴 때부터 공에 미쳐 살았다. 낮에도 축구, 밤에도 축구, 학교에 있을 때도 축구, 집에 돌아와서도 축구, 밥을 먹을 때도 축구, 길을 걸을 때도 축구, 잠을 잘 때도 축구, 꿈속에서도 축구, 항상 축구에 관심을 갖고 어떻게 하면 축구를 잘할까를 생각하며 살았다.

다른 학문이나 예술도 마찬가지다. 한문을 배우려고 하는 사람은 이렇게 언제나 관심이 한문에 집중되어야 한다.

둘째, 정신력(精神力)을 집중(集中)해서 공부해야 한다. 밥을 지을 때도 밥이 끓을 때까지 불을 집중적으로 때야 밥이 된다. 불을 때다 말다 하면, 밥도 안 되고 죽도 안 된다. 공부하는 데는 같은 노력을 해도 집중적으로 하는 것이 훨씬 효과적이다. 같은 100시간을 투자한다 해도, 하루에 한 시간씩 100일 투자하는 것보다는, 하루에 10시간씩 10일 투자하는 것이 훨씬 낫다. 노래 10곡을 배우려는 사람이 10곡의 노래를 열흘마다 열 번 불러 연습하는 것보다는 한꺼번에 100번 불러 보는 것이 훨씬 효과적이다.

셋째, 꾸준히 노력하되 너무 다급하게 효과를 바라서는 안 된다. '석 달 동안 한문공부를 했는데, 왜 효과가 없을까?', '나는 한문에 소질이 없는가 보다.', '나는 머리가 나쁜가 보다.'라고 생각하고 포기해서는 한문을 배울 수가 없다. 한문을 이해하고 한문과 친근해지기 위해서는 어느 정도의 시간이 필요하다. 최소한 6개월 정도 기다리면 효과가 나게 마련이다. 물도 섭씨 100도에 이르러야 비로소 끓듯이, 어느 정도 수준에 이르러야 눈에 보이는 효과가 난다. 실력의 성장은 계단식으로 나타나는 것이다.

넷째, 학습의 요령을 터득하는 것이 중요하다. 바둑을 두려는 사람은 바둑 두는 기본 수를 알아야 하고, 야구경기를 하려는 사람은 야구 규칙을 알아야 하듯이, 한문을 배우려 하는 사람은 한문의 기본문법과 한문에 관계된 상식을 어느 정도 먼저 알아야만 학습의 효과가 난다. 바둑의 기본 수를 모르는 사람이 아무리 바둑돌을 가지고 놀아도 국수가 될 수 없고, 악보를 모르는 사람이 아무리 오랫동안 열심히 피아노 건반을 두드려도 피아니스트가 될 수 없듯이, 기본문법을 모르면 한문을 이해하기 어렵다. 연변(延邊)에 사는 조선족 노인들이 매일 중국말을 들어도 중국어를 배우지 못하는 것도 같은 이치다. 영어가 공용어인 호주에서 20년 이상 산 아주머니를 만나 본 적이 있는데, 영어를 한 마디도 못했다.

그리고 한자 가운데서도 자주 쓰이는 활용도가 높은 한자부터 많이 아는 것이 중요하고, 한 글자의 뜻 가운데서도 가장 자주 쓰이는 기본 되는 뜻부터 아는 것이 중요하다. 흔히 한문을 처음 공부하는 사람들이 교재로 사용하는 『천자문(千字文)』같은 책은 가장 좋지 않은 교재(敎材)라 할 수 있다. 왜냐하면 거기에 나오는 한자의 반 이상은 일반적인 책에 거의 쓰이지 않는 죽은 한자이기 때문이다.

2003년 5월 12일

學: 배울 학   字: 글자 자   有: 있을 유   訣: 비결 결

7

독서득지
讀書得智

책을 읽어 지혜를 얻는다

독서(讀書)는 지식(知識)과 지혜(智慧) 습득(習得)의 지름길이다. 학문(學問)을 하거나 지식이나 지혜를 습득하거나 간에 독서가 가장 보편적(普遍的)이고 효과적(效果的)인 방법이다. 그래서 앞으로 몇 회에 걸쳐 독서와 관계된 이야기를 하기로 하겠다.

『명심보감(明心寶鑑)』[우리나라에서는 지금까지도 고려 때 추적(秋適)이 지은 것으로 알고 있으나, 실제로는 명나라 초기 범립본(范立本)이 지은 책이다]에, "지극한 즐거움으로 독서만 한 것이 없다.[至樂莫如讀書.]"라는 말이 있다. 천성적으로 책 읽기를 싫어하는 사람 중에는, "지극한 괴로움으로 독서만 한 것이 없다.[至苦莫如讀書.]"에 해당되는 사람도 없지 않겠지만, 일반적으로 사람은 새로운 것에 대하여 알고자 하는 호기심(好奇心)이 있기 때문에 대체로 책 읽기를 좋아한다. 새 물건 사는 것이나 좋은 음식 먹는 것 등은 외적인 즐거움이지만, 진정한 정신적인 즐거움은 독서라고 할 수 있다.

우리 민족(民族)은 옛날부터 독서(讀書)를 좋아하고, 저서(著書)를 좋아하였다. 인구 비례로 볼 적에 세계 어느 민족보다도 우리 민족은 많은 책을 지어 남겼다. 우리 선조(先祖)들이 남긴 문집(文集) 가운데 현재 남아 있는 종류만 해도 1만 5천여 종에 이른다고 하니, 정말 자랑스러운 일이다. 얼마 전까지도 산골의 서너 집 있는 조그마한 마을에서도 글 읽는 소리가 끊어지지 않았다. 오늘날 미국(美國)에 이민(移民) 온 민족 가운데서 교수(敎授)가 된 사람이 가장 많은 나라도 우리나라라 하니, 책을 좋아하는 민족의 특징(特徵)을 면면히 유지하고 있는 것이다. 오늘날 교육(敎育) 열기(熱氣)가 대단한 것도 모두 이런 전통(傳統)에서 말미암았다고 볼 수 있다.

인류(人類)가 각 민족 단위로 언어(言語)를 창조(創造)하여 상호 간에 의사(意思)를 전달할 수 있게 되었고, 또 문자(文字)를 창조(創造)하여 그 의사를 기록(記錄)하여 시간적, 공간적 제한을 극복할 수 있게 되었다. 인류가 다른 동물과 달리 개개인의 지식과 지혜(智慧)를 교환(交換)하고 축적(蓄積)할 수 있기 때문에 인류사회가 나날이 발전할 수 있었다. 다른 동물은 이것이 안 되기 때문에 발전이 거의 없는 것이다. 제법 영리한 원숭이나 진돗개도 자기가 겪은 상당한 경험을 후세에게 전수(傳授)할 수는 없는 것이다.

다른 사람들이 축적해 놓은 지식과 지혜를 자기 것으로 만들 수 있는 가장 경제적(經濟的)인 방법이 독서인 것이다. 다른 사람이 평생을 바쳐 터득한 지혜를 책 한 권을 통해서 하룻저녁이면 다 습득(習得)할 수 있으니까. 유한한 인생을 가장 효과적으로 사는 것은 체계적으로 열심히 책을 읽는 것이다.

2003년 5월 19일

讀: 읽을 독　　書: 글 서　　得: 얻을 득　　智: 지혜 지

8

개권유익
開卷有益

책을 펼치기만 해도 유익하다

대부분의 독자들은 '개권유익(開卷有益)'이라는 말을 들어 봤을 것이다. "책을 펼치기만 해도 유익하다."는 말이다. 책을 펼치기만 해도 유익하니, 자세히 정성 들여 읽는다면, 얼마나 자신에게 도움이 되겠는가? 정성 들여 읽어 자신의 정신적 양식으로 삼는다면, 그 유익한 정도는 금전적으로 계산할 수 없을 것이다. 책에서 얻은 지식(知識)을 다시 일상생활의 언행(言行)에 실천한다면, 책 속에 담겨 있던 내용이 완전히 자기 것이 될 것이다.

흔히 책 읽기를 좋아하는 사람들 가운데는 잊어버리는 것을 걱정하는 이가 많다. 전에 읽은 책인데 지금 그 내용을 전혀 모르거나, 다른 사람이 어떤 책의 줄거리를 흥미진진하게 이야기할 때, 자기도 분명히 읽었으면서도, 그 이야기 줄거리를 자세히 모를 때, 창피하게 생각하고, 자신의 지능이 좋지 않다고 한탄하면서, 다른 사람의 머리를 부러워한다.

그러나 독자 여러분들은 잊어버리는 것을 걱정할 것 없다. 사람의 머리는 잊어버리는 기능이 있기에 정신병에 걸리지 않고 살아갈 수 있는 것이다. 아주 안 좋은 경험이나 인상 같은 것은 머릿속에서 지워져 버려야만 정상적인 생활을 할 수 있는 것이다. 사람은 책을 읽어 습득한 것을 잊어버리지만, 책을 읽음으로 해서 지혜(智慧)는 계속 축적되는 것이다. 마치 사람이 밥을 먹었다가 얼마 지나면 배가 꺼지지만, 신체는 커 가는 것과 같다. 얼마 지나면 배가 꺼질 것이니 먹을 필요 없다고 생각하여 음식(飲食)을 먹지 않는다면, 그 사람은 영양실조(營養失調)에 걸려 굶어 죽는 것처럼, 책을 읽어도 곧 잊어버린다고 하여 책을 읽지 않는다면, 아주 사회활동이 불가능한 저급(低級)한 인간이 되고 말 것이다.

사람은 살아가면서 매일 부닥치는 문제를 해결(解決)해 내야만 살아갈 수 있지만, 거기에는 정답이 있는 것은 아니다. 평소에 독서를 통해서 축적(蓄積)해 온 사고력(思考力)과 판단력(判斷力)을 통해서 문제의 해답을 얻는 것이다.

10여 년 전 인터넷이 세상에 보급되기 시작하자, 앞으로 책이 필요 없을 것이라고 예측(豫測)한 학자들이 많았다. 그러나 10년도 안 지난 지금 다시 책을 찾는 사람들이 늘고 있다. 인터넷에는 정보(情報)의 양이 대단히 많기는 하지만, 쓸데없는 정보가 너무나 많아 필요한 정보를 선택하려면 아주 힘들고 시간이 많이 걸린다. 또 정보를 찾아 들어가는 데 몇 단계의 조작이 필요하다. 그리고 컴퓨터는 책보다 휴대하기에 불편하고, 시력보호에도 신경이 쓰인다. 책은 갖고 다니며 공원에서도 산에서도 강가에서도 읽을 수 있고, 앉아서도 읽을 수 있고, 누워서도 읽을 수 있기 때문이다.

2003년 5월 26일

開: 열 개   **卷**: 책 권   **有**: 있을 유   **益**: 더할 익

삼여독서
三餘讀書

세 종류의 여가에 책을 읽는다

책 읽을 시간이 없겠는가? 정도의 차이는 있겠지만, 시간이 없다는 것은 다 핑계에 불과하다. 흔히 "나도 본래 책 읽기를 좋아하는데, 먹고 살려고 하다 보니, 책을 읽으려 해도 시간이 없어서…….", "그 책 한번 읽어 봐야 되는데, 시간이 있어야지."라고 말하는 사람들을 자주 만난다. 바쁜 현대생활에 책 읽을 시간이 없는 것은 사실이다. 그러나 시간이 없어서 책을 읽지 못한다고 핑계 대는 사람은, 거의 대부분이 시간이 있어도 책을 읽지 않을 사람들이다. 무슨 일을 하는 데 있어 적극적으로 시도하는 사람이 있고, 핑계를 잘 대는 사람이 있는데, 그런 사람은 여건(與件)이 갖추어져도 또 다른 핑계를 대게 마련이다. 시간적 여유를 얻어 조용한 환경에서 책을 읽으려면 평생 기다려도 책 한 권 읽기가 어려울 것이다. 바쁜 속에서 정신적인 한가함을 얻어야 하고, 시끄러운 속에서도 마음의 평정을 얻어야 한다. 조선(朝鮮) 침략의 원흉(元兇) 이등박문(伊藤博文)을 사살하여 체포된 뒤 사형선고를 받아 집행 날짜가 눈앞에 다가왔는데도, 여순(旅順) 감옥에서 태연히 『동양평화론(東洋平和論)』이라는 책을 저술하던 안중근(安重根) 의사의 정신, 한

국전쟁 당시 피난민 열차 속에서 논쟁(論爭)을 펼치던 상대 학자인 이숭녕(李崇寧) 교수의 학설(學說)을 꺾기 위해서 원고지와 만년필을 들고 논문을 집필하던 최현배(崔鉉培) 교수의 집념, 남다른 일을 이룬 이런 분들의 자세를 보고 나면, 시간이 없다고 핑계 대는 사람들은 마음속으로 부끄러움을 느낄 것이다.

'삼여독서(三餘讀書)'라는 말이 있다. 중국 삼국시대(三國時代)에 동우(董遇)라는 사람이 있었는데, 『노자(老子)』에 정통하여 주석서(註釋書)를 지었다. 어떤 사람이 『노자』를 배우겠다고 찾아왔다. 동우는 그 사람을 가르치려고 하지 않고 말하기를, "먼저 이 책을 백 번 읽으시오. 그러면 의미를 절로 알 수 있을 것이오.[讀書百遍而義自見.]"라고 했다. 그 사람이 "시간이 없어 힘듭니다."라고 하자, 동우는, "세 가지 남은 시간[三餘]을 이용해서 읽으시오."라고 했다. 그 사람이 "세 가지 남은 시간이란 무엇을 말씀하시는지요?"라고 묻기에, 동우는, "겨울은 한 해의 남은 시간이요, 밤은 낮의 남은 시간이요, 흐리고 비 오는 날은 맑은 날의 남은 시간이오."라고 했다.

동우가 이 말을 해 준 이유는, 배우겠다는 간절한 생각 없이 스승을 찾아다닌다고 공부가 되는 것이 아니고, 자신이 시간을 아껴 독실하게 공부하는 것이 중요하다는 것을 깨우쳐 주고자 함이었다. 자기 자신이 알고자 하는 정성이 지극하다면, 책 읽을 시간은 얼마든지 있다고 할 수 있다.

농경사회에서는, 겨울, 밤, 흐리고 비 오는 날이 여유 있는 시간이지만, 오늘날은 주말이나 공휴일이 여유 있는 시간이다. 요즈음은 여가를 즐기는 것도 너무 유행을 타고, 남의 눈을 의식하는 것 같다. 꼭 차를 몰고 음식을 장만해서 이름났다는 곳을 찾아가야만 여가를 즐기는 것이 아닐 것이다. 대개 여러 사람들이 같은 시기에 휴가철을 맞이해서 이런 곳을 찾다 보면, 교통체증(交通滯症), 바가지요금, 갖가지 소음 등으로 인하여 오히려 기분을 더 망치는 경우가 많다. 그리고 환경파괴도 적지 않다. '레크리에이션'이란, 휴식(休息)을 통해서 활기를 되찾는다는 뜻인데, 이렇게 해서 새로운 창조(創造)를 할 활기를 찾을 수 있을까?

유행에 휩쓸리지 말고, 자기만의 독특한 방식으로 휴가를 즐기는 방법을 개발하는 것도 좋을 듯하다. 평소에 보고 싶었지만 시간이 없어 보지 못했던 책 몇 권을 챙겨 들고, 고향의 재실(齋室)이나 정자 같은 곳으로 찾아가서 며칠 동안 독서삼매(讀書三昧)에 빠지는 것이 좋은 휴식방법이 아닐까?

2003년 6월 2일

三: 석 삼　　餘: 남을 여　　讀: 읽을 독　　書: 글 서

10

불필학습천자문
不必學習千字文

꼭 『천자문』을 배울 것 없다

『천자문(千字文)』이 한문공부의 필독서(必讀書)일까? 결론부터 말하면, 전혀 아니다. 그러나 많은 사람들이 너무나 오랫동안 『천자문』을 천하의 좋은 교재로 생각하여, '한자공부' 하면, 바로 『천자문』부터 찾는다.

"한문(漢文)을 공부해 보려고 『천자문』을 보고 있는데, 너무 어려운 글자가 많은 것 같습디다.", "우리 집 애에게 『천자문』을 가르치고 있는데, 애가 흥미(興味)를 갖지 않습니다.", "어릴 때 『천자문』을 다 뗐는데도 한문 하면 캄캄합니다. 다시 한번 정신(精神) 차려 복습을 해야 할 텐데." 등등의 말을 하는 사람들을 가끔 만난다.

일반적으로 사람들은, '한문공부(漢文工夫)' 하면 곧 『천자문』을 생각하게 되고, 『천자문』을 꼭 읽어야 하는 필독서(必讀書)로 간주(看做)하고 있는 것 같다. 왜냐하면 조선시대(朝鮮時代)에도 아동용 교재(敎材)로 『천자문』을 계속 사용해 왔기 때문이다. 『천자문』은 한문교재로는 가장 알맞지 않은 책이다. 실학자(實學者)인 다산(茶山) 정약용(丁若鏞) 선생은 『천자문』을 읽어서는 안 될 책 가운데 하나로 꼽고 있다.

『천자문』은 중국 양(梁)나라 때 주흥사(周興嗣)라는 사람이 천 개의 한자를 중복되지 않게 사용하여 지은 250구(句)로 된 한시(漢詩)이다. 조선시대 우리나라 서당(書堂)에서는 시로서 가르치지 않고, 단지 거기에 나오는 글자만을 가르쳐 왔을 뿐이다.

왜 아동용 교재로 적절(適切)하지 않은가 하면, 첫째,『천자문』에 나오는 1천 자의 글자 가운데서 반 이상은 일반 책에서 거의 쓰이지 않는 죽은 글자이다. 그리고『천자문』을 한시(漢詩)작품으로 여겨 가르친다 해도, 내용이 우주(宇宙) 생성(生成)의 원리에서부터 중국의 역사, 문물(文物), 제도(制度) 등등 아주 심오(深奧)하면서도 다양한 것이다. 그리고 한 구절을 넉 자로 구성(構成)하다 보니 억지가 많고, 많은 고사(故事)를 동원했는데 글자 수에 제약(制約)을 받다 보니, 지나치게 축약을 했기 때문에, 특별한 주석(註釋)이 없는 한 무슨 말인지 모를 구절이 많다. 정말 천하의 어려운 책 가운데 하나이다.

서울대학교 중어중문학과(中語中文學科)에서 중국고전문학(中國古典文學)과 한문학(漢文學)을 강의하던 원로교수(元老教授) 고(故) 차상원(車相轅) 박사가 정년퇴직 얼마 전에 연구실을 정리하다가,『천자문』을 발견하고서 어릴 때 배웠던 추억이 있어 한번 훑어보았다. 그러나 책장을 넘기면 넘겨 갈수록 모르는 곳이 자꾸 나왔다. 명색이 우리나라에서 가장 이름 있는 중문학과의 교수라는 사람이『천자문』도 모른다니라는 자책감(自責感)이 깊어 갔다. 그래서 결국은 각종 문헌을 참고하여『천자문』에 주석을 달아 4백여 페이지 분량의 책을 지은 적이 있었다.

『천자문』은 이렇듯 어려운 책이고, 실용성(實用性)이 없는 책이다. 더욱이 어린 학생들의 한문교재(漢文教材)로는 가장 부적절(不適切)한 책이다. 어린 학생들이 어려워하고 흥미 없어하는 것은 당연한 일이다. 지금『천자문』을 교재로 써서 한문을 가르치는 분이 있다면, 필수

교재(必須敎材)로 삼는 것은 적절하지 못하다. 다만 어느 정도 한문의 기초가 있는 사람에게 참고교재(參考敎材)로 가르치는 것은 괜찮지 않을까 생각된다.

2003년 6월 9일

不: 아니 불　　必: 꼭 필　　學: 배울 학　　習: 익힐 습
千: 일천 천　　字: 글자 자　　文: 글월 문

11

하유입문
何由入門

어디로부터 입문해야 할까?

한문공부(漢文工夫)의 입문서(入門書)로는 어떤 것이 있을까? 지난 회의 글에서 한문공부에 있어서 『천자문(千字文)』은 천하의 어려운 책으로 필독서(必讀書)도 아니고, 더욱이 어린 학생들의 교재(敎材)로는 전혀 적절(適切)하지 않은 책이라고 이야기했다. 그렇다면 한문공부를 하려는 사람을 잘 인도(引導)해 줄 입문서로는 어떤 책이 있을까?

엄밀히 말하면 이 세상(世上)에 한문공부 필독서는 존재하지 않는다. 왜냐하면 사람마다 사고방식(思考方式)이 다르고, 세상을 보는 눈이 다르고, 관심분야(關心分野)가 다르고, 살아온 경험(經驗) 등등 여러 가지가 다르기 때문이다.

그렇기 때문에 사람마다 좋아하는 책이 다르고, 관심을 갖는 분야가 다르다. 각급 학교에서 방학(放學) 때가 되면, 연례행사로 필독서 목록을 학생들에게 나누어 주고, 각종 신문에서는 경쟁적으로 필독서라 하여 목록을 게재(揭載)하는데, 학생들이 참고 정도만 하도록 해야지, 꼭 읽고 독후감(讀後感)을 써내라고 하는 것은 학생의 창의성(創意性) 개발에 좋지 않은 영향을 끼칠 수도 있을 것이다.

누구든지 어떤 분야에 관심을 갖고 독실(篤實)히 책을 읽다 보면, 그 다음에 어떤 책을 읽어야 할지 자연히 알게 되어 있다.

한문을 배우고자 하는 사람은, 서점(書店)에 나와 있는 한문입문서, 한문해석방법, 한문문법서(文法書) 등을 먼저 구해서 읽어 보기를 권한다. 한문은 문법이 없는 듯하지만 엄연히 문법이 존재한다. 문법이란 한문문장 구성(構成: 얽을 구, 이룰 성)의 원리(原理)이다. 수학을 공부하려면 공식(公式)을 알아야 하듯이, 한문을 공부하려면 먼저 문법을 알아두어야 한다.

그러나 문법책은 너무 두꺼운 책은 좋지 않다. 너무 두꺼우면 문법의 전체적인 구조를 파악하는 데 방해가 되기 때문이다. 그리고 언제까지나 문법에 너무 얽매여서는 안 된다. '입법이탈법(入法而脫法)'이라는 말이 있다. 처음에는 법에 맞추어야 하지만, 어느 단계가 지나면 법이 자연스럽게 체질화되어 법의 구속을 받지 않는다는 뜻이다.

한문의 문법 해석 등에 필요한 책을 본 뒤에, 각자 수준(水準)에 맞게 한문교재를 선택하면 된다. 아주 기초적인 공부를 하는 사람들에게는, 『사자소학(四字小學)』, 『추구(抽句)』, 『명심보감(明心寶鑑)』 등이 알맞을 것이고, 조금 실력이 붙으면, 『통감(通鑑)』, 『고문진보(古文眞寶)』, 『소학(小學)』, 『논어(論語)』, 『맹자(孟子)』, 『대학(大學)』, 『중용(中庸)』 등등 단계를 높여 가면 된다. 자신의 수양에 관심이 있는 사람은, 『근사록(近思錄)』, 『채근담(菜根譚)』, 『퇴계언행록(退溪言行錄)』, 『해동속소학(海東續小學)』 등을 읽으면 될 것이고, 한시(漢詩)에 관심이 있는 사람은 각종 한시선집(漢詩選集)을, 역사에 관심이 있는 사람은 『삼국사기(三國史記)』, 『삼국유사(三國遺事)』나 사마천(司馬遷)의 『사기(史記)』를, 소설에 관심이 있는 사람은 한문으로 된 『삼국지(三國志: 정식 명칭은 '三國志演義')』,

한문『춘향전(春香傳)』,『옥루몽(玉樓夢)』등을 교재로 삼아 공부하면 좋을 것이다. 혼자 공부하려는 일반인들은, 중·고등학교 한문교과서의 자습서(自習書)를 사서 보면, 비교적 쉽게 공부해 나갈 수 있을 것이다.

흔히 보면, 이 교재 조금 공부하다가 버리고, 또 다른 교재 구해서 공부하고, 또 얼마 지나 다른 교재 구해서 공부하다, 또 얼마 지나면 바꾸는 사람이 있는데, 이런 사람 가운데서 성공하는 사람은 없다. 설령 교재가 약간 나쁘더라도 꾸준히 하는 것이 중요하다. 좋은 교재는 나쁜 교재보다 얼마간의 효과는 있겠지만, 자신의 꾸준한 노력이 제일 중요하다. 나중에 학업목표가 이루어지지 않아 교재 타령을 늘어놓는 것은, "서투른 무당 장구 나무라는 것"과 같은 격이다.

2003년 6월 16일

何: 어찌 하   由: 말미암을 유   入: 들 입   門: 문 문

공자위성유어독서
孔子爲聖由於讀書

공자가 성인이 된 원동력(原動力)은 독서에 있다

송(宋)나라 문학가 소동파(蘇東坡)의 글에, "공자(孔子)는 성인(聖人)이지만, 그 학문(學問)은 책을 보는 것에서 비롯됐다."라는 구절이 있다.

공자는 인류 역사에 많은 영향을 끼친 위대한 학자(學者)이자 사상가(思想家)이며 교육자(敎育者)이고, 유학(儒學)의 창시자(創始者)이다. 우리나라 중국(中國)에서 2천여 년 동안 지극히 성스러운 만고(萬古)의 사표(師表)로 추앙되어 왔다.

근대화(近代化)의 과정에서 공자를 숭배하는 정도가 점점 쇠퇴해 왔고, 중국에서는 문화혁명(文化革命) 기간 동안 공자를 비판하는 비공운동(批孔運動)이 전개되었다. 현재 우리나라의 젊은 사람들은 물론이고, 대부분의 사람들은 공자에 대해서 지배층을 옹호하는 봉건주의(封建主義) 인물로 매도하여 별로 좋지 않게 생각하고 있는 게 사실이다. 그래서 유교(儒敎)의 총본산(總本山)인 성균관(成均館)과 그 지부라 할 수 있는 전국 각 고을의 향교(鄕校)와 서원(書院)들은 일반인들의 관심에서 점점 멀어져 가고 있다.

그러나 사실 공자의 학문은, 이 세상의 사람들이 각자 수양(修養)을 통해서 사람답게 되고, 나아가 사람들이 살 만한 인류사회를 만들어 나가자는 것이었다. 그 당시 지배층에 아부하지 않은 비판적(批判的)인 입장에서 형성된 학문이고, 가장 합리적(合理的)인 학문이었다. 후세의 왕들이 자기들의 편의를 위해서 공자를 이용했기 때문에 유교의 진면목(眞面目)이 왜곡된 점이 적지 않다. 물론 공자의 학문에는 오늘날 맞지 않는 불합리한 것도 적지 않다. 그러나 여타의 사상에 비교하면, 그래도 현대사회의 각종 문제를 해결하는 데 가장 도움이 되는 학문이라 할 수 있다.

미국(美國)의 노벨상 수상자들이 모여 결성한 노벨상수상자협회가 있는데, 이들이 토론을 거쳐 인류역사상 가장 위대한 인물을 선정하였다. 마침내 선정된 인물은, 서양 사람이 아닌 바로 동양의 공자(孔子)였다. 그들은 또 "미국 문화는 너무 물질적이고 과학기술에 편중되어 있으니, 공자의 학문과 사상을 배워 개선을 도모하라."고 미국 정부에 건의한 일이 최근에 있었다. 공자를 그렇게 비판하던 모택동(毛澤東)의 후계자의 후계자인 강택민(江澤民) 주석도 "누가 다스리든지 유교(儒敎)의 가르침을 버리고 나라를 다스릴 수 있겠는가?"라고 말한 적이 있다. 한동안 매도되던 공자 학문의 참된 가치를 동서양에서 다시 인식하게 되었다. 우리나라의 지식인들도 공자에 대해서 매도만 하지 말고, 배울 만한 것은 배워 오늘날에 되살리고, 공자의 학문 가운데서 버릴 것은 버리도록 해야 하겠다.

공자는 어려서 집이 매우 가난했고, 더욱이 세 살 때 아버지를 잃었고, 20세 이전에 어머니를 잃었다. 어려서 목장에서 짐승도 키웠고, 창고 관리인을 하는 등 미천한 일에 종사하였다. 교육환경이 아주 좋지 않았다. 그러나 배우기를 좋아하는 그의 정신이 마침내 그를 성인(聖

시)으로 성장시켰다. 공자의 말 가운데 이런 말이 있다. "나는 태어나면서 그 무엇을 안 사람이 아니다. 옛것을 좋아하여 민첩하게 그 무엇을 추구한 사람이다.[我非生而知之者, 好古敏以求之者也.]" 부지런히 민첩하게 알고자 추구하면 누구든지 성인(聖人)이 될 수 있을 것이다.

　시간과 공간의 한계를 넘어서서 자기가 알고 싶은 것을 책을 통해서 알 수 있는 방법이 독서다. 오늘날 전자기기(電子器機), 통신기기(通信器機)가 급속도로 발달하여 독서가 필요 없는 줄로 착각하는 사람이 많은데, 사람의 지식과 지혜를 증진시키는 데는 여전히 독서만 한 것이 없다.

2003년 6월 23일

孔: 구멍 공	子: 아들 자	爲: 할 위	聖: 성인 성
由: 말미암을 유	於: 어조사 어	讀: 읽을 독	書: 글 서

독서귀자득
讀書貴自得

독서는 자득(自得)하는 것을 중요하게 여긴다

책 읽기를 좋아하는 사람 가운데도 그 종류가 여러 가지이다. 진정(眞情)으로 독서를 좋아하는 사람도 있지만, 간혹 남에게 책 많이 읽은 것을 보이기 위해서 책을 읽는 사람도 있고, 간혹 아는 체하기 위해서 책을 읽는 사람도 있고, 또 지나치게 욕심을 내어 읽는 사람도 있는데, 이런 독서방식은 모두 다 정상적(正常的)인 것이 아니다. 공부는 자득(自得)을 중요하게 여긴다. '자득'이란, 글을 읽어 자신이 스스로 그 이치를 터득하는 것을 말한다. 읽어서 안 내용을 자기화해야 한다는 뜻이다.

『예기(禮記)』에, "남이 물을 것에 대비해서 외우고 있는 학문으로는 남의 스승이 될 수 없다.[記問之學, 不足以爲人師.]"라는 말이 있다. 이런 식으로 공부하는 사람은 자기 마음으로 이해가 되어 원리(原理)를 깨친 것이 아니고, 껍데기만 알았기 때문에 그런 지식으로는 바로 한계(限界)에 부딪치게 된다.

자신이 올바로 알지 못한 사람이 남을 가르치면, 많은 젊은이들을 그르치게 된다. 선생은 젊은 사람들의 정신세계(精神世界)를 키워 주기 때문에 엉터리 선생은 젊은 사람들에게 죄(罪)를 짓는 것이다. 실력(實

力) 없는 의사(醫師)가 엉터리 의술(醫術)로 사람을 죽이거나 불구(不具)로 만드는 것보다 그 죄가 더 무겁다. 교육(敎育)에 종사(從事)하는 사람들은 자신의 임무(任務)에 대해서 진지(眞摯)하게 생각해 봐야 한다.

공자(孔子)가 말하기를, "배우기만 하고 사색(思索: 생각할 사, 찾을 색)하지 않으면 헛것이 되고, 사색만 하고 배우지 않으면 위태롭다.[學而不思則罔, 思而不學則殆.]"라고 했다. 배우기만 하고 사색하지 않는 것은, 마치 먹기만 하고 소화를 못 시키는 것과 같고, 사색만 하고 배우지 않는 것은 소화할 준비는 되어 있지만 먹지 않는 것과 같다. 과일을 먹을 때 잘 씹어 먹으면 그 맛을 알 수 있지만, 통째로 삼키면 맛도 모르고 영양도 흡수할 수가 없듯이, 책 읽을 때도 마찬가지다. 많이 읽기만 하려고 욕심을 내면, 책의 내용도 잘 이해할 수 없고, 자기 것이 될 수가 없다. 옛날 분들이 경서(經書) 같은 큰 가르침이 담긴 책을 수천 번, 수만 번 반복(反復)해서 읽었던 것은, 깊이깊이 그 내용을 음미(吟味)하여 자기 뼛속에 새기려는 의도에서였다. 백 번째 읽었을 때 깨닫지 못했던 의미(意味)를 백한 번째 읽을 때 깨닫는 경우가 있다.

오늘날 속독법(速讀法)을 가르쳐 준다고 광고(廣告)하는 사설학원(私設學院)이 많이 있는데, 속독이 좋은 것만은 아니다. 오늘날처럼 바쁜 세상에 속독해야 할 책도 많이 있지만, 모든 책을 다 속독하려고 해서는 안 된다. 책의 내용이나 성격에 따라서 읽는 방법도 다른 것이다.

2003년 6월 30일

讀: 읽을 독　　**書**: 글 서　　**貴**: 귀할 귀　　**自**: 스스로 자
得: 얻을 득

14

독서종류
讀書種類

독서의 종류에는 어떤 것이 있는가?

지난 회 글에서 "모든 책을 다 속독(速讀)하려고 해서는 안 된다."라고 말했다. 그렇다고 모든 책을 다 정독(精讀: 정밀할 정)하려고 해서도 안 된다. 별로 중요하지도 않은 두꺼운 책을 붙들고 정독하다 보면, 아까운 시간을 많이 허비(虛費)하여 돌이킬 수 없는 시간적 손실(損失)을 가져오기 때문이다. 인생의 중요한 시기에 시간을 허비하다 보면, 한평생을 그르치는 수가 있다. 요즈음 청소년들이 연예인들의 신변잡기(身邊雜記) 파악하는 데 너무 열중하는 것이 시간 허비의 대표적인 예다.

사람들 가운데서도, 이 세상에 꼭 필요한 사람이 있고, 이 세상에 있어도 그만 없어도 그만인 사람도 있고, 이 세상에 있어서는 안 될 사람도 간혹 있다. 책도 마찬가지로 우리 인류사회(人類社會)에 꼭 필요한 책이 있고, 있어도 그만 없어도 그만인 책도 있고, 있어서 해독(害毒)만 끼치는 책도 있다. 그래서 정성을 들여 꼭 읽어야 할 책이 있고, 대충 읽어도 되는 책이 있고, 읽지 않는 것이 나은 책도 있다.

평생 동안 주변에 두고서 반복해서 정독(精讀)해야 될 책이 있다. 동서양(東西洋)의 위대한 인물들이 남긴 고전(古典) 가운데 이런 책들이 많이 있다. 기독교나 천주교를 믿는 사람이 성경(聖經)을 읽거나, 불교 (佛敎)를 믿는 사람이 불경(佛經)을 읽듯이. 책의 생명(生命)이나 가치(價值)는, 책 그 자체가 갖고 있다. 어떤 책을 아무리 인위적으로 인기가 있게 장기적으로 읽히게 하려고 해도 되지 않는다. 2천 년 혹은 천 년 동안 살아남은 고전(古典)은, 인류에게 지혜(智慧)를 주고 위안(慰安)을 주고 즐거움을 주기 때문에 살아남은 것이다. 그래서 고전은 믿고 읽을 수 있는 것이다. 자신의 전공분야와 관계되는 책 가운데서도 평생 반복해서 읽어야 할 책이 많을 것이다. 정확하게 알아야 할 어떤 목적이 있을 때도 관계된 책을 정독해야 한다.

소설이나 전기류(傳記類)의 책은 처음부터 끝까지 다 읽어 봐야만 전체적으로 줄거리를 파악할 수 있다. 이런 책은 통독(通讀)을 해야 한다.

급하게 많은 책을 읽어야 할 필요가 있을 때는, 대충 훑어보는 섭렵(涉獵)하는 방법을 쓴다. 마치 사냥꾼이 사냥감을 찾아 이리저리 찾아 다니는 것과 같다.

방대한 책 가운데서 자기가 필요한 부분만 읽는 방식을 적독(摘讀)이라 한다. 예를 들면 『조선왕조실록(朝鮮王朝實錄)』 가운데서 지리산(智異山)에 관계된 기록을 찾아 읽는 방식이다. 사전류(辭典類)는 이런 식으로 참고한다.

"꼭 필요한 책이냐, 필요 없는 책이냐를 어떻게 아느냐?"고 물음을 제기할 것이다. 자기의 수준을 아는 선생이나 자기와 취향(趣向)이 비슷한 선배(先輩)에게 자문을 구하면 될 것이다. 요즈음은 광고(廣告)의 위력(威力) 때문에 간혹 보잘것없는 책이 아주 좋은 책으로 소개(紹介)되는 경우가 종종 있다. 베스트셀러가 바로 좋은 책이라고 할 수는 없다. 자신이 진지하게 독서를 계속해 나가면, 좋은 책을 선택(選擇)할 수 있는 능력이 저절로 생기게 될 것이다.

2003년 7월 7일

讀: 읽을 독　　書: 글 서　　種: 종자 종　　類: 종류 류

단기지교
斷機之敎

베틀의 베를 잘라 교훈을 보인 맹자(孟子) 어머니

맹자(孟子)를 보통 공자(孔子)에 버금가는 성인(聖人)이라 하여 아성(亞聖)이라고 한다. 맹자는 아버지를 일찍 여의었고, 집도 아주 가난하였다. 맹자가 아성의 경지에까지 이르게 된 것은, 그 어머니의 교육(敎育)의 덕택(德澤)이었다.

맹자 어머니가 아들의 교육을 위해서 맹자가 어릴 때 이사(移徙)를 세 번이나 하였다. 교육환경(敎育環境)의 개선을 위해서였던 것이다. 처음에 맹자가 살던 곳은 무덤 가까이에 있었다. 맹자는 장례 치르러 온 사람들의 하는 짓을 보고, 매일 발을 구르며 울거나 무덤 만드는 흉내를 내었다. 그래서 맹자 어머니는, "이곳은 우리 아들을 키울 곳이 못 된다." 하고는, 시장 근방으로 이사를 갔다. 그런데 이번에는 맹자가 상인들이 하는 짓을 보고, 매일 물건 파는 흉내를 내었다. 그래서 맹자 어머니는 다시 학교(學校) 옆으로 이사를 갔다. 그랬더니 맹자는 학교 선생님이나 학생들이 하는 짓을 보고 매일 예(禮)를 갖추고 단정히 행동하는 모습을 하였다. 맹자 어머니는 그제야 "이곳이야말로 우리 아들을 키울 만한 곳이다."라고 하여 눌러살았다. 이를 '맹모삼천지교(孟

母三遷之敎)'라고 한다. "맹자 어머니가 자식의 교육을 위해서 세 번 집을 옮긴 가르침"이란 뜻이다.

이 말과 함께 '맹모단기지교(孟母斷機之敎)'란 말도 유명하다. 맹자의 어머니는 가난한 살림이었지만, 아들의 교육을 위해서 경비를 마련하여 멀리 있는 스승에게 공부시키러 보냈다. 몇 년 지나자 맹자는 '이 정도면 내 공부가 충분(充分)하겠지. 이제 어머니를 더 이상 고생시키지 말고 내가 잘 봉양(奉養)해야지.'라고 생각하고는, 어머니가 계신 고향 집으로 돌아왔다. 어머니는 그때 베틀에 앉아 베를 짜고 있었는데, 반가이 맞이해 주기는커녕, 짜고 있던 베를 가위로 잘라 버렸다. 그러고는 아들에게, "네가 공부를 중도(中途)에서 포기한 것은 내가 짜던 베를 자른 것과 한가지다. 베가 한 필이 되지 못하면 옷이 될 수 없듯이, 네가 공부를 중단(中斷)하면 학문을 이룰 수가 없고, 천한 사람이 되는 것을 면할 수 없다."라고 준엄(峻嚴)하게 꾸짖었다. 맹자는 그길로 다시 떠나가서 쉬지 않고 부지런히 책을 읽어 인류 역사상 위대한 스승이 되었다.

어떤 일을 막론하고 중도에서 그만두어서는 목적을 달성할 수가 없는 것이다. 특히 독서는 더욱더 그러하다. 이 책 저 책 앞부분만 조금씩 읽다가 마는 사람은, 그 책을 안 읽은 사람과 별로 다를 바가 없다. 수영(水泳)을 배우기로 했으면 혼자서 완전히 헤엄칠 수 있는 정도까지 되면, 평생 수영할 수 있다. 그러나 물에 조금 뜰 때쯤 돼서 그만두고, 그 뒤에 다시 시작했다가 또 그만두고 한다면, 그 사람은 수영을 할 줄 아는 사람이 아니다. 그런 사람이 수영할 줄 아는 사람과 함께 바다에 해수욕하러 갔다가는 언젠가는 빠져 죽고 만다.

2003년 7월 14일

斷: 자를 단　機: 베틀 기　之: 갈 지, ~의 지　敎: 가르칠 교

16

독만권서, 행만리로
讀萬卷書, 行萬里路

만 권(萬卷)의 책을 읽고, 만 리(萬里)의 길을 걸어라

명(明)나라 말기의 유명한 서예가(書藝家: 글 서, 재주 예, 대가 가)이자 화가(畫家: 그림 화)인 동기창(董其昌)이 지은 『화결(畫訣: 비결 결)』이란 책에, "만 권의 책을 읽고, 만 리의 길을 여행하라.[讀萬卷書, 行萬里路.]"는 말이 있다. 이 말을 한 본래의 목적은, 그림에 기운(氣運)과 운치(韻致)가 생동(生動)하게 하려면 이렇게 하라는 것이었다. 그러나 이 말은 공부하는 사람에게도 자주 적용되는 말이다.

공부를 해서 학자(學者)가 되거나 문장가(文章家)가 되거나 어떤 분야의 전문가(專門家: 오로지 전, 문 문)가 되려는 사람은, 책을 열심히 읽어야 하겠지만, 그렇다고 해서 책만 열심히 읽는다고 되는 것은 아니다. 여러 지방을 널리 다녀 보고, 많은 일을 겪고, 많은 사람을 만나 견문(見聞)을 넓혀야 한다는 것이다. 책상 앞에 앉아서 책 읽는 것만이 공부고, 여행하고 친구(親舊: 친할 친, 옛 구) 만나서 이야기 나누는 것은 시간 낭비(浪費)라고 생각하는 사람이 많이 있다. 그러나 책 읽는 것만이 공부인 것은 아니다.

책에는, 유자서(有字書: 글자 있는 책. 우리가 보통 보는 책)와 무자서(無字

書: 글자 없는 책. 자연, 사람, 세상의 여러 가지 일 등등)가 있다. 대부분 '유자서'가 중요한 줄은 알지만, '무자서'가 중요한 줄은 잘 모른다. 책 읽는 틈틈이 여행도 하고 여러 가지 경험도 하고 사람도 만나 대화(對話)를 나누어야 한다.

중국 역사에 영향을 끼친 30대 명저(名著)에 속하는 『사기(史記)』를 지은 유명한 역사가인 사마천(司馬遷)은 '무자서(無字書)'를 잘 읽은 사람 가운데 대표적인 사람이라 할 수 있다. 그는 한(漢)나라 역사가(歷史家)의 아들로 태어나, 어려서부터 당시 유명한 동중서(董仲舒)나 공안국(孔安國) 같은 대학자들에게서 여러 가지 유교경전(儒敎經典)과 제자백가(諸子百家)를 배웠다. 그러다가 20세 때부터 아버지의 명(命)으로 잠시 책상 앞에서의 공부를 멈추고 중국 전역의 명산대천(名山大川)을 두루 여행하였다. 그러나 그의 여행은 단순한 산천에 대한 유람이 아니고 역사유적(歷史遺蹟)에 대한 답사였고, 책에서 읽은 내용에 대한 실제적인 인증(認證) 작업이었다. 그리고 산천(山川)의 기운(氣運)을 받아서 웅혼(雄渾)한 문장실력을 갖출 수 있었다. 그의 이러한 독서와 여행이 결실(結實)하여 『사기』라는 인류역사상 불후(不朽: 썩을 후)의 명저(名著)를 저술(著述)하여 남겼던 것이다. 『사기』는 중국 고대 천년의 역사를 기전체(紀傳體)로 정리한 최초의 정사(正史)일 뿐만 아니라, 명문장(名文章)으로 만장(萬丈)의 기염(氣焰)을 토하고 있다. 현재 『사기』는 동양에서뿐만 아니라, 서양에서도 영어, 불어, 독어 등 각국어로 번역되어 널리 읽히고 있다. 사마천이야말로 '유자서'뿐만 아니라 '무자서'도 잘 읽은 사람이라 할 수 있다.

2003년 7월 21일

| 讀: 읽을 독 | 萬: 일만 만 | 卷: 책 권 | 書: 글 서 |
| 行: 갈 행 | 里: 마을 리 | 路: 길 로 | |

견수불견림
見樹不見林

나무는 보고 숲은 보지 못한다

'견수불견림(見樹不見林)'이란 말이 있다. "나무는 보고 숲은 보지 못한다."는 뜻이다. 우리가 산에 가서 다니다 보면, 눈앞의 나무는 보지만 그 숲의 전체적인 모습은 어떤가를 알지 못하고 지나가는 경우가 많다.

책을 읽을 때도 마찬가지다. 처음에는 주제(主題)를 따라 읽어 가다가 책의 내용이 복잡해지면, 정작 주제는 놓쳐 버리고, 지엽적(枝葉的)인 것만 따라가는 수가 있다. 산에 가서 숲 전체를 보아야만 길을 잃지 않듯이, 책을 읽을 때도 주제를 놓치지 않으려고 노력(努力)해야만 한다. 더 강하게 말하자면, 주제를 사수(死守)해야 한다.

송(宋)나라 학자 정자(程子)가 이런 말을 했다. "공자(孔子)의 『논어(論語)』를 다 읽고 나서도, 마음에 전혀 아무렇지도 않은 사람이 있고, 다 읽고 나서 그 가운데 한두 구절을 마음에 들어 하는 사람이 있고, 다 읽고 나서 『논어』를 좋아하게 되는 사람이 있고, 『논어』를 다 읽고 나서 너무나 감명(感銘: 느낄 감, 새길 명)을 받아서 자기도 모르는 사이에 손을 너울거리고 발을 구르며 춤을 추는 사람이 있다."

공자 같은 성인(聖人: 거룩할 성)의 언행(言行)을 기록한 큰 가르침이 담긴 책이라 할지라도 거기서 아무런 감명도 받지 못하는 사람이 있는가 하면, 너무나 좋아서 완전히 도취(陶醉: 질그릇 도, 취할 취)되는 사람도 있다. 책은 같지만 읽은 뒤의 감응(感應)은 다 다르다. 읽는 사람의 정신자세(精神姿勢), 지식(知識)과 경험(經驗), 목적(目的) 등에 따라서 그 책을 대하는 태도가 각각 다르기 때문이다. 두꺼운 책을 다 읽고 나서도 얻는 것이 아무것도 없다면, 그것은 시간 낭비(浪費: 물결 랑, 쓸 비)에 불과하다.

금강산(金剛山) 같은 명산(名山)을 유람하고서도, 친구들이 가자고 권하기에 따라가서 그냥 따라다니다가 돌아와서 머리에 남는 것이 아무것도 없는 사람도 있고, 금강산 속의 계곡 하나 봉우리 하나 마음에 들어 하는 사람도 있고, 금강산을 아주 좋아하게 된 사람도 있고, 금강산에 완전히 매료(魅了)된 사람도 있다. 금강산을 잘 구경하려고 하면, 미리 금강산에 대해서 사전 지식을 갖추어야 하고, 또 잘 구경하겠다는 노력이 따라야 한다.

시간을 들여 책을 읽는다면, 책을 쓴 사람이 말하고자 하는 바를 놓치지 않고, 전체적인 핵심(核心)을 자기 것으로 만드는 것이 중요하다. 독서만 그런 것이 아니다. 강의(講義)를 들을 때도 강의의 핵심적인 내용을 이해(理解)하여 자기 것으로 만들어야지, 강의 중에 교수가 한 농담(弄談: 놀릴 롱, 이야기 담) 한두 가지만 기억할 뿐, 강의 내용이 무엇이었는지를 모른다면, 역시 시간 낭비에 불과하다.

2003년 7월 28일

見: 볼 견   樹: 나무 수   不: 아니 불   林: 수풀 림

18

기서약명
嗜書若命

책을 목숨처럼 좋아한다

'기서약명(嗜書若命)'이란 말이 있다. "책을 좋아하기를 목숨같이 한다."는 말이다. 책이 귀하던 시절에 책을 아껴 한 말이다.

오늘날은 인쇄술(印刷術: 도장 인, 문지를 쇄, 기술 술)이 발달하여 책을 아주 쉽게 출판(出版)해 낼 수가 있다. 컴퓨터 편집이 발달하여 10년 전과 비교(比較)해도 천양지차(天壤之差: 땅 양, ~의 지, 차이 차)가 있다. 지금 우리나라에서 일 년 동안 출판되는 책만 해도, 중·고교생의 학습참고서나 만화, 선전물 등을 제외하고도 1만 5천 종 정도에 가깝다고 한다. 온갖 책이 쏟아져 나오고 있고, 책을 입수(入手)하기도 쉽다. 집에서 인터넷으로 구매(購買: 살 구, 살 매)하면 이삼일 이내에 배달(配達: 나눌 배, 이를 달)되어 온다. 이렇게 많은 책을 접할 수 있고, 이렇게 쉽게 책을 살 수 있은 적이 인류 역사상 없었다. 그러나 책을 쉽게 접할 수 있게 되다 보니, 책이 귀중(貴重)한 줄을 알지 못하고 지낼 때가 많다.

아득한 옛날에는 종이가 없었으므로, 책이 종이로 된 것이 아니었고, 죽간(竹簡: 대나무를 얇게 삐진 것)이나 목독(木牘: 나무를 얇게 삐져서 만든 것)을 엮어 거기에 글을 써서 읽는 형태(形態)였다. 그러니 독자 여러분은 한번 상상(想像: 생각할 상, 모양 상)해 보시라. 얼마나 불편했겠는가? 오늘날 국판 2백 페이지 정도 되는 책의 내용을 담으려면, 소요되는 죽간(竹簡)의 부피가 8톤 트럭으로 네다섯 대 정도에 이른다. 제자(弟子)가 스승의 강의(講義)를 듣고 몇 시간만 필기(筆記)하면, 몇 짐이 된다.

왕족(王族: 겨레 족)이나 귀족(貴族)이 아니면서, 책을 접한 사람으로는 공자(孔子)가 처음이었다. 그 이전에는 일반 사람들은 책을 볼 수가 없었던 것이다. 그만큼 책은 누구나 볼 수 없는 귀한 것이었다.

그 뒤 후한(後漢) 때 종이가 발명되고, 송(宋)나라 때 목판(木板: 글자를 새겨 책을 찍어 내는 나무판자) 인쇄술이 발명되어 도서(圖書)의 보급(普及)이 비교적 용이(容易)하게 되었다. 그래도 역시 책을 구하기는 대단히 어려웠다. 송나라의 문학가(文學家) 구양수(歐陽脩)가 가장 좋아하는 문장가(文章家)는 당(唐)나라 한유(韓愈)였는데, 한유의 문집(文集) 일부를 어릴 때 보고, 그 책을 구하고 싶었지만, 구하지 못하다가 나중에 만년(晩年)에 가서야 겨우 전부를 다 구해 보았다. 우리나라 퇴계(退溪) 이황(李滉) 선생이 안동(安東)에 있는 삼태사(三太師) 사당(祠堂)의 비문(碑文)을 지을 때, 『고려사(高麗史)』를 참고할 필요가 있었는데, 그 책이 없어 서울에 있는 아는 사람들에게 여러 차례 수소문해서야 겨우 빌려 보았을 정도였다. 지금은 시골 초등학교 도서실에도 비치되어 있는 책인데.

무슨 책이든 손쉽게 구할 수 있는 현대인들은 이런 좋은 여건(與件)을 자신의 발전에 충분히 활용(活用)하여야겠다.

2003년 8월 4일

嗜: 즐길 기　　書: 글 서　　若: 같을 약　　命: 목숨 명

19

위편삼절
韋編三絶

죽간을 엮은 가죽끈이 세 번 끊어지다

공자(孔子)나 맹자(孟子) 등 유가(儒家: 선비 유, 집 가)를 창시한 성현(聖賢)들이 공부(工夫)하는 목적은, 공부를 위한 공부를 하는 데 있는 것이 아니었고, 공부를 해서 결국에는 이 세상을 사람들이 살기에 좋도록 만드는 데 있었다. 그래서 『대학(大學)』이라는 경전(經典)에서 유가의 목표를, 수신(修身: 자기 몸을 수양하는 것), 제가(齊家: 자기 집안을 질서 있게 유지하는 것), 치국(治國: 자기 나라를 잘 다스리는 것), 평천하(平天下: 천하를 평화롭게 하는 것)로 설정하였다. 궁극적인 목표는 평천하에 있었다. 지금도 마찬가지인데, 지식인(知識人)의 사명(使命)은, 직접적으로든 간접적으로든 인류사회에 도움을 주는 일을 하는 데 있다 할 수 있다.

공자는 이런 학문을 갖추고 세상을 구제(救濟: 구제할 구, 건널 제)하겠다는 이상(理想)을 갖고서 여러 나라의 임금을 만나 자기의 학문을 채택(採擇: 캘 채, 가릴 택)하여 정치를 해 주기를 바랐지만, 당시의 임금들은 군대(軍隊)를 동원하여 이웃 나라를 침범(侵犯)하여 국력을 확장할 생각을 갖고 있었기 때문에, 공자의 학문을 우활(迂闊: 둘러갈 우, 멀 활)하다고 간주하여 공자를 등용해 주지 않았다.

공자는 의지(意志)가 강한 사람이었기 때문에 쉽사리 포기하지 않고, 그 당시 양자강(揚子江) 유역에 있던 초(楚)나라까지 갔다. 공자가 천하를 두루 다녔다 하여 철환천하(轍環天下: 수레바퀴 자국 철, 두를 환)라는 말이 생겼다. 공자가 타고 다닌 수레바퀴 자국이 천하를 한 바퀴 빙 둘렀다는 뜻이다.

만년에 고향에 돌아온 공자는 당대(當代)에는 자기의 도(道)를 실현할 수 없음을 알고, 다음 시대를 위해서, 제자양성(弟子養成)과 고전정리(古典整理)에 전념하였다. 고전 가운데서도 특히 『주역(周易)』을 좋아하였다. 『주역』은 미신적인 요소도 없지 않지만, 천하의 모든 현상의 변화(變化)·발전(發展)의 원리(原理)를 밝힌 철학(哲學)이 담긴 책이었다.

공자는 『주역』을 읽느라고 때때로 밥 먹는 것도 잊어버렸다. 『주역』의 내용이 너무나 마음에 들어 차마 손에서 놓을 수가 없었기 때문이다. 『주역』만 읽으면 모든 근심을 다 잊고 거기에 빠져들 수가 있었다.

그때는 『주역』이 종이 책이 아니고, 죽간(竹簡)을 가죽끈으로 묶어서 만들었기 때문에, 죽간을 말아 두었다가 읽을 때 다시 펴고, 다 읽고 나면 다시 말아 두었다. 『주역』을 읽고 보완(補完)하고 제자들과 토론하기를 여러 차례 하다 보니, 소가죽으로 만든 죽간을 엮은 끈이 세 번이나 끊어졌다는 것이다. 이때 공자의 나이는 일흔에 가까웠다. 몸은 노쇠(老衰)하고 눈이 어두워졌지만, 학문에 대한 열정(熱情)은 조금도 식지 않았던 것이다.

요즈음 우리나라에서는 학자(學者)들이 조로(早老)하는 현상이 없지 않다. 나이가 조금만 들어도 자기의 학문적 성취에 도취하여 피나는 노력을 하지 않는 사람도 있고, 또 학문(學問) 이외의 다른 길을 기웃거리는 사람도 적지 않다. 공부하는 사람은 공자의 학문적 열정을 배울 것이다.

2003년 8월 11일

韋: 다룬 가죽 위   編: 엮을 편   三: 석 삼   絶: 끊어질 절

20

굴중독서
窟中讀書

동굴 속에서 글 읽는 아이, 굴원(屈原)

중국(中國)은 영토(領土: 차지할 령, 흙 토)가 광활(廣闊: 넓을 광, 넓을 활)하기 때문에, 남쪽과 북쪽 사이에는 산천(山川)의 형세도 다르고, 사람들의 기질(氣質: 기운 기, 바탕 질)도 다르다.

남쪽 사람들이 낭만적(浪漫的)인 데 비하여 북쪽은 사실적(事實的)이다. 남쪽이 비현실적인데 북쪽은 현실적(現實的)이다. 남쪽은 비유적(比喩的)인데 북쪽은 직설적(直說的)이다. 남쪽은 부드러운데 북쪽은 강직하다. 남쪽 사람들은 배를 타고 노래하면서 천천히 가는 데 비해서, 북쪽 사람들은 말을 타고 빨리 달린다. 그래서 남선북마(南船北馬: 배 선, 말 마)라는 말이 생겨났다.

이런 경향(傾向: 기울 경, 향할 향)은 문학(文學)에도 그대로 나타난다. 고대의 시가집(詩歌集) 가운데서 북쪽의 사실주의(寫實主義) 문학을 대표하는 것이 『시경(詩經)』이고, 남쪽의 낭만주의(浪漫主義) 문학을 대표하는 것이 『초사(楚辭)』이다.

『초사』에는 낭만적인 장편시(長篇詩)가 많이 수록되어 있는데, 그 가운데 대부분의 작품은, 전국시대(戰國時代) 초(楚)나라의 문학가인 굴원(屈原)이 지었다. 굴원은 자(字)가 평(平)이기 때문에 굴평(屈平)이라고 부르기도 한다.『초사』가운데서「이소(離騷)」라는 작품은, 정직한 지식인이 현실에서 겪는 고뇌(苦惱)를 읊은 작품으로, 천고(千古)의 명작(名作)으로 많은 사람들의 심금(心琴)을 울렸다.『고문진보(古文眞寶)』라는 시문선집에 실려 있기 때문에 우리 조상들도 널리 읽고 외웠다. 이 밖에 잘 알려진「어부사(漁父辭)」도 굴원의 작품이다.

굴원의 고향은, 양자강 상류 삼협(三峽: 세 군데 협곡) 가운데 무협(巫峽)과 서릉협(西陵峽) 사이에 있는 자귀현(秭歸縣)이다. 거기에 가면 강가 산속에 동굴이 하나 있는데, 이 동굴을 '독서동(讀書洞)'이라 한다. 굴원이 어릴 때 여기서 글을 읽었기 때문에 후세 사람들이 그렇게 불렀다.

평소 오전에 서당(書堂)에서 공부하고 일찍 집에 돌아오던 굴원이 어느 날부터 집에서 보이지 않았다. 해가 다 져서 캄캄해진 뒤에야 집으로 돌아왔다. 무슨 일이 있는가 싶어 집안사람들이 걱정하게 되었으나, 어린 굴원은 "아무 일 없으니 안심하시오."라고만 했다.

며칠 뒤 걱정을 하던 집안사람들이 그 누나로 하여금 알아보도록 했다. 방과 후 서당 문에서부터 굴원의 뒤를 밟았더니, 굴원은 바삐 걸어 산속에 있는 동굴로 들어갔다. 밖에서 기다렸으나 몇 시간이 지나도 굴원은 나올 줄을 몰랐다. 누나가 컴컴한 동굴을 찾아 들어가 보니, 갑자기 환해지는 곳에 굴원이 앉아서 소리 내어 글을 읽고 있었다. 동굴 위에 구멍이 하나 나 있어 빛이 들어오기에 글 읽기에 아주 알맞은 곳이었다.

누가 시키거나 감독(監督)하지 않아도 이렇게 스스로 글 읽기를 좋아한 굴원이었기에, 나중에 많은 불후(不朽: 썩을 후)의 명작을 남길 수 있었던 것이다.

2003년 8월 18일

窟: 굴 굴   中: 가운데 중   讀: 읽을 독   書: 글 서

21

쇄아복중서
曬我腹中書

내 배 속의 책을 말린다

음력 칠월 칠일을 칠석(七夕)이라 하는데, 견우(牽牛) 직녀(織女)에 얽힌 이야기가 옛날부터 전해 내려온다. 하늘의 은하수(銀河水)를 사이에 두고 있는 견우성(牽牛星)과 직녀성(織女星)이 지상에서 올라간 까치와 까마귀가 만들어 준 오작교(烏鵲橋) 다리를 건너가 만난다고 한다. 칠석날 밤에는 견우와 직녀가 만나 흘린 눈물이 비가 되어 내리기 때문에 칠석날 밤에는 반드시 비가 온다고 되어 있고, 실제로 이날 밤에는 비가 오는 경우가 많다.

이때쯤 되면 입추(立秋)가 지나 초가을로 접어드는데 공기 중의 수증기가 없어져 날씨는 맑고 하늘은 높다. 그래서 여름내 습기를 머금어 눅눅해진 옷이나 책, 가재도구 등을 꺼내어 말리는데 이를 포쇄[曝曬: 햇볕 쬘 포(폭), 햇볕 쬘 쇄]라 한다. 칠석날에 포쇄하는 풍속이 우리나라나 중국(中國)에서 아주 옛날부터 있었다.

중국 남북조시대(南北朝時代)의 진(晋)나라는 북쪽 이민족(異民族)들의 침략(侵掠)을 받아 양자강(揚子江) 남쪽으로 옮겨 가 다시 건국(建國)하여 동진(東晋)이 되었다.

이때 진나라는 주로 왕씨(王氏), 사씨(謝氏) 등 몇몇 귀족(貴族)들만이 권력(權力)을 나누어 가지고서 국사(國事)를 좌지우지(左之右之)하였다. 이들의 대부분은 큰 권력을 손에 쥐었으므로 당연히 많은 재부(財富)도 축적(蓄積)하였다.

어느 해 칠석날 여러 귀족들의 집안에서 과시하듯 다투어 비단(緋緞), 그림, 책, 가재도구 등등을 밖에 내놓고 포쇄하고 있었다. 내놓고 말릴 것이 없는 가난한 서민(庶民)들은 마음속으로 부러워할 수밖에 없었다.

그때 학륭(郝隆)이라는 가난한 선비가 살고 있었는데, 성격이 강직(剛直)하고 자존심이 대단했다. 때때로 날카로운 풍자(諷刺)로 귀족정치인들의 비리와 정치적 모순(矛盾)을 지적하였다. 이 칠석날에 이웃의 귀족들이 많은 값진 물건을 내놓고 포쇄하는 꼴을 못마땅해한 학륭은 윗옷을 벗고 배를 드러내고서 길에 드러누웠다. 지나가는 사람들이 기이하게 생각하여 다가와 물었다. "선생은 지금 무엇 때문에 윗옷을 벗고 길에서 누워 있습니까?" 학륭은, "내 배 속의 책을 말리고 있소."라고 대답했다. 귀족들이 금은보화(金銀寶貨)와 비단, 책 등을 가지고 자기를 과시(誇示)하자, 학륭은 축적(蓄積)된 자기의 학문(學問)에 대해서 자부심(自負心)을 가지고서 귀족들의 재물(財物)을 조금도 부러워하지 않았던 것이다. 그들이 그들의 부귀(富貴)로써 과시한다면 자기는 자신의 독서량(讀書量)을 가지고서 그들에게 맞설 수 있다는 것을 보여 준 것이다.

물질적으로는 가난하지만 정신적으로는 승리한 것이다. 지식인(知識人)이라면 이 정도의 자부심은 갖고 있어야 하겠다. 자기의 지식을 미끼로 해서 정치권력이나 명리(名利)를 얻으려다가 정치인이나 재산

가진 사람의 이용물이 된다면, 지식인으로서의 처신(處身)에 문제가 있는 것이다.

각 분야의 전문지식인들은 전문지식인 그 자체로서 자부심을 갖고서 만족하며 인류사회에 기여(寄與)하면서 전문지식인으로서 당당하게 자기의 길을 걸어가야 할 것이다.

2003년 8월 25일

曬: 말릴 쇄　　我: 나 아　　腹: 배 복　　中: 가운데 중
書: 글 서

22

호학지군
好學之君

배우기를 좋아한 임금, 세종대왕(世宗大王)의 독서벽(讀書癖)

우리나라 역사상 학문(學問)을 좋아한 임금을 들라면 대부분의 사람들이 조금도 주저함 없이 조선조(朝鮮朝) 제4대 임금 세종대왕(世宗大王)과 제22대 임금 정조대왕(正祖大王)을 꼽을 것이다.

세종은 집현전(集賢殿)을 만들어 학자들을 양성하였고, 정조는 규장각(奎章閣)을 만들어 학자들을 양성하였다. 집현전은 세조(世祖) 때 없애 버렸는데, 집현전에서 공부하며 세종의 총애(寵愛)를 받았던 대부분의 학자들이 사육신(死六臣)이 되었기 때문이었다. 규장각은 조선이 망할 때까지 유지되다가 나라가 망하자 없어졌고, 규장각에서 소장했던 많은 장서(藏書)는 오늘날 서울대학교 안에 있는 규장각에 그대로 보관되어 있다.

무엇보다도 세종이나 정조 두 분 다 자신이 학문을 좋아하였다. 특히 세종은 학문장려뿐만 아니라 국방력 강화, 농업생산력의 향상, 과학기술의 발전 등 그 업적이 다방면에 걸쳤다. 태조(太祖)에 의해서 통치권력(統治權力)을 획득한 조선이 그 아들 태종(太宗) 때에 정치적 골격을 완성했다면, 세종 때 와서는 문화적 기반까지 완전히 갖추었다고 할 수 있다.

특히 집현전을 중심으로 우수(優秀)한 학자들을 결집(結集)하여 집체적(集體的)인 연구를 수행하였다. 그 결과『훈민정음(訓民正音)』,『치평요람(治平要覽)』,『국조오례의(國朝五禮儀)』,『동국정운(東國正韻)』,『동국병요(東國兵要)』,『사서오경음해(四書五經音解)』,『의방유취(醫方類聚)』등 많은 저서를 저술하였다.

이때 나온 많은 책들은 모두 세종 자신이 직접 검토(檢討)하고 신하들과 토론을 거쳐 완성된 것이다. 세종 때 피운 문화의 꽃은 세종의 관심(關心)과 장려(獎勵)에 의해서 결실(結實)을 본 것이었다.

세종대왕 하면 일반적으로 한글 창제만 말하는데, 그의 업적은 한글 창제에만 그치지 않고, 우리나라의 학문적 기반을 세운 것이다. 세조가 집현전을 없애 버린 것은 우리나라 학술사적(學術史的)으로 볼 때, 너무나 큰 손실이다. 그 뒤 성종(成宗) 때 집현전을 대체할 홍문관(弘文館)을 만들었지만, 그 기능이 문학(文學)에만 그치고 만 것이 매우 아쉽다.

세종은 어려서부터 너무나 책 읽기를 좋아하였다. 세종은 왕자 때의 봉호(封號)는 충녕대군(忠寧大君)이었다. 밤에 잠도 자지 않고 너무나 열심히 책을 읽는 것을 보고, 그 어머니 원경왕후(元敬王后) 민씨(閔氏)가 충녕의 건강(健康)을 매우 걱정하였다. 한번은 충녕이 몸이 몹시 아픈데도 독서(讀書)를 계속하자, 환관을 시켜 그 책을 다 압수하도록 했다. 그러자 충녕은 답답하여 견딜 수가 없었다. 그때 마침 병풍 뒤에『구소수간(歐蘇手簡: 송나라의 문학가 歐陽脩와 그 제자 蘇東坡의 서신을 모은 책)』이란 책 한 권이 숨겨져 남아 있었다. 너무나 기쁜 나머지 세종은 이 책을 무려 8백 번이나 읽었다고 한다. 세종 자신이 말하기를, 자신이 읽은 책은 대부분 백 번 이상씩 반복해서 읽었다고 했다.

한글 창제(創製), 육진개척(六鎭開拓), 대마도정벌(對馬島征伐) 등 내외적으로 많은 업적(業績)을 남긴 세종이라는 성군(聖君)은 우연히 거저 이루어진 것이 아니고, 자신의 각고의 노력의 결과라는 것을 알 수 있다.

오늘날 대통령을 비롯한 많은 정치지도자들이 책을 읽어 역사의 교훈(敎訓)을 자기 것으로 만들어 경륜(經綸)을 축적하지는 않고, 단순히 말재주만 가지고 대중을 유혹(誘惑)하는 정치를 하려고 한다. 이래 가지고서는 국가 민족의 장래에 희망(希望)이 있을 수 없다.

독서는 학문 연구하는 사람만이 해야 하는 것은 아니다. 어느 분야에 종사하든 모든 사람에게 필요한 것이다.

2003년 9월 1일

好: 좋아할 호   學: 배울 학   之: ~의 지   君: 임금 군

23

등화가친지절
燈火可親之節

등불을 가까이할 만한 때

 구름이 걷히고 시원한 바람이 부는 가을이 되면, 해마다 자주 사용되는 단어(單語)로, '천고마비지절(天高馬肥之節: 높을 고, 말 마, 살찔 비, ~의 지, 절기 절)'과 함께 '등화가친지절(燈火可親之節: 등불 등, 친할 친)'이 있다. "하늘은 높고 말은 살찌는 계절"이라는 '천고마비(天高馬肥)'란 단어는 중국의 문헌(文獻)에 없고, 또 중국 말에도 없다. 다만 중국에서는 '천고기상(天高氣爽: 기후 기, 시원할 상)', 즉 "하늘은 높고 날씨는 시원하다."라는 말과 '추마비(秋馬肥)', 즉 "가을이 되면 말이 살찐다."라는 말이 『사기(史記)』에 나올 뿐이다. 이 두 말이 결합(結合)되어 '천고마비(天高馬肥)'란 단어가 생겨난 것이다. 주로 우리나라와 일본에서만 쓰이는 말이다.
 '등화가친(燈火可親)'이라는 말은, 당(唐)나라의 유명한 문학가 한유(韓愈)가 그 아들 부(符)가 장안성(長安城) 남쪽에서 독서(讀書: 읽을 독, 책 서)하고 있을 때 아들에게 열심히 공부하라고 권하는 시 속에 나오는 구절이다. 원시(原詩)의 제목은 「부독서성남(符讀書城南)」이다. 이 시는 『한창려집(韓昌黎集)』, 『전당시(全唐詩: 당나라의 시를 다 모아 놓은 책)』, 『고문진보(古文眞寶)』등에 실려 있으니, 전편을 다 보고 싶은 독자들은 참고하시기 바란다.

원시는 상당히 장편(長篇)인데 그 가운데 몇 구절을 아래에 인용한다.

> 사람으로서 고금(古今)에 통하지 못하면,
> 말이나 소이면서 옷을 차려입은 것이라네.
> 처신(處身)하는 것이 불의에 빠져 있으면서,
> 하물며 많은 명예를 바랄 수 있겠는가?
> 계절은 가을철이 되어 장맛비가 개니,
> 막 서늘해진 기운 들판에서부터 불어오네.
> 등불을 좀 더 가까이해서,
> 책을 펼쳐 읽을 수 있겠도다.
> 어찌 아침저녁으로 생각하지 않겠는가,
> 너를 위해 시간 아껴야 한다는 것을.
> 人不通古今, 馬牛而襟裾.
> 行身陷不義, 況望多名譽?
> 時秋積雨霽, 新凉入郊墟.
> 燈火稍可親, 簡編可卷舒.
> 豈不旦夕念, 爲爾惜居諸.

한유(韓愈)는 이 시에서, 학문에 있어서 고금(古今)에 통하지 않으면, 옷 입은 말이나 소 같은 짐승이지, 사람이 아니라고 아주 심한 말을 하여 강조하고 있다. 역사(歷史)와 문화(文化)는 과거 현재 미래가 연속(連續)되어 있기 때문에, 과거를 모르면서 현재를 정확하게 알 수가 없다.

현재만 알고 전통적인 문화나 역사를 모르는 사람도 문제이고, 과거의 것만 알고 현재의 것에 적응(適應)하지 못하는 사람도 문제이다. 처신이 불의(不義)에 빠져서는 안 된다는 것을 강조하고 있다. 학문만 중요한 것이 아니고 행실이 더 중요한 것이다. 시간을 아껴 시원해진 가을에 더욱더 열심히 공부하라고 권하고 있다. 이 시의 제목 밑에 작자가, "배우면 군자(君子)가 되고, 배우지 않으면 소인(小人)이 되고 만다는 것을 깨우쳐 주려는 데 그 뜻이 있다."라고 적어 놓았다. 배움의 중요성을 아들에게 요약하여 시로 지어 부친 것이다.

가을은 독서의 계절이라 하여 각급 학교에서 '독서주간(讀書週間)'을 설정하고 권장도서목록을 학생들에게 나누어 주기도 한다. 그러나 가을만 독서의 계절이 아니다. 사계절 모두가 독서의 계절인 것이다. 가을이 되기를 기다려서 독서하려고 하는 사람은, 사실 다른 계절에도 책을 읽지 않을 뿐만 아니라, 정작 가을이 되어도 별로 책을 읽지 않을 것이다. 가을은 독서의 계절이라 말하지만, 날씨도 서늘하고 산야(山野)가 울긋불긋 아름답게 물드는 계절이기 때문에 놀고 싶은 충동(衝動)이 더 일어나는 계절이다. 독서하는 데는 계절의 구별이 있을 수 없다.

2003년 9월 15일

燈: 등불 등   火: 불 화   可: 가할 가   親: 친할 친
之: ~의 지   節: 절기 절

24

행백리자, 반구십리
行百里者, 半九十里

백 리 길을 가는 사람은 구십 리를 반으로 친다

무슨 일을 하든 간에 끝까지 해내는 것이 중요하다. 독서(讀書)는 더욱 더 그러하다. 끝까지 다 읽을 필요가 있어 끝까지 다 읽기로 했다가 중간에 재미가 없거나 어려워서 그만두게 되면 그 책의 전체적인 구조(構造: 얽을 구, 만들 조)를 파악할 수가 없어 앞에 들인 공(功)이 아깝게 버려지고 만다. 우물을 팔 적에 힘을 모아 지하수(地下水)까지 닿도록 파야만, 비로소 파는 데 든 공이 효과(效果: 효험 효, 열매 과)가 날 수 있는 것이다. 또 책을 읽다가 중간에 포기(抛棄: 던질 포, 버릴 기)해 버린다면, 책을 읽은 효과를 볼 수가 없다. 더 나아가 이런 태도가 습관화(習慣化: 익힐 습, 익을 관)되면, 스스로 고칠 수 없는 나쁜 고질(痼疾)이 되고, 다른 일을 할 적에도 이런 나쁜 습관이 계속 나타나 결국 그 인생을 실패하게 만들고 만다.

 어떤 일을 할 때 반고비를 넘기고 나서 4분의 3쯤에 이르면 지루하고 짜증이 나는 것은 누구에게나 나타나는 심리적 현상이다. 마라톤에서도 30킬로미터를 넘어 35킬로미터까지가 고비인데, 이 고비를 넘기고 나면 조금 수월하다. 그러나 사람이 성공하느냐 실패하느냐는 이

시점(時點: 때 시, 점 점)에서 어떻게 난관(難關)을 극복하느냐에 따라서 결판(決判)이 난다. 어렵고 지루한 때를 잘 넘겨 마지막 단계(段階)를 잘 마무리하는 것이 중요하다. 쉽고 재미나는 일은 누구나 잘할 수 있지만, 어려운 일이나 힘든 일은 강인(强靭)한 의지가 있는 사람만이 해낼 수 있다.

『전국책(戰國策: 중국 전국시대의 각국의 역사책)』에, "백 리를 가는 사람은 구십 리를 반으로 친다.[行百里者, 半九十.]"라는 말이 있다. 백 리 길에서 산술적으로 계산한다면 오십 리가 반이지만, 그 성취(成就)의 어려움에 있어서는 마지막 십 리가 앞의 구십 리 가는 것만큼 어렵다는 것이다. 발병 등 여러 가지 탈도 다 마지막 고비에서 생긴다.

참고하는 책은 통독(通讀)할 필요는 없겠지만, 주제(主題)가 있는 책 등은 마지막까지 읽어야 자기 것이 될 수 있다.

"그럼 '시작이 반이다.'라는 말은 틀린 것이냐?"라고 누가 반박할 수 있다. 두 말 사이에 서로 모순(矛盾)이 있는 것 같아 보인다. 그러나 "시작이 반이다."라는 말은, 어떤 일을 바로 착수하지 못하고 머뭇거리는 사람들을 격려(激勵)하기 위해서 만든 말이다. 해야지 해야지 하면서 하루 이틀 미루면서 세월(歲月)을 허비(虛費)하는 사람들이 없지 않은데, 그런 사람들에게는 이 말이 효과(效果)가 있다. 어떤 책을 두고 언젠가 읽어야지 읽어야지 하면서도 읽기 시작하지 못하는 경우가 있는데, 우선 처음 얼마간 읽고 나면, 내용이 서로 연관(聯關)되기 때문에 계속 읽게 되는 경우가 있다. 벼르지만 말고 읽어야겠다는 마음이 들었을 때 바로 첫 장부터 시작하면, 그 책을 마칠 수가 있다.

그래서 "백 리 길을 가는 데 구십 리를 반으로 친다."는 말과 "시작이 반이다."라는 말은 둘 다 독서하는 방법상 필요한 말이다.

"게으른 선비는 책장을 세고, 게으른 농부는 밭고랑을 센다."라는 우리나라 속담(俗談)이 있다. 이미 읽기 시작했으면, 적극적(積極的)으로 책의 내용에 몰두(沒頭)해서 읽어 나가야지, '이 책을 언제 다 읽지?' 걱정하면서 읽는다면, 더욱더 지루하고 효과도 없게 된다.

2003년 9월 22일

行: 갈 행　　　百: 일백 백　　　里: 마을 리　　　者: 놈 자
半: 반 반　　　九: 아홉 구　　　十: 열 십

25

극구광음
隙駒光陰

망아지가 달리는 것을 문틈으로 보는 듯한 빠른 세월

세월(歲月: 해 세)이 빠름을 나타내는 말로 보통 '세월여류(歲月如流)'라는 말이 있다. 즉 세월은 흘러가는 물처럼 쉬지 않고 빨리 흘러간다는 뜻이다. 이보다 좀 더 어려운 말로 '극구광음(隙駒光陰)'이라는 말이 있다. 세월이 빠른 것은 망아지가 뛰어 지나가는 것을 문틈으로 보는 것과 같다는 뜻이다. 『장자(莊子)』라는 책에 맨 먼저 보이는데, 시간이 빠르다는 것을 비유하는 말이다.

조선시대(朝鮮時代) 중기의 대학자인 퇴계(退溪) 이황(李滉) 선생이 그 아들에게 학문을 권면하는 서신에서 이 말을 쓰고 있다. 그러나 퇴계는 '망아지 구(駒)'를 '사마(駟馬) 사(駟)'자로 바꾸어 썼다.

퇴계 선생은 우리나라를 대표할 수 있는 대학자이자, 교육자(敎育者)였다. 벼슬에서 물러나 고향 예안(禮安: 지금은 安東市에 병합되었음)에 도산서당(陶山書堂)을 짓고 제자들을 길렀는데, 그 제자들 가운데는 대학자나 대정치가가 많이 나와 우리나라 역사에 큰 영향(影響: 그림자 영, 메아리 향)을 끼쳤다. 주자(朱子)가 살았던 복건성(福建省)은 본래 별 학문(學問)이 없던 미개지(未開地: 열 개)였지만, 주자 같은 대학자가 나와 많은 제자를 교육함으로 인해서 그 이후로 복건성에서는 많은 학자들이 나와 학문이 크게 일어났다.

옛날에는 제자가 선생의 학문적 명성(名聲)을 듣고 찾아가 스승으로 모셨다. 그렇기 때문에 한번 스승으로 모시게 되면 평생 스승으로 섬겼다. 스승은 제자의 기질(氣質)과 취향을 잘 알기 때문에 배우는 이에게 알맞은 교육을 했다. 그래서 교육적 효과가 컸다.

그리고 그때는 교통(交通: 서로 교, 통할 통)이 나쁘기 때문에 주로 서신(書信)을 주고받으며, 학문을 토론(討論)했다. 퇴계 선생과 그 제자 고봉(高峰) 기대승(奇大升)이 사단칠정(四端七情)의 문제를 두고 7년 동안 서신을 주고받으며 토론한 것은 너무나 유명하다.

퇴계 선생은 친구나 다른 제자들과도 많은 서신을 주고받았다.『퇴계집(退溪集)』의 반 이상이 서신으로 채워져 있다. 이 서신은 퇴계의 학문과 사상(思想)이 담겨 있는 보배로운 글이다. 그 가운데서 그 아들 준(寯)에게 독서를 권한 편지 두 통을 독자 여러분들에게 정중히 소개하고자 한다.

아들 준에게,

너는 본래부터 학문에 뜻을 독실(篤實)히 두지 않았는데, 집에서 어정어정하면서 날을 보낸다면, 더욱더 학문을 포기하는 것이 된다. 모름지기 속히 조카 완(完)이나 혹 뜻이 독실한 다른 친구들과 함께 책 상자를 지고 절간으로 가도록 해라. 겨울 긴긴밤에 부지런히 애써 글을 읽어라. 지금 부지런히 애써 공부하지 않는다면, 세월은 네 마리 말이 끄는 수레가 지나가는 것을 창틈으로 보는 것처럼 빠른 것이니, 한번 가 버리고 나면 뒤쫓아 가기 어렵느니라. 부디 마음에 새겨 소홀히 하지 말도록 해라. 소홀히 하지 말도록 해라.

아들 준에게,

　독서하는 데 어찌 장소를 가리겠는가? 고향(故鄕: 연고 고, 고을 향)에 있거나 서울에 있거나 간에 뜻을 세움이 어떠하냐에 달려 있을 따름이다. 십분 채찍질하고 힘써서 날마다 부지런히 힘써 공부해야지 어정어정 세월을 허송해서는 안 된다.

두 편의 서신에 공통적으로 '뜻을 세우는 일'과 '시간을 아껴 쓰는 일'을 강조하였다. 사람들이 돈이나 재물(財物)을 허비(虛費)하면 아까워하지만, 시간은 허비하면서도 아까운 줄을 모른다.

2003년 9월 29일

隙: 틈 극　　駒: 망아지 구　　光: 빛 광　　陰: 그늘 음

자고고학
刺股苦學

잠이 오면 송곳으로 허벅지를 찔러 잠을 깨며 애써 공부하다

좀 연세(年歲) 드신 분들이 말 잘하는 사람을 보면, "소진(蘇秦)이처럼 말 잘하네."라는 말을 한다. 유세가(遊說家)인 소진이 말을 잘했기 때문이다.

중국 전국시대(戰國時代: 싸울 전, 나라 국) 낙양(洛陽)에 소진이라는 사람이 살았는데, 젊은 시절 귀곡선생(鬼谷先生)을 스승으로 모시고 배웠다. 그가 배운 학문은 종횡가(縱橫家)에 속하는데, 유세(遊說)를 하며 말로 사람을 설복시키는 방법을 주로 배웠다. 어떤 나라 왕을 설복하여 자신의 건의가 채택(採擇: 캘 채, 가릴 택)되면, 등용(登用)되어 부귀영화가 보장되는 것이다.

그 당시는 전국시대라 하여 중국이 여러 나라로 분열되어 서로 간에 무력(武力)으로 침공(侵攻)하여 부국강병(富國強兵: 부유할 부, 나라 국, 강할 강, 병사 병)을 꾀하였다. 그러니 모사(謀士)가 필요하였으므로, 많은 학자들이 자기만의 독창적(獨創的)인 학설로 각 나라 임금을 찾아다니며 자기의 계책(計策)을 채택해 주기를 바랐다.

처음에 소진이 자기가 배운 학문을 가지고 진(秦)나라 왕에게 가서

유세했으나, 진나라 왕은 그의 의견을 채택해 주지 않았다. 그래서 소진은 먹을 것도 입을 것도 없어 거의 거지 모양을 하고서 고향(故鄕) 집으로 돌아왔다. 굶어 가면서 먼 길을 걸어왔으니 몰골이 말이 아니었다. 집에 들어서자, 자기 아내는 눈길도 한번 주지 않은 채, 베틀에 앉아 베만 짜고 있었고, 자기 형수(兄嫂)는 귀찮아하면서 밥도 지어 주지 않았고, 아버지는 소진의 볼을 잡아당기며 심하게 나무랐다.

이런 대우를 당한 소진은, '마누라가 나를 남편으로 여기지도 않고, 형수가 나에게 밥도 지어 주지 않고, 부모님마저도 나를 이렇게 대하는 것은, 문제(問題)가 모두 나에게 있다.'라고 생각하고는 그때부터 다시 열심히 공부하기 시작했다.

이때부터 밤낮을 가리지 않고 부지런히 책을 읽고 외우는 등 목숨을 걸고 공부를 했다. 공부를 하다가 한밤중이 되면, 힘이 다하여 정신(精神)이 흐릿해지고 잠이 쏟아졌다. 그렇게 되면 그는 송곳으로 자기 허벅지를 찔러 잠을 깨웠다. 어떤 때는 송곳으로 찔러 흘러내린 피가 발등을 흥건히 적실 정도였다. 몇 년을 이렇게 공부하는 동안 자기의 학문이 크게 향상되었다는 것을 느끼게 되었다.

그 뒤 다시 세상에 나가, 강한 진(秦)나라에 대항하기 위해서는 나머지 여섯 나라가 연합(聯合)해야 한다는 합종책(合縱策)을 제안(提案)하여 한때 여섯 나라의 정승(政丞)을 겸직하게 되었다.

여섯 나라의 정승이 되어 앞뒤로 호위(護衛)하는 수레 수십 대를 거느리고서 고향을 지나가게 되자, 아내와 형수 및 친척들이 몇십 리 밖에까지 마중 나와 아주 반갑게 맞이하였다. 아내나 형수 등이 소진을 감히 바로 쳐다보지도 못했다. 소진이 웃으면서 그 형수에게, "전에는 그렇게도 거만(倨慢)하더니 지금은 어찌 이리 공손하시지요?"라고 했더니, 그 형수가 "도련님의 지위가 높고 돈이 많기 때문이지요."라고 대답했다. 소진이 탄식(歎息)하여 말하기를, "다 같은 몸인데도, 부귀(富貴)해지면 친척들이 두려워하고, 빈천(貧賤)해지면 업신여기는데, 하물며 다른 사람들이겠는가? 또 나에게 낙양에 성을 등지고 있는 밭 몇 떼기만 있었더라도 내가 어떻게 여섯 나라 정승이 될 수 있었겠는가?"라고 하고는, 천금(千金)의 돈을 고향 친척과 친구들에게 나누어 주었다.

　공부하려면 잠을 극복(克服)해야 되는데, 소진은 송곳으로 허벅지를 찔러 가면서 잠을 자지 않고 공부하여 자기의 뜻을 이루었던 것이다.

2003년 10월 6일

刺: 찌를 자　　**股**: 넓적다리 고　　**苦**: 괴로울 고　　**學**: 배울 학

27

마저성침
磨杵成針

쇠 절굿공이를 갈아 바늘을 만들다

어떤 분야의 어떤 사람이건 간에 뛰어난 실력(實力)을 갖춘 사람은, 하루아침에 저절로 그렇게 된 것이 아니고 꾸준하게 많은 노력을 했기 때문에 마침내 그런 경지(境地)에 이르게 된 것이다. 사람들은, 좋은 결과만 부러워할 뿐 그런 경지에 도달(到達)까지 흘린 피땀 어린 과정(過程)은 중시하지 않는 경우가 흔히 있다.

1960년대에 남정임(南貞姙)이라는 여배우(女俳優)가 기차를 타고 농촌(農村)을 지나가면서 농촌의 봄 풍경에 너무 반하여, 나중에 어떤 잡지사(雜誌社) 기자와 인터뷰하면서, "복사꽃 사과꽃이 아름답게 피는 언덕 위에다 하얀 집을 짓고 마음에 맞는 사람과 함께 젖소도 키우고 닭도 키워 따뜻한 우유와 신선한 달걀을 먹으며 살겠다."라는 말을 하였다. 그러나 그 배우는 그렇게 살 사람도 아니었고, 그 뒤 실제로 그와 정반대의 도시에서 문란한 생활을 하다 일찍 세상을 마감하였다. 차를 타고서 농촌을 지나가면서 보면 한 편의 평화로운 풍경화(風景畵)같이 아름답지만, 그런 아름다운 꽃을 피우려면, 이른 새벽부터 밤늦게까지 거름 주고 김매고 가지치고 하는 등등 쉴 새 없이 농민(農民)들의 많은 손이 들어야만 하는 것이다. 아름다운 결과의 이면에는 힘든 노동(勞動)이 들어 있는 것이다.

우리가 잘 아는 당(唐)나라의 대시인(大詩人) 이백(李白: 字는 太白)도 저절로 위대(偉大)한 시인이 된 것이 아니고, 피나는 공부를 한 결과 위대한 시인이 되었다. 이태백(李太白)은 젊은 시절에 광려산(匡廬山)에 들어가 공부하였다. 얼마 지나자, 산속에서 지내기가 답답하고 공부하기도 싫어졌다. 이 정도 공부했으니 충분하겠지 하고 짐을 싸서 산에서 내려왔다.

내려오다가 보니 어떤 마을 길가에서 한 노파(老婆)가 쇠로 된 큰 절굿공이를 숫돌에 갈고 있었다. 이태백으로서는 처음 보는 광경(光景)이었다. 그래서 그 노파에게 다가가 물었다. "할머니, 무엇 하려고 절굿공이를 숫돌에 가십니까?" 그 노파가 답하기를, "집에 바늘이 없어서 이것을 갈아 바늘 만들려 하오."라고 했다.

이태백은 이 할머니의 그 바보스러울 정도의 대단한 끈기에 크게 감동을 받았다. 산에 들어와 공부한 지 얼마 안 되어 싫증을 낸 자신이 너무도 부끄러웠다. 그래서 단단히 결심(決心)하고서 다시 산으로 올라갔다. 그때부터는 이태백이 너무 열심히 공부하여 밥 먹는 것도 잠자는 것도 다 잊어버릴 지경이었다. 때로는 독서삼매(讀書三昧)에 빠져 밥을 거르기도 하였다.

어느 날 이태백에게 어떤 귀신(鬼神)이 면회(面會)를 신청하였다. 그러나 이태백은 만날 시간이 없다고 하자, 그 귀신은 "나를 만나지 않으면, 당신은 죽게 되오."라고 협박하듯이 말했다. 이태백이 놀라 그 귀신을 만나 "누구냐?"고 묻자, 그 귀신은 "나는 당신 몸에서 영양을 담당하는 귀신인데, 당신이 며칠째 나를 찾지 않기에 하직인사하려고 왔소."라고 했다. 이태백이 "그럼 잘 가시오."라고 하자, 그 귀신은 "당신 죽어도 좋단 말이오?"라고 반문했다. 그제야 이태백은 음식을 찾아 먹었다.

흔히 이태백은 천부적인 시재(詩才)를 타고나 늘 술만 마시고 지내다가 붓만 들면 시가 나오는 줄 생각하지만, 절대 그런 것이 아니다. 세상에 거저 되는 것은 없다.

2003년 10월 13일

磨: 갈 마   杵: 절굿공이 저   成: 이룰 성   針: 바늘 침

28

다언하익
多言何益

말을 많이 하여 무슨 도움이 되겠는가?

지금까지 독서(讀書)와 학문(學問)에 관한 내용을 주로 다루었는데, 이번 회부터는 생활의 지혜가 될 만한 고사성어(故事成語)를 위주로 글을 써 가려고 한다.

우리 사람은 다른 여러 동물과 비교해 본다면, 육체적으로는 크게 강자(强者)가 될 요소를 갖고 있지 못하다. 다른 짐승들이 가진 발톱, 이빨, 뿔, 날개 어느 것도 없다. 그러나 사람은 다른 동물들이 갖지 못한 말을 갖고 있다. 이 말을 통해서 사람들 사이에 의견을 교환할 수 있다. 사람만이 지혜(智慧)를 교환할 수도 있고, 축적(蓄積)할 수도 있고, 계승(繼承)할 수도 있다.

한 개인의 정신적인 능력은, 옛날 사람들에 비해서 엄청나게 증진된 것은 아니지만, 사람들은 여러 사람들의 정신적인 능력을 교환하고 축적하여 후세에 영원히 계승하기 때문에 인류(人類)의 문화(文化)는 쉬지 않고 발전해 올 수 있었다. 인류문화 발전의 가장 큰 공신(功臣)은 바로 말이다. 글이란 말을 표기(表記)하는 부호(符號)이고, 책이란 글을 통해서 말을 표기하여 실어 둔 것에 불과하다. 그러니 그 근본은 말이다.

말이 존재하지 않는 인류사회(人類社會)를 한번 상상(想像)해 보시라. 얼마나 답답하겠는가? 그러니 우리는 말의 고마움을 알고서, 말을 아름답게 깨끗하게 우아(優雅)하게 적절하게 써야 하겠다. 이 좋은 말을 가지고 남을 헐뜯거나 모함(謀陷)하거나 남의 마음을 상하게 하거나 세상을 혼란하게 하는 데 써서는 안 되겠다.

옛날 중국 춘추시대(春秋時代)에 자금(子禽)이란 사람이 그 스승인 묵자(墨子)에게 물었다. "선생님, 말을 많이 하는 것이 유익합니까?" 묵자는 이렇게 대답했다. "맹꽁이나 개구리는 밤낮을 가리지 않고 혀가 닳을 정도로 울고, 파리는 밤낮을 가리지 않고 윙윙거린다. 그러나 사람들은 모두 그 소리를 귀찮게 생각하여 귀 기울여 듣지 않는다. 그러나 새벽의 닭을 보게나. 시간 맞추어 몇 번 울면 천하 사람들이 그 소리를 듣고서 반가워하면서 잠에서 깨어나 하루의 설계(設計)를 하지 않던가? 말이 많은 것이 어찌 유익하겠는가, 말을 때맞추어 하는 것이 중요하지."

말을 때맞추어 하는 것은 정말 옳은 일이다. 그러나 말을 때맞추어 하기는 쉽지 않다. 그러나 때에 맞게 하려고 계속적인 노력을 해야 한다.

그리고 말은 실천이 따를 때 그 가치(價値)가 살아나는 것이다. 공자(孔子)는 "군자(君子)는 말은 천천히 하려고 하고 행동은 민첩하게 하려고 한다.[君子欲訥於言, 而敏於行.]"는 말을 남겼다. 요즈음 우리 사회에는 행동이 따르기는커녕, 말을 함부로 하는 경우가 너무나 많다. 사회 지도층에 있는 인사들이 책임지지 않을 말을 함부로 하여 백성들을 불안하게 하거나 국내외적으로 우리나라의 체면을 손상시키는 일이 비일비재(非一非再)하다. 중요한 자리에 있는 사람은 자기의 잘못한 말 한마디가 자기 자신에게만 피해를 주는 것이 아니고, 온 나라 온 국민에게

치명적인 영향을 미치기 때문에 신중(愼重)히 해야 한다.

말을 많이 한다고 중요한 것이 아니다. 적절하게 때에 맞게 해야만 한다.

2003년 10월 20일

多: 많을 다   言: 말씀 언   何: 어찌 하   益: 더할 익

추녀효빈
醜女效顰

못난 여인이 찡그린 모습을 흉내 내다

중국의 사대미녀(四大美女)에 드는 월(越)나라 서시(西施)라는 여인이 있었다. 본래 나부산(羅浮山)에서 땔나무하던 처녀였는데, 용모(容貌)가 아주 빼어났다. 오(吳)나라와의 전쟁에서 진 월나라 왕 구천(勾踐)이 오나라에 볼모로 잡혀 있다가 석방(釋放)되어 돌아와 이 서시에게 남자를 사로잡는 훈련을 잘 시켜 전승국 오나라의 왕 부차(夫差)에게 바쳤다. 부차는 서시에게 빠져 매일 잔치를 열고 풍악을 울렸다. 또 서시의 건의에 따라 토목공사도 대대적으로 일으켰다. 오나라에서는 당연히 세금(稅金)이 무겁게 되고 백성들을 부역(賦役)에 동원하게 되니, 자연 민심(民心)이 이반(離反)되고 원성(怨聲)이 여기저기서 일어났다. 그때 준비를 착실히 한 월나라에서 오나라를 침공(侵攻)하니, 전세가 불리해진 부차는 자살하고 오나라는 영영 망하고 말았다.

이 서시가 자기 고향에서 살 때 가슴이 아파 가끔 가슴을 움켜잡고 찡그렸다. 그런데 그 찡그리는 모습마저도 아름다웠다. 그 아름다움을 부럽게 여긴 그 마을의 못난 처녀가 서시의 찡그린 모습을 흉내 내어 찡그렸다. 이 처녀는 자기도 찡그리면 아름다울 거라고 생각하고 계속 찡그렸다. 그러자 그 마을의 어떤 사람은 그 모습이 보기 싫어 아예 문을 걸어 잠그고 밖으로 나오지 않았고, 어떤 사람은 처자(妻子)를 데리고 다른 마을로 이사를 가 버렸다.

　맹목적(盲目的)으로 남을 흉내 내는 경우 도리어 자기에게 좋지 않은 결과(結果)가 온다는 것을 알려 주는『장자(莊子)』에 실려 있는 우언(寓言)이다.

　오늘날 전 세계의 거의 모든 사람들이 탤런트로 변해 간다고 한다. 자신의 표정(表情)이나 용모(容貌)를 주체성(主體性) 있게 가꾸는 사람은 드물고, 대부분은 남이 어떻게 볼까에 신경을 쓰고서 표정이나 용모를 관리하는 경향(傾向)이 농후(濃厚)하다는 말이다. 유행(流行)이라는 전 세계적인 큰 압력에 개인의 개성이 굴복당하는 추세다. 그 결과 심지어 자신의 얼굴이나 신체까지도 뜯어고치는 수술을 받는 사람이 많다고 한다. 아무것도 모르는 어린 자녀들의 영어 발음을 좋게 한다고 하여 혀 수술까지 시키는 부모가 있는 형편이니, 맹목적 모방(模倣)이 극도에 이르렀다고 하겠다.

　개인의 표정이나 용모는 말할 것도 없고, 현재 우리나라의 학문(學問)이나 문화(文化)도 외국을 모방하기에 급급하다. 자기 나라 고유의 학문이나 문화는 푸대접을 받고 있다. 잘못되어도 너무 잘못된 현상이다.

　21세기를 세계화시대라고 하여 국제적으로 교류가 활발(活潑)한 시대가 되었다. 세계화시대가 되면 우리 것은 필요 없고, 미국 등 서양을 모방하기만 하면 되는 줄 아는 사람이 많은데, 천만의 말씀이다. 우리가 미국의 모방품을 가지고서 우리 문화라고 한다면, 전 세계 사람들이 우리나라를 멸시(蔑視)할 것이다. 우리의 특색이 있는 고유문화(固有文化)를 발전시켜 세계에 내놓을 때 전 세계 사람들이 한국문화에 관심을 갖고서 찬사(讚辭)를 보낼 것이다.

모방이라고 다 나쁜 것은 아니지만, 좋은 결과를 가져오지 못하는 맹목적인 모방은 하지 않아야 한다.

2003년 10월 27일

醜: 못날 추　　**女**: 계집 녀　　**效**: 본받을 효　　**顰**: 찡그릴 빈

30

정인매리
鄭人買履

정나라 사람의 신 사기

　중국 춘추시대(春秋時代) 정(鄭)나라에 자기 딴에는 아주 똑똑한 사람이 살고 있었다. 무슨 일이든지 확실(確實)하게 잘한다고 생각하여, 잘 따지고 원칙(原則)을 지키는 그런 사람이었다. 그러나 그를 아는 많은 사람들은 그를 막힌 사람, 멍청한 사람으로 간주(看做)하고 있었다.
　언젠가 그가 신고 있던 신이 떨어져 새로 사야 할 형편이었다. 장날이 되면 신을 사러 가려고 자기 발의 치수를 미리 정확하게 몇 번이고 재어 두었다. 장날이 되어 신을 사기 위해서 아침 일찍 출발(出發)하여 먼 길을 걸어서 장으로 갔다. 그러나 막상 신 가게에 도착하고 보니, 자기 발 치수 재어 둔 막대를 집에 두고 왔던 것이었다. 그래서 사려고 들었던 신발을 도로 놓아두고, 주인에게 다시 오겠노라고 하고는 다시 먼 길을 걸어서 집으로 돌아와 그 막대를 갖고서 신 가게를 찾아갔다. 그러나 그때는 벌써 날이 저물어 시장은 다 파하고 사람들은 다 흩어지고 말았다. 결국 그 사람은 신발을 사지 못하고 말았다. 옆에서 이 광경을 본 사람이 그 사람에게 "당신 발을 가지고 맞추어 보고 신을 샀으면 되지 않았겠소?"라고 하자, 이 사람은 "내가 재어 둔 치수는 믿을 수 있지만, 내 발은 믿을 수 없지요."라고 대답했다.

이 정나라 사람은 참으로 융통성(融通性) 없는 어리석은 사람이라고 할 수 있겠다. 우리는 이 사람이 한 행동(行動)을 비웃으면서도, 실제로 우리들 자신이 이 사람과 같은 행동을 하는 경우가 적지 않을 것이다.

쉽게 문제(問題)를 해결할 수 있는 방법이 있는데도, 엉뚱한 원칙(原則)을 들먹이며, 사태(事態)를 점점 어렵게 만드는 경우가 많다.

관청이나 회사, 학교 등의 규정 가운데 고쳐야 하는데도 아직 고쳐지지 않은 경우가 많다. 전 국민이 반대하고 싫어하는데도 그대로 시행되는 정책이 많이 있다. 대한민국의 거의 모든 교수(敎授)나 대학생들이 반대하고 그 불편과 불합리를 호소하는데도, 정부에서는 대학에 학부제(學部制)를 계속 시행하고 있는 것이 그 한 가지 예다.

대통령(大統領)이 인재를 발탁(拔擢)해 쓰는 데 있어서도, 그 사람이 그 일을 할 능력(能力)이 있는가를 따져 봐야지, 능력은 별로 중시하지 않고, 자기와 전부터 알고 있는 사람 가운데서 자기와 사고방식이 같은 사람만 골라 쓴다면, 정나라 사람이 신 사는 방식과 다를 바 없다고 하겠다. 눈 수술은 안과(眼科) 의사만 할 수 있는 능력을 갖고 있는데, 자기와 코드가 맞지 않는다고 제쳐 두고서, 자기와 코드가 맞는 산부인과(産婦人科) 의사를 불러와 눈 수술을 맡긴다면, 그 환자는 실명(失明)이 되고 만다.

오늘날 우리 정부(政府)에서는 동북아(東北亞) 중심국가를 건설(建設)하겠다고 계획을 세워 두고 있지만, 외국인 투자자(投資者)는 우리나라를 찾지 않고, 우리나라 기업(企業)마저도 중국이나 동남아, 미국 등지로 빠져나가고 있는 형편이다. 회사(會社) 설립의 절차를 획기적으로 개선(改善)하지 않고, 계속 법률 조항만 들먹이면서 설립에 필요한 복잡한 수속절차를 요구한다면, 우리나라를 찾는 외국인 투자자는 늘어나지 않을 것이다.

모든 문제를 해결하는 데 실용적이고 실질적인 방법이 있는데도, 고지식한 원칙만 고수(固守)해서는 정보화시대(情報化時代)에 다른 나라와 경쟁(競爭)하는 데 어려움이 적지 않을 것이다.

2003년 11월 3일

鄭: 나라 이름 정　　人: 사람 인　　買: 살 매　　履: 신 리

구곡주
九曲珠

아홉 굽이의 구멍이 뚫린 구슬

사마천(司馬遷)이 지은 『사기(史記)』라는 역사서에, "지혜로운 사람도 천 번 정도 생각하다 보면 한 번쯤 실수가 있고, 어리석은 사람이라도 천 번 정도 생각하는 것 가운데는 한 가지 얻을 것이 있다.[智者千慮, 必有一失, 愚者千慮, 必有一得.]"라는 말이 있다.

이 세상에 아무리 지혜로운 사람이라도 때로 어리석은 사람보다 못한 분야가 있게 마련이고, 아무리 박학(博學)한 사람이라도 하찮은 사람이 알고 있는 것을 모르는 경우도 있다. 남 보기에는 별것 아닌 사람 같아도 각자 숨은 능력을 가진 무서운 사람들이 곳곳에 있다. 그러니 자기가 아는 만큼만 이야기해야지, 자기의 지혜(智慧)나 지식(知識)을 믿고서 아무 데서나 나서거나 남을 깔보거나 비웃다가는 언젠가는 반드시 큰 낭패(狼狽)를 당할 수가 있다.

공자(孔子)는 성인(聖人)이라 인격적으로 거의 흠이 없는 분이었다. 그런 공자가 어느 날 그만 실수를 하고 말았다. 제자(弟子)들을 거느리고 이 나라 저 나라로 다니다가 송(宋)나라 광(匡)이란 곳에 이르렀다. 길가에서 뽕을 따는 여인이 있었는데, 아주 못생겼다. 공자가 그만,

"정말 못생겼군!"이라는 말을 내뱉고 말았다. 그 여인은 보통 여인이 아니었던지 화를 내지 않고, 뒤에 처져 있던 공자의 제자 자로(子路)에게, "당신 스승이 어려운 일을 당하거든 나를 찾아오라 하시오."라고 하였다.

얼마를 더 가다가 공자는 광 땅 사람들에게 폭정을 한 양호(陽虎)로 오인을 받아 포위를 당하여 사태가 위급하였다. 공자 제자 자공(子貢)이 나서서 "우리 스승은 성인(聖人)입니다."라고 군중(群衆)들을 설득했으나 아무런 소용이 없었다. 그들은 "성인이면 초인적인 능력이 있을 것이니 능력을 보이시오."라고 구슬 한 개를 던져 주며 그 속으로 실을 꿰라고 요구했다.

공자가 그 구슬을 받아 보니 속의 구멍이 꾸불꾸불하여 도저히 실을 꿰어 넣을 수가 없었다. 생명의 위협을 받는 상황에서 공자가 아무리 실을 꿰어 넣으려고 해도 되지 않았다. 정말 낭패가 났다.

그때 자로가 아까 그 여인의 말이 생각나서 그 여인을 다시 찾아가 깊이 사죄(謝罪)하고 방법을 물었더니, 그 여인은 "그 정도 지혜도 없으면서 성인이라고 자처하고 천하(天下)를 주유(周遊)하다니. 그리고 사람을 보고 함부로 비웃기까지 하고서."라며 일장 훈시(訓示)를 하고 자로에게 방법을 가르쳐 주었다. "가서 구슬을 꿀물에 담가 구멍에 꿀물이 배어들게 한 뒤, 개미를 잡아 와 허리에 실을 매어 두면 개미가 꿀물을 핥아 먹으려고 구멍 속으로 들어가 꿀을 다 핥아 먹고는 반대편으로 나올 것이다. 그러면 실은 자동적으로 꿰어질 것이오."

그 여인 덕분에 공자는 생명을 건졌다. 공자는 진실된 마음으로 깊이 사과하였다. 그리고 그 여인이 자기의 비웃음을 갚지 않고 자기를 도와준 것이 너무나도 고마웠다. 다시는 남을 무시하거나 비웃지 않았음은 물론이다.

2003년 11월 10일

九: 아홉 구   曲: 굽을 곡   珠: 구슬 주

32

포정해우
庖丁解牛

솜씨 좋은 백정의 소 잡기

중국 전국시대(戰國時代) 양(梁)나라에 솜씨 좋은 백정(白丁)이 있었다. 소를 잡을 때, 그 사람이 잡은 칼이 소에 닿으면 쏴쏴 소리를 내면서 살과 뼈로 분해(分解)되었다. 그가 소를 잡을 때 손놀림이나 발로 밟는 동작, 어깨로 받쳐 밀고 무릎으로 누르는 등 몸의 모든 동작이 너무나 리듬감 있고 자연스럽게 잘 조화를 이루며 일을 해내었다. 다른 사람의 도움 없이도 별로 힘들이지 않고 단숨에 소 한 마리를 잡아 고기로 장만해 내었다.

이 광경을 본 양나라의 문혜군(文惠君)이라는 임금이, "아아! 정말 대단하구려. 기술(技術)이 어찌 이런 경지에까지 이를 수 있단 말이오!"라고 탄복(歎服)하여 말했다.

그러자 그 백정은 칼을 내려놓고 이렇게 대답했다. "임금님! 제가 사랑하는 것은 도(道)로서 기술의 단계는 이미 뛰어넘었습니다. 제가 소 잡는 일을 처음 시작했을 때는, 소를 보면 눈앞에 산만 한 큰 한 마리의 소만 보였습니다. 3년쯤 이 일을 계속하니까 소 한 마리가 통째로 보이지 않고 분해되어 보였습니다. 지금은 눈으로 소를 보지 않고 정신으로 소를 봅니다. 소 몸을 보고서 그 결을 따라서 근육과 뼈의 틈새로 칼이 통과하기 때문에 조금도 부딪치는 곳이 없습니다. 하물며 뼈를 쪼는 일이야 어찌 있을 수 있겠습니까? 보통 솜씨 정도의 백정들은 한 달에 한 자루의 칼을 닳리고 다시 새 칼로 바꿉니다. 그들은 소를 잡을 때 칼을 가지고 뼈를 마구 쪼기 때문입니다. 솜씨가 좀 괜찮다는 백정들은 일 년에 한 번씩 칼을 바꿉니다. 그들은 칼을 가지고 소의 근육을 베기 때문입니다. 현재 제가 쓰고 있는 이 칼은 이미 19년 동안 사용한 칼입니다. 그동안 잡은 소가 몇천 마리가 되는지 알 수가 없습니다. 그런데도 칼날은 숫돌에서 막 갈아 낸 것처럼 예리(銳利)합니다. 왜냐하면 소의 뼈마디에는 틈이 있고 칼날은 두께가 거의 없기 때문입니다. 두께가 없는 칼날을 가지고 뼈마디 사이의 틈을 가르기 때문에 칼날은 상하지 않고 손쉽게 소를 잡을 수 있고, 칼날은 여전히 숫돌에서 갓 갈아 낸 것처럼 조금도 상하지 않는답니다. 그러나 저도 뼈와 근육이 뒤엉킨 곳을 만나게 되면 처리하기 쉽지 않다는 것을 알기 때문에, 그때는 정신과 시선을 집중하여 손과 발을 신중하게 놀리면서 조심스럽게 칼을 갖다 대면 소는 곧 분해가 됩니다."

문혜군이 백정의 이야기를 듣고서, "훌륭하도다! 나는 너의 말을 듣고서 세상 살아가는 큰 도(道)를 터득했다네."라고 말했다.

이 이야기는 『장자(莊子)』 「양생주편(養生主篇)」에 나온다. 어떤 분야의 전문적(專門的)인 지식(知識)이나 기술을 얻기 위해서는 꾸준한 노력(努力)도 필요하지만, 일의 맥락(脈絡)이 어떻게 돌아가고 핵심(核心)이 무엇인가를 파악(把握)하는 것이 중요하다. 이 백정은 그것을 잘 터득한 사람이다. 그래서 스스로 도(道)의 경지라고 말할 수 있는 것이다.

우리가 어릴 때부터 들어 온 '공부(工夫)'란 단어(單語)도, 결국 도

(道)를 통하기 위해서 노력하는 것을 이른 말이다. 자주 쓰면서도 뜻을 잘 모르는 단어가 바로 공부라는 단어다. 공부라는 말에는 '시간(時間)', '노력한다'라는 뜻이 있다. 어떤 목표(目標)를 이루거나 경지(境地)에 도달하기 위해서 꾸준한 시간을 들여 노력하는 것이 공부고, 그렇게 꾸준히 노력해서 이룬 결과나 경지도 공부라 한다. "공부가 됐다.", "공부가 깊다.", "공부가 모자란다." 등등 흔히 하는 말을 음미(吟味)해 보면 공부의 뜻을 알 수 있을 것이다. 한석봉(韓石峯)의 어머니가 떡을 가지런히 잘 써는 것도 공부가 깊은 것이고, 옛날 시골에서 집을 지을 때 집 아래 있는 사람이 흙을 뭉쳐 던지면, 지붕 위에서 받는 사람은 담배 피우면서 옆 사람을 돌아보고 이야기하면서도 능수능란(能手能爛)하게 잘 받아 내는데, 그런 것도 공부가 깊은 것이라고 말할 수 있다. 외국어 통역(通譯)을 잘하는 사람은, 발언자(發言者)가 앞으로 무슨 말을 할 것인지도 감으로 미리 알고, 발언자가 말을 하고 나서 해서는 안 되는 말이라고 생각하여 후회하고 있으면, 통역하면서 알아서 빼고, 발언자가 해야 될 말인데도 빠뜨려 아쉬워하면 통역하면서 보충을 해 주는데, 이 정도가 되면 정말 통역에 도(道)가 통했다고 말할 수 있는 것이다.

　이 소 잡는 백정의 솜씨 정도가 되면, 우리가 흔히 말하는 달인(達人)의 경지에 오른 것이다. 무슨 일에 전문가가 되는 데는, 우선 노력이 필요하지만, 노력만 해서는 안 되고, 그 어떤 일의 맥락이 어떻게 되는가, 핵심이 무엇인가를 파악하는 것이 중요하다.

2003년 11월 17일

庖: 푸줏간 포　　丁: 장정 정　　解: 풀 해　　牛: 소 우

경국지색
傾國之色

나라를 망칠 만한 아름다운 여인

아름다운 여인(女人)을 두고 '경국지색(傾國之色)', 혹은 그냥 경국(傾國)이라고 하는데, 이 말을 글자 뜻 그대로 풀이하면, "어떤 나라를 기울일 여색(女色)"이라는 뜻으로, 본래 좋은 뜻은 아니다. 어떤 나라의 임금이 그 여인을 보게 되면 그 여인의 매력(魅力)에 혹하여 나라 정사(政事)를 돌보지 않기 때문에 나라가 망하게 된다는 뜻이다.

중국 한(漢)나라 무제(武帝)의 후궁(後宮) 가운데 이부인(李夫人)이라는 미녀(美女)가 있었다. 본래 민간에서 노래하며 지내는 여인이었는데, 선녀처럼 아름답게 생겼으나, 집안이 한미(寒微)했다. 궁중으로 뽑혀 들어와 노래하는 궁녀가 되었어도 한동안 무제의 눈길을 끌지 못했다. 그러나 그녀는 사람의 마음을 잘 파악하는 능력이 있어, 무제의 누님 평양공주(平陽公主)의 마음에 들게 처신하였다.

그 오빠 이연년(李延年)도 음악(音樂)에 정통했는데, 젊은 시절부터 궁중에 들어와 생활하면서, 궁정의 협률도위(協律都尉)라는 악사장(樂師長)의 직책을 맡아 민간의 노래를 수집 정리하기도 하고, 또 노래를 작곡하고 연주하고 노래하고 춤추는 등 무제의 총애(寵愛)를 받고 있었다.

어느 날 무제가 자기 누님 평양공주와 여러 자매(姉妹)들을 위해서 잔치를 베풀고서, 이연년에게 노래와 춤으로 분위기를 돋우라고 명하였다. 이연년은 자기가 새로 작사(作詞) 작곡한 새로운 노래를 불렀다. 이연년은 이 기회를 십분 활용했다.

> 북쪽 지방에 아름다운 여인이 있나니,
> 이 세상에서 뛰어나 홀로 우뚝하다네.
> 한 번 돌아보면 남의 성을 무너뜨리고,
> 두 번 돌아보면 남의 나라를 기울인다네.
> 성 기울게 하고 나라 기울게 하는 줄 어찌 모르리오마는,
> 아름다운 여인을 다시 얻기는 어려운 것을.
> 北方有佳人, 絶世而獨立.
> 一顧傾人城, 再顧傾人國.
> 寧不知傾城與傾國, 佳人難再得.

낭랑한 목소리로 다양한 율동(律動)에 맞추어 노래하니, 무제가 매료(魅了)가 되었다. "노래를 참 잘하는구먼! 그런데 남의 성을 기울게 하고 나라를 기울게 할 그런 미녀가 있으려고?"라고 무제가 탄식을 하였다. 이연년은 아무런 대답을 하지 않았다.

그때 평양공주가 무제에게 다가가 공손히 말했다. "폐하! 바로 이연년의 누이가 다시 얻기 어려운 미녀랍니다." 무제는 곧 데려오라고 명했다. 이연년이 통소를 불고 그 누이로 하여금 「봉구황(鳳求凰)」이라는 노래를 부르게 했다. 가냘프고 하늘거리는 자태(姿態)로 춤을 곁들여 노래하고 때로 선명한 눈동자로 무제에게 추파(秋波)를 보내자, 무

제는 완전히 정신이 녹아 버렸다. 그날부터 바로 동침(同寢)하기 시작하여 가장 총애하는 후궁이 되었다. 이연년의 벼슬도 높여 주고 녹봉(祿俸)도 후하게 주었다. 당연히 다른 관원들의 선망(羨望)의 대상이 되었음은 물론이다.

그러나 좋은 세월도 잠깐. 이부인은 곧 불치의 병에 걸려 몸이 날로 야위어 갔다. 무제가 찾아오면 그 얼굴을 보이기 싫어 이불을 뒤집어 쓰고 얼굴을 내놓지 않았다. 자기의 흉측스럽게 된 얼굴을 무제가 보면 자기를 싫어하는 마음이 생길 거라고 생각했기 때문이었다.

얼마 뒤 이부인은 세상을 떠났다. 이부인에게 혹했던 무제는 그녀의 아름답던 모습이 가슴에서 지워지지 않아 정사(政事)가 손에 잡히지 않아 나라는 엉망이 되어 갔다. 눈을 떠도 눈을 감아도 언제나 이부인의 모습만 아른거렸다. 그녀를 그리워하는 「이부인가(李夫人歌)」를 지어 슬퍼하는 마음을 부쳤고, 이부인의 일가친척들도 특별히 기용하여 이부인에게 다하지 못한 사랑의 감정을 베풀었다.

한 성(城)을 지키는 성주(城主)가 아름다운 여인에게 혹하면 성의 일을 돌보지 않기 때문에 그 성을 망치게 되고, 한 나라를 다스리는 임금이 아름다운 여인에게 혹하면 그 나라를 망치게 되는 것이다. 비단 여인에게 혹할 때만 그런 것이 아니다. 술이나 바둑, 낚시, 도박 등등 한 곳에 너무 빠지면 자기 자신을 망치게 된다. 어떤 것을 좋아하되, 자신을 지켜 정상적인 상태를 유지하면서 좋아하는 것이 중요하다.

2003년 11월 24일

傾: 기울일 경   國: 나라 국   之: ~의 지   色: 여색 색

괄목상대
刮目相待

눈을 비비고서 본다

사람이 살아가다가 어떤 모욕적인 일이나 억울한 일을 당했을 때, 아무런 자극(刺戟)도 받지 않고 그냥 넘어가는 사람이 있고, 술을 폭음하거나 난동을 피워 기분 나쁜 것을 씻으려는 사람이 있고, 반면에 단단히 결심(決心)하고 분발(奮發)하여 자기 발전의 원동력(原動力)으로 삼는 사람도 있다.

조선(朝鮮) 중종(中宗) 때 기재(企齋) 신광한(申光漢)이란 문신(文臣)이 있었다. 영의정(領議政)을 지낸 신숙주(申叔舟)의 손자로, 혁혁한 가문에서 태어났다. 그러나 어려서부터 놀기만 좋아하고 공부를 하지 않아 18세 때까지 글자를 전혀 몰랐다. 어느 날 종아이와 싸우다가 밑에 깔려 두들겨 맞게 되었다. 신광한이 종아이에게 "종놈의 자식이 양반에게 이래도 되느냐?"라고 따지자, 그 종아이는, "글도 모르는 것이 양반은 무슨 양반이냐? 너 같은 놈은 뼈도 없는 놈이지."라고 비웃었다. 그 말을 듣고 신광한은 크게 깨달았다. '사람이 글을 모르면 사람대접을 받지 못하는구나.'라고.

그날부터 분발하여 어울려 다니던 친구들을 다 끊고 열심(熱心)히 공부하여 1년 만에 진사초시(進士初試)에 장원급제(狀元及第)하였다. 이런 경우 우리는 괄목상대(刮目相待)라는 말을 쓴다. 상대의 발전(發展)이 너무나 빠르거나 커서 자신의 눈을 믿을 수가 없기에 "눈을 비비고서 다시 본다."는 뜻이다.

삼국시대(三國時代) 오(吳)나라의 여몽(呂蒙)이라는 장수는 무술(武術)과 전략(戰略)이 뛰어났으나 글을 몰랐다. 그래서 그 임금 손권(孫權)이 글을 읽을 것을 권유하였다. 그러면 여몽은 "군중(軍中)에는 일이 많아서 글 읽을 틈이 없습니다."라고 대답했다. 손권은, "경(卿)은 일이 많겠지만 임금인 나보다 많겠소. 글을 읽으면 얻는 바가 많소."라고 독서를 권유하였다. 여몽은 이에 분발하여 열심히 글을 읽어 얼마 지나지 않아 그 지식(知識)이 일반 선비들보다 더 낫게 되었다.

오나라의 장수 노숙(魯肅)이 여몽이 주둔하는 곳을 지나게 되었는데, 노숙은 평소 마음속으로 여몽은 무식한 사람이라고 생각하고 있었으므로 무시하고 그냥 지나치려고 생각하였다. 그러나 주변 사람들의 권유로 만나게 되었다. 만나서 이야기해 보니, 노숙이 대처해야 할 작전을 제시해 주는데, 그 식견이 탁월하였다. 탄복한 노숙이 일어나 여몽의 등을 어루만지며, "내가 알고 있는 여몽이 아니군요. 나는 그대가 군사전략이나 좀 아는 줄 알았는데, 학문이 이렇게 깊고 넓고 식견이 고명(高明)한 줄은 미처 몰랐소."라고 했다.

그러자 여몽은, "'선비가 헤어진 지 사흘 뒤에 다시 만나면 눈을 비비고 맞이한다.[士別三日, 刮目相待.]'라는 말이 있지 않습니까?"라고 말했다.

그 뒤 손권이 여몽을 칭찬하여 말하기를, "사람이 늙어서 여몽처럼 스스로 힘써 공부하는 것은 보통 사람으로서는 하기 어려운 일이다.

국가의 인재로 성장했으니 이런 사람은 마땅히 칭찬받아야 하지 않겠는가?"라고 했다.

우리나라의 대부분의 국어사전에서는 '괄목상대(刮目相對)'라 되어 있다. 뜻에서는 별 차이가 없지만, 원전(原典)에는 '괄목상대(刮目相待)'로 되어 있음을 밝혀 둔다.

2003년 12월 1일

刮: 비빌 괄　　目: 눈 목　　相: 서로 상　　待: 맞이할 대

사지
四知

좋지 않은 수작은 하늘이 알고 귀신이 알고
자기가 알고 상대방이 안다

후한(後漢) 때 장안(長安) 근방의 화음(華陰)이라는 곳에 박학다재(博學多才)한 큰 선비가 살고 있었으니, 그의 이름은 양진(楊震)이었다. 학문도 깊었지만 도덕적(道德的)으로 수양이 되어 있었으므로, 그때 사람들이 '관서(關西)지방의 공자(孔子)'라고 일컬으며 추앙(推仰)하였다. 벼슬에 나가지 않고 학문연구와 제자양성에 전력을 다하였다. 황제가 여러 차례 벼슬로 불렀지만 계속 사양했다. 그러나 황제의 끈질긴 임명을 거부하기가 힘들어 마침내 형주자사(荊州刺史)로 취임하게 되었다.

자사로 재임하면서 훌륭한 인재를 발탁하는 일에 치중하였다. 그러다가 왕밀(王密)이라는 재주와 학문이 출중(出衆)한 젊은이를 발견하여 힘껏 조정(朝廷)에 추천하였다. 마침내 왕밀이 녹용(錄用)되어 창읍(昌邑)이라는 고을의 고을원으로 부임하여 행정업무를 보게 되었다.

그 뒤 양진이 형주자사에서 동래태수(東萊太守)로 전근하게 되어 창읍을 지나게 되었다. 그 소식을 전해 들은 왕밀이 양진이 묵는 객사(客舍)로 찾아갔다. 자기를 추천(推薦)해 준 은혜에 보답하기 위해서 황금 열 근을 싸 가지고 가서 "저의 조그만 정성이니 받아 주시옵소서."라고 정중하게 말하고 바쳤다.

양진은 불쾌한 안색(顔色)을 지으며, "나는 자네를 알고서 조정에 추천했는데, 자네는 어찌하여 나를 알지 못하는가?"라고 나무랐다. 그러자 왕밀은, "다른 뜻이 있는 것이 아닙니다. 선생님의 은혜(恩惠)를 갚고자 하는 마음에서 이렇게 하는 것일 따름입니다. 그리고 이 깊은 밤에 제가 이 황금을 선생님께 드린 사실을 누가 알 수 있겠습니까?"라고 받아 줄 것을 재삼 간청(懇請)하였다. 양진은 엄한 목소리로 나무랐다. "하늘이 알고, 귀신이 알고, 자네가 알고, 내가 알아. 어찌 아는 사람이 없다고 말할 수 있어?" 무안(無顔)해진 왕밀은 황금을 도로 싸 가지고 황급히 사라졌다.

이 '사지(四知)'라는 말은, 고위직(高位職)에 있으면서 아랫사람에게 도움을 주고 뇌물(賂物)을 받는 사람들에게 경계(警戒)가 되는 말이다.

지금 우리나라는 부정부패(不正腐敗)가 만연(蔓延)해 있다. 정치권력을 가진 대통령 측근으로부터 정치인이나 공직자들이 기업체나 국민의 돈을 막 뜯어 가 나라가 거덜이 날 판이 되어 있다. 여야를 막론하고 부정한 돈 챙기기에 급급해 있다. 새로운 정부가 들어서면 부정부패가 사라질 것으로 기대(期待)했던 많은 국민들을 크게 실망(失望)시키고 있다. 물론 지금도 청렴(淸廉)하게 자신이 맡은 일을 정성을 다하여 공정하게 처리하는 사람들도 많이 있을 것이다. 정치인이나 공직자들이 양진(楊震)의 이런 청렴한 정신을 배웠으면 좋겠다.

2003년 12월 8일

四: 넉 사   知: 알 지

36

정문입설
程門立雪

가르침을 구하는 정성이 있어야 한다

송(宋)나라의 정자(程子)는 성리학(性理學)의 토대를 마련한 대학자(大學者)이자 위대한 교육자(敎育者)였다. 우리가 정자(程子)라고 부르는 것은, 형인 정호(程顥)와 아우인 정이(程頤)를 아울러 일컫는 말이다. 정호는 명도(明道)선생이라 하고, 아우는 이천(伊川)선생이라고 한다. 형은 성격이 호방(豪放)하고 여유 있는 데 반해서 아우는 아주 엄격하고 철저하였다. 경서(經書) 등의 주석에 '정자왈(程子曰)'이라고 되어 있는 곳이 많아, 형의 말인지 아우의 말인지 알 수 없는 것이 많지만, 아우가 더 오래 살았고 저술이 많기 때문에 아우의 말이 대부분이다.

주자(朱子)는 정자의 학문을 더 발전시켜 성리학을 집대성(集大成)하여, 이후 동양의 사상계에 큰 영향을 끼쳤다.

정자의 제자들 가운데 형제 두 분 모두에게 가르침을 받은 사람이 많았다. 그 가운데 양시(楊時)란 사람은 강소성(江蘇省) 무석(無錫) 출신인데, 과거에 합격하여 관직(官職)에 제수(除授)되었으나, 부임하지 않고, 낙양(洛陽) 남쪽에 사는 정호에게 찾아가 제자가 되었다. 목마른 물고기가 물을 만난 듯 양시는 정호의 가르침을 하나도 놓치지 않고 정성스럽게 배웠다. 학문이 이루어져 양시가 작별을 고할 때, 정자는 전송하면서, "나의 도(道)가 남쪽으로 가는구나![吾道南矣!]"라고 했다.

그 뒤 정호(程顥)가 세상을 떠났다는 소식을 접한 양시는, 자기 집에다가 정호의 신위(神位)를 설치하고서 제사하며 곡할 정도로 스승을 간절히 추모하였다.

그 뒤 자신의 학문에 부족함을 느낀 양시는 다시 낙양으로 정이(程頤)를 찾아갔다. 그때 양시의 나이는 이미 마흔을 넘었다. 동문(同門)인 유작(游酢)과 함께 찾아뵈었다.

마침 그때 정이는 눈을 감고 깊은 사색(思索)에 잠겨 있었다. 양시와 유작은 선생의 사색을 방해하지 않으려고 그대로 문밖에 서 있었다. 마침 눈이 내렸는데, 정이가 눈을 떴을 때는 이미 눈이 한 자 이상 쌓여 있었다. 그제서야 양시와 유작은 문안으로 들어가 뵈었다. 스승을 극진한 마음으로 공경(恭敬)하면서 모시는 것을 볼 수 있다. 후세에 제자가 스승에게 정성을 다하여 가르침을 청하는 태도를 '정문입설(程門立雪: 정자 집의 문에서 눈을 맞으며 서 있었다)'이라는 말로 표현하게 되었다.

가르치는 사람이 자기의 최선(最善)을 다해서 새로운 것을 배우고 깨쳐서 제자들을 가르쳐야겠지만, 배우는 사람이 먼저 배우려는 간절한 정성이 있어야만 한다. 스승이 엄격하게 자신의 임무를 다할 때 제자들도 공경하게 될 것이다.

지금 우리나라의 교육은 날로 황폐화되어 가고 있어, 교육자들을 질타(叱咤)하는 소리가 세차다. 그러나 사실 교육자 한 사람 한 사람이 교육의 방향을 바꾸거나 교육의 제도를 고칠 힘이 있는 것은 아니다. 이는 국가적인 문제다. 교육부 당국이 단 한 번도 교육의 본질적인 문제를 해결하려고 진지한 노력을 한 적이 없다. 역대의 교육부장관들은 늘 지엽적인 엉뚱한 문제에 매달려 있다가 물러나고 말았다.

    수요자 위주의 교육이라 하여 학생의 비위를 맞추는 교육을 하라고 교육부에서 방침을 내리니, 학생들은 재미있게 수업하지 않으면 들으려고 하지 않는다. 학생이 교수를 평가하는 그런 학교에서 어떻게 교수가 존경을 받으며, 어떻게 올바른 교육이 이루어지겠는가?

    교육에서는 배우는 학생의 정성이 가장 중요하다.

2003년 12월 15일

程: 길 정   門: 문 문   立: 설 립   雪: 눈 설

낙양지가귀
洛陽紙價貴

낙양의 종잇값이 비싸졌다

진(晉)나라 때의 대문호(大文豪)인 좌사(左思)는 키가 작고 용모가 못생겼고 말도 더듬었고, 집안도 한미(寒微)하였다. 워낙 못생겨 거리에 나가면 아이들이 밉다고 괜히 돌멩이를 던져 밖에 나가기가 쉽지 않았다.

그러나 재주가 뛰어나고 특히 문장을 잘 지어 강렬한 감정을 잘 표출하였고, 힘이 있었다. 글을 지을 때는 자신의 정력을 다 쏟아부었다. 그는 일찍이 1년 동안 공을 들여「제도부(齊都賦)」를 지어 발표했으나, 아무런 관심도 끌지 못했다. 그래도 좌사는 낙심하지 않고 다시 삼국시대(三國時代) 위(魏)나라, 오(吳)나라, 촉한(蜀漢)의 서울인 업성(鄴城), 건업(建業), 익주(益州)의 산천과 역사를 읊은「삼도부(三都賦)」를 짓기로 계획을 세우고 준비를 하였다.

좌사가「삼도부」를 지을 준비를 하고 있다는 소식이 전해지자, 서울인 낙양(洛陽)에 살고 있는 이름난 문인들이 다투어 비웃었다. "그자가 제 분수를 몰라. 제까짓 시골뜨기가「삼도부」를 지어? 짓는다 해도 어린애 낙서 같은 그런 글을 누가 읽어 보겠어?"

좌사는 그들의 비웃음에 개의(介意)치 않고 꾸준히 창작(創作)에 전념하였다. 마치 신들린 사람처럼 「삼도부」 짓는 일에만 신경을 썼다. 그의 집 침실, 서재, 마당, 대문은 물론이고 심지어 남새밭의 울타리, 변소의 문에까지 종이와 붓을 준비해 두고, 좋은 단어나 구절이 떠오르면 즉각 기록했다가 다듬고 또 다듬어 문장을 만들어 나갔다. 너무 많이 고쳐 종이가 새까맣게 되면 다시 써서 붙여 두고 또 고쳐 나갔고, 또다시 써서 붙였다. 이렇게 고치고 다듬기를 10년 동안 하여 마침내 「삼도부」를 세상에 내놓았다. 문장의 규모가 크고 내용이 풍부하고 기세(氣勢)가 웅혼(雄渾)하였다.

그 당시 문단(文壇)에서 이름이 높았던 황보밀(皇甫謐)이 「삼도부」를 보고서 입에 침이 마르도록 칭찬을 했다. "정말 성공적인 위대한 작품이다. 내가 기꺼이 이 글을 위한 서문(序文)을 써서 추천해야겠다." 그는 서문을 써서 당시 대문학가인 장재(張載)와 유규(劉逵)에게 추천했다. 그러자 두 사람도 아주 잘된 작품이라고 인정하여 「삼도부」의 어려운 곳에 주석을 달았다.

그 이후로 낙양의 사람들이 너 나 할 것 없이 이 「삼도부」를 읽고자 하여 다투어 베껴 가다 보니, 낙양의 종잇값이 갑자기 비싸지게 되었다.

후세에 좋은 책이 나와 대중의 사랑을 받아 많이 팔릴 때 '낙양지가귀(洛陽紙價貴: 낙양의 종잇값이 올랐다)'라는 말로 표현하게 되었다.

오늘날 우리나라의 서적의 연간 출판량은 10여 년 전보다 반으로 줄었다 한다. 좋은 문학 작품이 나와도 일반대중이 외면하는 추세이니, 한심한 일이다.

2003년 12월 22일

洛: 물 이름 락   陽: 볕 양   紙: 종이 지   價: 값 가   貴: 귀할 귀

한단학보
邯鄲學步

서울 사람 걸음 배우다가 자기 걸음도 잊어버려

 오늘날 우리나라 사람들 가운데는 세계화(世界化)라는 구호에 휘말려 우리 것은 버리고 서양 것을 배우기에 급급한 사람이 많다. 심지어 우리말을 버리고 영어(英語)를 공용어로 하자는 주장까지 하는 사람도 없지 않다. 사실 이 지구상에 존재하는 언어의 종류는 3천여 가지 되는데, 해마다 많은 언어들이 소멸되어 가고 있고, 앞으로 영어 등 몇몇 언어만 살아남고 나머지는 대부분 도태(淘汰)될 것이라고 예측하고 있다. 우리말은 안전할 것 같지만, 우리나라 사람들이 우리말을 아끼고 보호하지 않을 때는, 우리말도 사라지게 될 것이다.
 우리말이 사라지면 우리 문화가 사라지고 그렇게 되면 우리의 정체성(正體性)이 없어지고 만다. 그러면 우리 민족은 사라지고 결국은 우리나라도 사라지고 말 것이다. 피부 색깔과 생김새는 크게 변하지 않을지 몰라도 우리말도 모르고 우리 문화도 가지지 못한 국적불명의 사람이 되고 말 것이다. 그렇게 되면 미국 사람들이 우리를 자기 국민으로 여겨 잘 대우할 것으로 착각(錯覺)하는 사람들이 많지만, 사실은 더욱더 무시하게 될 것이다.

자기 것을 멸시하고 남의 것을 부러워하여 흉내 내다 보면, 결국 자기 것도 잃어버리고 남의 것도 배우지 못하는 아무 쓸모없는 존재로 전락하고 만다.

전국시대(戰國時代) 조(趙)나라의 서울인 한단(邯鄲) 사람들은 걸음걸이가 아주 멋있고 우아(優雅)한 것으로 소문이 나 있었다. 그때 연(燕)나라에 사는 어떤 소년은 남의 걷는 자세를 배우기를 좋아하였다. 한단 사람들의 걸음걸이가 멋있다는 소문을 듣고 천 리 길을 멀다 하지 않고 산을 넘고 물을 건너 걸음을 배우기 위해서 한단으로 갔다.

한단에 도착하여 그 사람들의 걸음걸이를 보니 확실히 달랐으므로 자신이 오길 잘했다고 생각하였다. 그는 기쁜 마음으로 한단의 걸음걸이를 배우기로 결심을 하였다. 그리하여 하루 종일 길가에 서서 지나가는 사람들의 걸음걸이를 관찰한 뒤 그들의 뒤를 따라 걸었다. 이 사람 뒤를 따라 걸어가며 좀 배우다가, 또 저 사람 뒤를 따라 걸어가며 좀 배웠다. 그러나 어찌 된 영문인지 자기의 걸음은 누구를 따라 배워도 그 사람처럼 되지 않았고, 멋있지도 않았다.

그래서 다시 새롭게 다짐을 하고 자기의 본래 걸음걸이를 완전히 다 버리고 한단 사람들의 걸음걸이만 따라 배우기로 했다. 이렇게 해 보니 걸음이 더 좋지 못했다. 상체는 어떻게 움직이어야 할 것인가, 다리는 어떻게 움직이어야 하나, 보폭(步幅)은 어느 정도 할 것인가, 걸음의 속도(速度)는 어느 정도 할 것인가, 등등 한 발짝 옮길 때마다 긴장하며 머리를 써야 했다.

이렇게 되고 보니 걸음을 옮길 때마다 너무나 고민스러웠고, 머리가 복잡하였다. 자기가 생각해도 자기가 하는 짓이 너무도 가소(可笑)로웠다. 결국 한단 사람들의 멋있는 걸음걸이도 배우지 못하고 자기의 본래 걸음걸이도 다 잊어버렸다. 걸음걸이 배우는 것을 포기하고 연나라로 돌아가기로 했을 때는 걷지도 못하고 기어서 갔다 한다.

『장자(莊子)』「추수편(秋水篇)」에 나오는 우언(寓言)이다. 오늘날 우리 것을 무시하고 버리려는 사람들이 새겨들을 말이다.

2003년 12월 29일

邯: 땅 이름 한　　鄲: 땅 이름 단　　學: 배울 학　　步: 걸음 보

39

거안제미
擧案齊眉

밥상을 눈썹 높이만큼 높이 들다

본래 동방예의지국(東方禮儀之國) 또는 군자지국(君子之國)으로 일컬어지던 우리나라가 이제는 청소년(靑少年) 범죄율 세계 1위, 이혼율 세계 3위 등 도덕적으로 크게 문제 있는 나라가 되어 버렸다. 이혼율 증가는 필연적으로 청소년 범죄율을 높인다. 부모 모두가 자녀들을 방치(放置)하다 보니, 정신적 상처를 받은 그 자녀들이 죄를 저지를 확률이 높은 것은 당연한 결과다.

옛날에는 어른들이 결정한 배우자(配偶者)와 살아가면서도 이혼율이 낮았으나 지금은 대부분 결혼 당사자가 선택(選擇)한 배우자와 살면서도 이혼율이 높은 이유는 무엇이겠는가? 자신의 주장(主張)만 내세우고 상대방을 존경(尊敬)하지 않고 배려하지 않기 때문이다.

사람은 사람으로 태어난 그 자체만으로도 아주 귀중한 존재이다. 60억이나 되는 많은 사람들 가운데서 자기의 배우자가 된 것은 큰 인연이 있어야 가능한 일이다. 얼마나 귀중하게 생각하여야 하겠는가?

연애할 때는 듣기 좋은 달콤한 이야기만 나누고 즐거운 일만 찾아 행하고 경치 좋은 곳만 찾아가기 때문에 별로 다툴 일이 없다. 그러나 결혼을 하고 가정(家庭)을 꾸려 나가려면, 힘든 일, 귀찮은 일, 괴로운 일 등을 처리(處理)해 나가야만 한다. 부부 상호 간에 상대를 배려한다면, 이런 힘들고 귀찮고 괴로운 일을 배우자에게 미루지 말고 자기가 먼저 맡아 처리해야 한다. 그리고 체면 세우는 일, 칭찬 들을 일, 즐거운 일 등은 배우자에게 돌아가도록 배려해야 한다. 이런 식으로 살아가려면 배우자가 상호 간에 존경을 해야 한다.

후한(後漢) 때 양홍(梁鴻)이라는 사람이 살았다. 어려서 아버지를 잃었고 집도 가난하였다. 그러나 각고(刻苦)의 노력으로 공부하여 태학(太學)에 유학하여 학문을 크게 이루었고, 처신(處身)도 올바르게 하여 사람들의 존경을 받고 있었다. 좋은 집안에서 그를 사위 삼으려고 중매쟁이를 다투어 보냈지만, 다 거절하였다.

그는 아주 겸손(謙遜)하고 근면(勤勉)하였는데, 직접 농민들과 어울려 농사일을 하였다. 그러나 그의 명성(名聲)은 날로 사방으로 퍼져 나갔다.

그때 같은 고을의 맹씨(孟氏) 집안에 딸이 있었는데, 몸이 뚱뚱하고 얼굴은 검고 못생겼다. 힘이 장사라서 돌절구를 들어 올릴 정도였으니, 여성으로서의 매력은 없었다. 그래도 집이 부유하여 곳곳에서 중매가 들어왔지만, 그 딸은 계속 모두 싫다고 했다. 그 아버지가 걱정이 되어 하루는 딸에게 물어보았다. "네 나이가 서른이나 되었는데도 여기저기서 들어오는 중매를 모두 다 거절하니 도대체 어쩔 셈이냐?" "양홍 같은 사람이면 시집가겠습니다."라고 딸은 대답했다.

그 아버지는, '학문이 높고 준수한 양홍이 나이 많고 못난 자기 딸과 결혼할 턱이 있을까?'라고 생각하면서도 혹시나 싶어 중매쟁이를 보냈더니, 양홍은, 그 처녀의 생김새 등은 따지지 않고 자기를 알아주는 처녀라 생각하여 기꺼이 결혼하겠다고 했다.

　결혼한 뒤 양홍은 부인의 이름을 맹광(孟光)이라 지어 주었다. 부잣집 딸이었지만 사치(奢侈)를 하지 않고 베치마에 삼신을 신고 가난한 살림에도 남편을 공경하며 즐거운 마음으로 살았다. 양홍도 부인을 아끼고 존경하며 인격적으로 대우하였다. 서로 존경하고 사랑하니, 집안에 화평한 기운이 가득하였다.

　부인 맹광이 남편이 먹을 밥상을 들고 들어올 때 그 밥상을 자기의 눈썹 높이와 가지런하게 높이 들어 남편을 존경하는 마음을 나타내었다.

2004년 1월 5일

擧: 들 거　　**案**: 책상 안, 밥상 안　　**齊**: 가지런할 제　　**眉**: 눈썹 미

40

타증불고
墮甑不顧

깨뜨린 시루는 돌아보지 않는다

한 해가 가고 다시 한 해가 시작되는 시점이다. 작년(昨年) 한 해 동안 여러 가지 일이 뜻대로 된 사람도 많겠지만, 뜻대로 되지 않아 여러 가지 고민(苦悶)과 번뇌(煩惱)가 많은 사람들도 적지 않을 것이다. 사업(事業)에 실패한 사람, 직장(職場)을 잃은 사람, 승진(昇進)하지 못한 사람, 각종 시험(試驗)에 낙방(落榜)한 사람, 선거(選擧)에서 패배한 사람, 실연(失戀)당한 사람, 친구(親舊)로부터 배신당한 사람 등등, 이루 다 헤아릴 수 없을 것이다.

 그러나 이런 쓰라린 경험(經驗)을 한 사람들을 가만히 보면, 대체로 두 갈래로 나눌 수 있다. 마음을 가다듬고서 지난 일은 다 떨쳐 버리고 힘차게 새 출발을 하는 사람이 있는가 하면, 한편으로는 미련(未練)을 버리지 못하고, 계속 지난날의 일을 아쉬워하며 후회하거나 원망하면서, 새로운 출발을 못 하는 사람들도 적지 않다. '미련'이란, '칼로 베를 자르는 것'이 '련(練)'인데, 그렇게 하지 못한다는 뜻이다. 지난날의 일에 얽매여 세월을 보내면 결국 자신에게 유익할 것은 아무것도 없고, 자기도 모르는 사이에 정신적으로나 육체적으로 야금야금 자신을 좀먹게 된다.

　옛날 후한(後漢) 때 맹민(孟敏)이란 사람이 있었는데, 가난하여 공부도 못 하고 젊은 시절 시루 장수를 하며 살아갔다. 어느 날 시루를 팔기 위해서 이 동네 저 동네로 지고 다니다가, 그만 잘못 발이 걸려 넘어졌다. 그러자 맹민의 사업 밑천이던 시루가 다 깨어져 산산조각이 났다. 그의 전 재산을 날렸음은 물론이다. 보통 사람 같으면, 깨어진 옹기 조각을 끌어안고 울부짖으며 탄식하거나 다시 이리저리 맞추어 보거나 할 것인데도, 그는 뒤도 돌아보지 않고 훌훌 털고 가던 길을 그냥 가 버렸다.

　그날 그 시간에 마침 그 당시의 대학자로 많은 사람들의 존경(尊敬)을 받던 곽태(郭太)가 산보를 하고 있다가 가까이에서 그 광경을 보게 되었다. 곽태는 그 청년의 모습을 보고 이상하게 여기기도 했지만, 대단하다 싶은 생각이 들었다. 그래서 그 청년을 불러 세웠다. "여보게! 자네의 시루가 다 깨어졌다네." "알고 있습니다."라고 아무렇지도 않은 듯이 그 청년이 대답했다. "자네 전 재산이 다 날아갔을 텐데, 왜 돌아보지도 않는가?" "시루는 이미 깨어졌는데, 돌아보면 무엇 합니까? 그 시간에 다른 일을 해야지요." 하고는 그냥 가던 길을 가려고 했다.

　곽태는 큰 학자로서, 많은 사람들을 만나 보았고, 또 자기를 따르는 제자들도 많았지만, 이 청년처럼 결단력(決斷力) 있는 사람은 처음 보았다. 나이는 젊었지만, 존경하는 마음이 저절로 생겼다. 그래서 그를 불러와 이야기를 나누었다. 이런 결단력이 있는 사람은 무슨 일이든지 할 수 있겠다 싶어, 그에게 공부할 것을 권유(勸誘)하였다. 맹민은 곽태의 권유를 받아들여 열심히 공부하여 뒤에 큰 학자가 되었다.

　지금 고배(苦杯)를 마시고 좌절(挫折) 속에 나날을 보내는 사람이 있다면, 과감히 과거는 떨쳐 버리고 희망을 갖고 적극적으로 새로운 앞길을 개척(開拓)해 나가면, 반드시 지금의 실패가 자신의 성공(成功)의 밑거름이 될 것이다.

2004년 1월 12일

墮: 떨어뜨릴 타 甑: 시루 증 不: 아니 불 顧: 돌아볼 고

41

지족자부
知足者富

만족함을 아는 사람이 부자

우리 민족(民族) 최대의 명절(名節)인 설이 며칠 앞으로 다가왔다. 어린이들은 설빔을 새로 얻어 입고 고향(故鄕)으로 가 세뱃돈을 얻게 될 기대(期待)와 희망(希望)에 잔뜩 부풀어 있다.

그러나 명절이 다가오면, 어른들은 대체로 명절을 어떻게 쇨까 걱정이 앞서게 된다. 그래서 명절이 별로 반갑지 않은 사람들도 많이 있다. 흔히 "명절이 즐겁지 않으면 자기의 나이가 많이 들었다는 표시"라는 말이 나돌고 있다. 귀여운 자녀들이 기분 좋도록 새 옷을 사 입히고, 부모님 및 고향 친척들에게 드릴 선물(膳物)을 풍부하게 사 들고 고향으로 가서 명절을 쇠고 싶은 마음이 없는 사람은 아무도 없을 것이다.

현실적으로 이런 소망(所望)을 이루는 사람들도 많지만, 우리 주변에는 그렇지 못한 사람도 곳곳에 있다. 하는 사업(事業)이 잘 안되거나, 혹은 직장에서 월급을 제때 못 받아 명절 쇠기가 어려운 처지(處地)에 있는 사람들도 적지 않다. 이런 때에 가장(家長) 된 사람은 가족(家族)들에게 면목이 없고, 그 가슴은 매우 쓰라릴 것이다. 그래서 명절을 맞이하면 상대적 빈곤(貧困)을 더욱더 절실하게 느낄 수밖에 없다.

그러나 물질적 만족(滿足)은, 그 끝이 없다. 자기가 소유한 게 아무리 많아도 자기보다 더 많이 소유한 사람에 비해서는 가난한 셈이기 때문이다. 그래서 정신적인 만족만이 진정한 만족이 될 수 있고, 물질적 욕망을 잠재울 수가 있는 것이다. 그래서 노자(老子)는 이미 2500년 전에 "만족함을 아는 사람이 부자다.[知足者富.]"라는 명언을 남겼다.

신라(新羅) 자비왕(慈悲王) 때 경주(慶州) 낭산(狼山) 아래에 백결선생(百結先生)이 살았다. 본명은 모르고, 집이 너무나 가난하여 옷을 백 군데나 꿰맸기 때문에 사람들이 그냥 백결(百結: 백 번 꿰맸다는 뜻)선생이라고 불렀던 것이다. 세상을 살아가면서 느끼는 기쁜 일, 화나는 일, 슬픈 일, 즐거운 일 등을, 모두 거문고로 음악을 연주함으로써 발산하였다. 한 해가 저물어 설이 다가올 때 사방의 이웃에서는 떡방아 찧는 소리가 들려왔다. 부인이 방아 소리를 듣고서, "이웃집에서는 다들 곡식을 찧는데, 우리는 어떻게 설을 쇠지요?"라고 말했다. 백결선생은, "대저 죽고 사는 것에는 운명이 있고, 부귀(富貴)한 것은 하늘에 달려 있소. 다가오는 것은 막을 수가 없고, 가는 것은 뒤쫓아 잡을 수가 없는 법이오. 그대 무엇을 그리 마음 아파하시오? 내가 그대를 위해서 방아 소리를 연주하여 위로하겠소."라고 하고는 거문고를 연주하여 방아 소리를 흉내 내었다. 이 노래가 후세에 전하여 「방아타령」이 되었다.

우리의 가슴은 조그마하지만, 욕심을 내는 가슴을 다 채우기는 큰 골짜기 채우기보다 더 어렵다고 한다. 결국은 물질적인 욕구를 자제하고 정신적으로 만족하도록 각자 노력해야겠다. 이 설을 맞이하여 경제적으로 넉넉하지 못한 분들은 자기보다 더 못한 처지에 있는 사람들을 생각해야겠다.

조선(朝鮮) 중기에 영의정(領議政)을 여섯 번 역임한 청백리 오리(梧

里) 이원익(李元翼) 선생은 이런 좋은 말씀을 남겼다. "자기의 학문과 기술은 자기보다 나은 사람에게 비교하고, 분수와 복은 자기보다 못한 사람에게 비교하라."

2004년 1월 19일

知: 알 지　　　足: 만족할 족　　　者: 놈 자　　　富: 부자 부

42

일년지계, 막여수곡
一年之計, 莫如樹穀

한 해를 위한 계획으로는 곡식을 심는 것만 한 것이 없다

자연의 시간은 무한(無限)하지만, 사람들은 사람들의 편리(便利)를 위해서 시간을 단위화(單位化)하여 한 해, 한 달, 하루, 한 시간 등등으로 나누어 놓았다. 그래서 해가 바뀌고, 달이 바뀌고, 날이 바뀌고, 시간이 바뀐다. 이렇게 나누어 놓음으로써 사람을 바쁘게 만든 단점(短點)도 있지만, 그 단위가 바뀔 때마다 새로운 결심(決心)으로 새로운 계획(計劃)을 세워 새롭게 출발하는 장점(長點)도 있다.

이제 설을 쉰 지 얼마 되지 않아 사람들마다, 금년의 새로운 계획을 세우기도 하고, 새로운 결심을 하기도 했을 것이다. 계획을 세우는 것도 중요(重要)하지만, 세운 계획을 실천(實踐)에 옮겨 자신의 목표(目標)를 달성하는 것이 더욱 중요하다. '작심삼일(作心三日)'이라는 말이 있다. "마음먹은 것이 사흘밖에 가지 못한다."는 말이다. 이래 가지고서야 아무리 좋은 계획을 세운들 무엇 하겠는가?

제(齊)나라의 정승인 관중(管仲)이 지은 『관자(管子)』라는 책에 이런 말이 있다. "한 해를 위한 계획으로는 곡식(穀食)을 심는 것만 한 것이 없고,[一年之計, 莫如樹穀,] 십 년을 위한 계획으로는 나무를 심는 것만

한 것이 없고,[十年之計, 莫如樹木,] 백 년 동안을 위한 계획으로는 사람을 심는 것만 한 것이 없다.[百年之計, 莫如樹人.]" 곡식은 대개 일 년 단위로 다시 반복해서 파종(播種)할 수 있기 때문에, 곡식 심는 일이, 일 년 동안에 할 수 있는 계획 가운데서 가장 중요한 일이다. 나무는 십 년쯤 되면 베어서 쓸 수 있기 때문에 십 년 동안의 기간이 있을 때는 나무를 심는 일이 중요한 일이다. 사람을 교육(敎育)하여 길러 내는 일은 사람의 한평생의 기간을 필요로 한다. 이 세상은 결국 사람이 움직이기 때문에 다음 세대를 잘되게 하기 위해서는 교육이 필요한 것이다. 그래서 평생 동안 해야 할 중요한 일은 사람을 심는 일이다.

또 "하루의 계획은 새벽에 있고, 일 년의 계획은 봄에 있다.[一日之計在於晨, 一年之計在於春.]"라는 말이 있다. 자꾸 미루지 말고 금년의 의미 있는 계획을 하루빨리 세우도록 하고, 이 계획이 잘 추진되어 연말에 가서 스스로 점검(點檢)해 볼 때 만족할 정도로 많은 수확(收穫)이 있기를 빈다. 그러기 위해서는 하루하루, 한 순간 한 순간에 최선(最善)을 다해야 할 것이다.

2004년 1월 26일

一: 한 일　　年: 해 년　　之: ~의 지　　計: 계획 계

莫: 아닐 막　　如: 같을 여　　樹: 심을 수　　穀: 곡식 곡

•莫如: ~만 한 것이 없다.

적선지가, 필유여경
積善之家, 必有餘慶

착한 일을 쌓아 온 집안에는 반드시 남은 경사가 있다

요즈음 세상이 점점 각박(刻薄)해져 자기 눈앞의 이해(利害)만 따져 살아가고 있는 사람이 늘고 있다. 물론 그렇지 않은 사람도 많이 있지만. 좀 더 여유(餘裕)를 가지고 크게 넓게 보고서 살아가야 하겠다.

연세(年歲) 드신 분들이 자주 하시던 말씀에, "할아버지 어진 것이 손자 밑거름이 된다."라는 것이 있다. 할아버지가 너그럽고 두텁게 다른 사람들과 관계를 맺고 살았으면, 나중에 그 손자에게 혜택(惠澤)이 알게 모르게 돌아간다는 뜻이다.

『주역(周易)』에, "착한 일을 계속해 나가는 집안에는 반드시 나중에 충분한 경사가 있다.[積善之家, 必有餘慶.]"라는 말이 있다. 그다음에 바로 이어져 나오는 구절에, "착하지 않은 일을 계속해 나가는 집안에는 반드시 많은 재앙이 있다.[積不善之家, 必有餘殃.]"라는 말이 있다. 좋지 않은 일을 계속하면 언젠가는 보복을 당하게 되어 있다. 역사상 신하에게 살해된 임금이 적지 않은데, 다 임금의 권한을 남용하여 어느 누구의 원한을 샀기 때문이다. 할아버지가 약자를 괴롭히고 부당한 이익을 가로챘다면, 그 손자는 한평생 "누구의 손자"라며 사람들의 손가락질 속에서 살아야 한다.

명(明)나라 때 태학사(太學士)라는 문신(文臣)이 오를 수 있는 최고의 영예(榮譽)로운 자리에까지 오른 양영(楊榮)이라는 인물이 있었다. 네 임금을 섬기면서 일을 잘 추진하고 결단력(決斷力) 있는 인물로 알려졌다. 나중에 정승에까지 올랐고, 문장을 잘하여 문집(文集)을 남기기도 했다.

본래 그의 집안은 아주 미천(微賤)하였다. 그 조상들은 대대로 나루터 뱃사공을 하며 생계(生計)를 겨우 유지해 나가고 있었다. 어느 해 크게 홍수가 나서 강물이 불어 세차게 흘러 내려왔다. 상류 지방에 있던 집과 사람, 가축, 가구 등등이 마구 강물에 떠내려왔다. 같이 뱃사공 하던 다른 사람들은 재산이 될 만한 가축이나 목재, 가재도구 등만 건지고 물에 빠진 사람이나 죽은 사람의 시체는 전혀 거들떠보지도 않았다.

그러나 양영의 증조부와 조부는 다른 사공들과는 달리 물에 빠져 살려 달라고 아우성치는 사람을 먼저 건져 주고, 죽은 사람의 시체도 건져 내어 가매장(假埋葬)해서 자손들이 찾아가도록 해 두었다. 다른 사공들은 그 부자를 바보라고 비웃으며, 재빨리 돈 될 것 챙기기에 겨를이 없었다.

이렇게 해서 목숨을 건진 상류 지방의 사람들에게는, 양영의 증조부나 조부가 자기들의 생명의 은인(恩人)이었고, 또 양영 증조부나 조부 덕분에 자기 조상들의 시체를 찾게 된 그 시체의 아들이나 손자들 역시 죽을 때까지 매우 고맙게 생각하였다.

여러 사람들의 축원(祝願) 덕분인지 몰라도, 그 뒤 양영의 집안은 점점 살림이 윤택(潤澤)하게 되었다. 어느 날 도사(道士) 한 사람이 양영의 아버지를 찾아와 "당신 할아버지와 아버지는 남에게 베푼 음덕(陰德)

이 있으니, 반드시 집안이 창성하게 될 거요. 어디어디에 길지(吉地)가 있으니, 당신 할아버지 산소를 거기에 쓰도록 하시오."라고 하고는 사라졌다.

그 뒤 양영이 태어났는데, 용모가 준수하고 두뇌도 명석하였다. 어른들이 다 뱃사공 하기에 바쁘니 아들의 공부에 신경을 쓸 수도 없었는데, 스스로 글 읽기를 좋아하여 스무 살에 과거(科擧)에 합격하여 벼슬길에 나갔다. 벼슬길에 나가서도 억울하고 힘없는 사람을 도와주고 권세를 부리고 교만을 떠는 사람들에게 제재를 가하여, 여러 사람들로부터 칭송(稱頌)을 많이 들었다.

자신의 이익만을 챙기지 않고 남을 도와주기에 힘을 쏟고, 사리사욕(私利私慾)을 채우지 않고 공공(公共)의 이익(利益)을 생각하는 사람에 대해서 하늘이 언젠가는 보답을 하는 것이다. 베푼 그 당사자에게 보답을 하지 않으면 그 후손들에게라도 꼭 보답하는 것이다.

2004년 2월 2일

| 積: 쌓을 적 | 善: 착할 선 | 之: ~의 지 | 家: 집 가 |
| 必: 반드시 필 | 有: 있을 유 | 餘: 남을 여 | 慶: 경사 경 |

철면피
鐵面皮

쇠로 된 얼굴 가죽

공자(孔子)의 말씀에 "자기 행동을 하는 데 부끄러워함이 있어야 한다.[行己有恥.]"라는 말이 있는데, 이 말은 지금 중국 북경대학(北京大學)의 교훈 가운데 한 구절이 되어 있다. 자기 자신을 알아 처신(處身)하는 데 염치(廉恥)가 있어야 사람다운 사람이 될 수 있는 것이다. 염치가 없는 사람을 사람답지 못한 사람이라고 우리는 여긴다. 누가 보아도 부끄러워할 만한 일을 하고서도 부끄러워할 줄 모르는 사람이 염치없는 사람인데, 이런 사람을 흔히 '철면피(鐵面皮)'라고 부른다. "쇠로 된 얼굴 가죽"이라는 뜻이다. 붉어지거나 수줍어할 줄을 모른다. '후안무치(厚顔無恥: 얼굴이 두터워서 부끄러움이 없다)'라는 말과 같은 뜻이다.

중국 송(宋)나라 때 왕광원(王光遠)이라는 사람이 있었다. 재주도 있고 문장도 잘 짓고 학문도 상당하여 과거에 합격하여 벼슬길에 나갔다. 그러나 사람이 지조(志操)가 없고 너무나 출세(出世)에 눈이 어두워 못 할 짓이 없을 정도로 염치가 없었다. 자기 상관은 물론이고, 자기에게 조금만 이익이 되겠다 싶은 사람이면, 다른 사람이 보든 말든 수시로 그 집을 들락거리며, 하인처럼 굴었다. 그 사람의 종기의 고름까지도 빨아 줄 정도로 아첨(阿諂)을 떨었다.

자기에게 도움이 되겠다 싶은 사람이 시라도 한 수 지으면, 그 시의 수준(水準)은 차치하고서, "정말 잘된 작품입니다. 이태백(李太白)이나 두보(杜甫)인들 어찌 귀하의 시 수준에 따라올 수 있겠습니까? 정말 신운(神韻: 신비스러울 정도의 운치)이 도는 시입니다. 불후(不朽)의 명작(名作)이십니다그려." 등등의 말로 입에 침이 마르도록 칭찬(稱讚)을 했다. 옆에 있는 사람들이 언짢아해도 조금도 거리끼지 않았다.

한번은 어떤 다른 관리가 자기에게 아주 무례(無禮)한 짓을 했는데도, 화를 내기는커녕 도리어 허허 웃고 넘겼다. 이런 줄을 알고 그 관리의 무례는 날이 갈수록 정도를 더해 갔다. 어느 날 그 관리가 술이 약간 취하여, "오늘은 내가 당신에게 매질을 좀 하고 싶은데, 어떻겠소?"라고 한번 떠보았다. 그러자 왕광원은, "귀하의 매라면 영광(榮光)이지요. 기꺼이 맞겠습니다."라고 하고는 등을 내밀었다. 그 관리는 정말 힘껏 매질을 하였고, 왕광원은 아픔을 참으며 화를 내지 않고, 여전히 비위를 맞추어 주었다.

그다음 날 왕광원의 친구가, "자네도 사람인가? 그렇게 사람이 많이 모인 가운데서 아무 이유 없이 그런 모욕(侮辱)을 당해?"라고 꾸짖었다. "그러나 그분한테 잘 보여 나쁠 것이 무어가 있어."라고 태연하게 대답하니, 그 친구는 어안이 벙벙하였다. 그 당시 이런 유행어가 있었다. "왕광원의 얼굴은 두터워, 열 겹의 철갑(鐵甲)이라네."

중국 역사상 출세한 사람들의 공통점을 조사해 보니, '흑심(黑心: 마음이 검고)', '후안(厚顔: 얼굴이 두껍다)'이라는 결과가 나왔다. 성실하게 자기의 일을 묵묵히 하는 사람이 대우받는 세상이 쉽지 않은가 보다.

각종 선거(選擧) 때가 되면, 수많은 철면피들이 활동을 재개한다. 철면피들이 생존하지 못하게 하려면, 국민 각자의 현명한 판단이 필수적이다.

2004년 2월 9일

鐵: 쇠 철　　　　**面:** 얼굴 면　　　　**皮:** 가죽 피

45

형설지공
螢雪之功

반딧불이나 눈빛에 비춰서 책을 읽는 노력

오늘날 우리나라에서는 대학 입학정원(入學定員)이 고등학교 졸업생 숫자보다 더 많아져 각 대학마다 정원을 채우기 위해 많은 노력을 하고 있다. 이제 고등학교 졸업생은 희망만 하면 대학생이 될 수 있으니, 대학생은 더 이상 귀중한 존재(存在)가 되지 못한다.

그러나 한 40여 년 전만 해도 대학생의 숫자는 동일한 연령(年齡)의 1퍼센트에 불과하였다. 그래서 대학생은 아주 귀중한 존재였고, 심지어 시골에서는 대학생을 구경하려고 일부러 대학생이 있는 이웃 동네까지 가서 보고 올 정도였다. 그 당시는 대학생 당사자도 긍지(矜持)가 있었고, 실력도 있었고, 이상(理想)도 높았다. 또 1950년대, 60년대는 우리나라 경제수준이 낮았기 때문에 대부분 고학(苦學)을 하였고, 정규 대학에 다닐 형편이 못 되는 사람은, 낮에 직장에 다녀 돈을 벌어 야간 대학(夜間大學)에서 공부하였다. 문자 그대로 형설(螢雪)의 공(功)을 쌓았다.

그러나 지금은 대학생이 너무 흔해지다 보니, 대부분의 대학생은 긍지도 없고, 이상도 없고, 심지어는 대학 다니는 목적도 스스로 망각

(忘却)하기까지 하고 있다.

학생이 열심히 공부하지 않으면 학생 개인의 장래가 물론 암담(暗澹)하지만, 앞으로 우리나라의 발전도 기대하기 어렵다. 오늘날 중국(中國)이 경제성장(經濟成長)을 지속적으로 하고 있는 원인 가운데 하나는, 중국 학생들이 매우 열심히 공부하는 것이다.

지금 경제적으로 좀 풍족하다고 하여 우리나라의 학생 모두가 나태(懶怠)해지거나 안일(安逸)해진다면, 앞으로 국가적으로 부딪칠 문제가 심각(深刻)하다. 곤궁한 속에서 성공을 위해서 열심히 공부하는 것도 의미가 있지만, 풍요(豊饒)한 속에서도 자기가 정말로 좋아서 즐겁게 공부한다면, 더욱더 의미 있을 것이다. 또 풍요로울 때 곤궁해질 때의 일을 생각하고 안전할 때 위태로울 때의 일을 생각한다면, 미리 문제를 예방할 수 있다.

옛날 진(晋)나라 때 차윤(車胤)이 있었는데, 어려서부터 성실(誠實)하고 생각이 깊으며 학문에 뜻을 두었다. 그러나 집이 가난하여 그의 학문적 이상(理想)을 실현시켜 줄 만한 형편이 못 되었다. 낮에는 들판에 나가 일을 해야만 했다. 밤이 되면 원하는 공부를 하고 싶었지만, 기름이 없어 불을 밝힐 수가 없었다. 무슨 수가 없을까 고민하다가 이런 발명을 해냈다. 반딧불을 많이 잡아 얇은 명주에 싸서 밝히니 등불처럼 밝아 책을 읽을 수 있었다. 이렇게 열심히 공부하여 나중에 이부상서(吏部尙書)라는 높은 벼슬에까지 이르렀다.

역시 진나라 사람인 손강(孫康)도 집이 가난하여 기름이 없어 책을 읽을 수가 없었다. 그는 겨울이 되면 눈빛에 책을 비춰 가며 책을 열심히 읽었다. 그리하여 나중에 어사대부(御史大夫)에까지 이르렀다.

그래서 그 뒤부터 어려운 여건(輿件)에서도 굴하지 않고 난관을 극복하며 열심히 공부하는 것을 형설(螢雪)의 공(功)을 쌓는다는 말로 표현하고 있다.

"어리석은 사람은 핑계가 많다."라는 말이 있다. 공부하기에 유사 이래로 오늘날처럼 좋은 환경이 없다. 자기 자신을 위해서 모든 공부하는 사람들은 더욱더 분발(奮發)했으면 좋겠다.

2004년 2월 23일

螢: 반딧불 형   雪: 눈 설   之: ~의 지   功: 공로 공

습로즉신흠
習勞則神欽
수고로운 일에 습관이 되면 귀신도 존경한다

19세기 중엽 청(淸)나라 왕조를 뒤집을 정도의 위협적인 태평천국(太平天國)의 난이 있었는데, 억압(抑壓)과 착취(搾取)를 당하던 농민들의 정권에 대한 반항운동으로 14년 동안 지속되었다.

이 난을 진압(鎭壓)한 공로로, 청나라에서 왕족이 아니면서 유일하게 후작(侯爵)까지 받은 증국번(曾國藩)이란 대신이 있다. 이분은 중국 호남성(湖南省) 상향(湘鄕) 고을의 궁벽(窮僻)한 산골마을 출신이었고, 6백여 년 동안 이름난 조상 한 사람 없는 한미(寒微)한 집안 출신이었다.

이분의 조부는 젊은 시절에는 읍내에 드나들면서 술 마시고 노름도 하는 등 허랑(虛浪)한 생활을 하며 지냈는데, 서른 살쯤 되었을 때 읍내서 돌아오다가 자기를 비웃는 이웃 사람들의 말을 듣고서, 그때부터 정신을 차려 분발하여 농사일을 열심히 하기 시작하였다. 매일 일찍 일어나 채소밭에 거름을 주고 가축과 물고기 등을 기르고 하여 집안 살림을 일으켰다. 그렇게 살림을 부유하게 만든 뒤, 그 아들을 공부시켜 과거에 합격시키려고 열심히 뒷받침을 했지만, 뜻대로 되지 않았다. 그러나 그 손자인 증국번에 이르러 과거에 합격하였다. 증국번은 조정에서 10여 년 정도 벼슬하다가 모친상을 당하여 벼슬을 버리고 고향에 내려와 지냈다.

그때 태평천국의 난이 일어났는데, 다급해진 황제는 상주의 몸이 되어 있는 증국번에게 지방의 의병(義兵)을 조직하여 태평천국의 난을 평정하도록 특별히 명령하였다. 여러 차례의 고난 끝에 결국 그의 지휘하에 태평천국의 난은 진압되었다.

이분은 매우 검소하여 관직이 높아져도 늘 가난한 시골 사람처럼 청렴하게 살았다. 훌륭한 사람을 대접하고 자신을 낮출 줄 알았다. 당시 조정 관원들은 다 첩(妾)을 두었으나, 이분은 끝내 첩을 두지 않았다. 관직에 종사하거나 태평천국의 난을 진압한다고 전쟁터에서 지냈으면서도, 늘 학문을 계속하여 일생 동안 지은 책이 4백 권에 이를 정도다.

이분은 여러 가지 훌륭한 점이 많지만, 그 가운데서도 오늘날 중국에서는 자녀 교육 잘한 대표적인 인물로 평가받고 있다. 대부분의 집안은 흥했다가 다시 망하는 경우가 일반적이지만, 이분의 아들과 손자들 가운데는 훌륭한 인물이 많이 나왔고, 지금까지도 그러하다. 최초의 영국공사(英國公使)를 지낸 증기택(曾紀澤)이 바로 그 아들이다. 지위만 말하는 것이 아니라 학문, 인격, 능력을 두루 갖추어 많은 사람들의 추앙을 받고 있다.

이분이 세상을 떠나면서 자기 아들에게 이런 말을 했다. "수고로운 일에 습관이 되면 귀신도 존경한다.[習勞則神欽.] 사람의 마음은 누구나 편안한 것을 좋아하고 수고로운 일을 싫어한다. 귀한 사람이나 천한 사람이나 지혜로운 사람이나 어리석은 사람이나 늙은 사람이나 젊은 사람이나 할 것 없이, 모두 편안한 것을 탐내고 수고로운 일은 꺼려 한다. 사람들이 날마다 입는 옷이나 먹는 음식이 그 사람이 하루 동안 한 일과 쓴 힘과 일치한다면 옆 사람도 옳게 여기고 귀신도 허락할 것이다. 그러나 부귀한 집안의 사람들이 일 년 내내 아무런 일도 하지 않으면서 진수성찬을 먹고 비단옷을 입고 편안히 지낸다면, 이는 아주 불공평한 일이다. 농부들은 일 년 내내 부지런히 일하여 겨우 몇 섬의 곡식을 생산하고, 아낙네들은 몇 자의 베를 짜 낼 뿐이다. 이런 일은 귀신이 인정하지 않을 것이다. 그러고서도 부귀영화를 오래 누릴 수 있겠는가? 이 세상에는 좋은 말이 수없이 많지만, 내가 경험해 보니 '근(勤: 부지런함)'과 '검(儉: 검소함)'보다 더 좋은 말이 없더라."

그의 후손들은 이 근·검 두 글자를 지켜 왔기에 오늘날까지도 계속 가문이 번성한 것이다. 힘든 일, 어려운 일을 잘 해내는 사람이 정말 훌륭한 사람이다. 아무리 성격이 좋아도 게으르면 어떤 일도 이룰 수가 없다.

이분이 아들이나 아우들에게 보낸 교훈적인 편지인 『증국번가서(曾國藩家書)』는 청나라 후기에 삼대 베스트셀러로 계속 출판되었고, 지금도 중국과 대만에서 다투어 출판하고 있다.

2004년 3월 1일

習: 익힐 습   勞: 수고로울 로   則: 곧 즉   神: 귀신 신
欽: 흠모할 흠

검려지기
黔驢之技

귀주(貴州)에 사는 나귀의 재주

중국에 가서 각종 차량 번호를 보면, 그 첫머리에 한자 한 글자가 쓰여 있다. 이것은 특별시와 직할시 및 각 성(省)의 별칭이다. 예를 들면, 북경시(北京市) 소속의 차량은 '경(京)'자를 붙이고, 산동성(山東省) 소속이면 '로(魯)'자를 붙인다. '검(黔)'자는, 중국 서남부에 있는 귀주성(貴州省)의 별칭이다. 귀주에 있는 검령산(黔靈山)이 명승지로서 유명하기 때문에 '검(黔)'자를 따온 것이다.

귀주성에는 본래 나귀가 살지 않았는데, 어떤 일 꾸미기 좋아하는 사람이 배에 나귀를 싣고 귀주로 갔다. 가서 보니까 나귀가 별 쓸모가 없어서 그냥 산 밑에다 풀어 두었다.

거기에 살던 호랑이가 나귀를 처음 보았는데, 몸집이 크고 아주 신령(神靈)스럽게 보이었다. 수풀 속에 숨어서 나귀의 동작을 엿보기도 하고, 때로는 나와서 가까이 다가가기도 했지만, 무슨 짐승인지 힘이 얼마나 센지 도무지 짐작(斟酌)을 할 수가 없었다. 그러다가 어느 날 나귀가 크게 소리 내어 울었는데, 신령스럽게 생각해 왔던 호랑이는 크게 놀라 아주 멀리 도망을 갔다. 나귀는 호랑이가 자기를 물려는 줄 알고 두려웠기 때문에 소리를 낸 것이었다.

그러나 그 뒤 호랑이가 여러 차례 왕래하면서 유심히 관찰(觀察)해 보니, 그 짐승은 특별한 능력이 있어 보이지 않았다. 그리고 나귀가 우는 소리도 습관이 되어 호랑이는 별로 놀라지 않았다. 그 짐승의 주변에 더욱더 가까이 다가가서 앞뒤로 좌우로 돌아다녀 보아도 나귀는 끝내 호랑이를 공격하지 않았다. 이번에는 나귀에게 다가가 일부러 부딪쳐 보았다. 그제서야 나귀는 자기 성질을 못 이겨 발로 호랑이를 힘껏 찼다.

공격을 당한 호랑이는 매우 기뻤다. 마음속으로, '신령스럽고 대단할 줄 알았는데, 정말 별것 아니구나. 저런 덩치에 다리 힘이 이 정도밖에 되지 않다니.'라고 생각하였다. 호랑이는 단숨에 뛰어 공격하여 그 목을 물어뜯어 넘어뜨려 그 고기를 다 뜯어 먹고 나서 유유히 사라져 버렸다.

호랑이는 본래 더없이 날랜 짐승인데도, 처음에 겉으로 나귀의 덩치만을 보고서 겁을 많이 먹었다. 그러나 한번 공격을 당해 보고 나서 그 힘이 얼마 되지 않는다는 것을 알고는, 이내 나귀를 잡아먹어 버렸다.

능력은 없으면서도 얼굴이나 몸매가 그럴듯하게 생긴 때문에, 혹은 학벌이나 연줄 덕으로 적당히 남의 눈을 속이면서 실제 이상의 우대(優待)를 받는 사람은 언젠가는 그 실상이 드러나게 마련이다. 그러니 자기의 실질적인 능력을 키우는 데 힘을 쏟아야 하겠고, 우리 사회도 능력 있는 사람이 대우받는 사회가 되어야 하겠다.

앞으로 곧 총선이 다가오는데, 국민 각자가 많은 후보자들 가운데서 유능한 인재를 잘 알아서 선발하도록 해야겠다. 그럴듯한 얼굴 표정이나 말재주에 넘어가 선출하다 보면, 능력이 형편없는 사람이 뽑힐 수가 있다.

　기업체를 운영하는 사람이나 조직사회를 통솔하는 사람이나 할 것 없이 사람의 능력을 잘 알아보는 것이 매우 중요하다. "인사(人事)가 만사(萬事)"라고 외친 대통령이 있었다. 그분도 사람을 잘 쓰는 것이 중요하다는 사실은 알았지만, 능력 있는 사람을 알아보는 안목이 없었기에, 인사가 올바로 될 수 없었던 것이다.

　요즈음 우리 사회에는, 사람을 알아보려는 노력도 하지 않고, 개혁(改革)이라는 미명하에, 능력 있는 사람, 경험이 풍부한 사람, 전문지식을 갖춘 사람들을 나이만을 이유로 무차별로 밀어내어 버리는 경향이 있는데, 이런 여론재판식의 사람 평가(評價)는 사실 더 큰 문제를 야기(惹起)할 수 있다.

2004년 3월 8일

黔: 검을 검　　驢: 나귀 려　　之: ~의 지　　技: 재주 기

임강지미
臨江之麋

임강의 고라니

중국의 대표적인 큰 강으로 북쪽에 황하(黃河)가 있고 남쪽에는 장강(長江)이 있다. 이 장강을 우리나라 사람들은 주로 양자강(揚子江)이라고 부른다. 이 양자강의 하류의 서쪽 지방이 강서성(江西省)이다. 이 강서성에 임강(臨江)이라는 곳이 있는데, 거기에 동물을 아주 좋아하는 사람이 살고 있었다.

어느 날 사냥을 나가서 어린 고라니 한 마리를 생포(生捕)하여 집으로 돌아왔다. 그의 집에서 기르는 개들이 주인이 고라니를 들고 오는 것을 보고는, 좋은 먹이가 왔다고 침을 흘리고 꼬리를 세우고서 달려들었다. 주인은 화를 내면서 개들을 꾸짖어 제지(制止)시켰다. 개들 먹이로 주려고 잡아 온 것이 아니고 고라니를 애완동물처럼 키우려고 잡아 왔던 것이다. 주인이 두려워서 개들은 식욕(食慾)을 억제할 수밖에 없었다.

고라니를 귀여워하는 주인은 날마다 고라니를 안고 개 있는 데로 가서 개들에게 고라니를 보여 주면서 개들에게 해치지 말도록 주의를 주었다. 고라니가 조금 더 크자 개들과 어울려 장난을 치면서 지내도록 훈련시켰다. 개들은 주인의 뜻에 따라 고라니와 어울려 재미있게 놀아 주었고, 고라니도 자기가 고라니인 줄 전혀 모르고 개들과 어울려 잘 지냈다. 고라니는 개들을 자기의 정말 좋은 친구라고 생각했다. 서로 부딪치고 비비고 뒹굴고 지내다 보니 날이 갈수록 친해져 갔다. 그러나 개들은 주인이 두려워서 주인의 눈치를 보느라 고라니와 가깝게 어울려 주는 것일 뿐이었고, 실제로는 고라니를 잡아먹고 싶은 생각이 꿀떡 같았다.

어느 날 그 고라니가 그 집 대문 밖으로 놀러 나가게 되었다. 그런데 길에는 마을의 개들이 아주 많이 다니고 있었다. 고라니는 자기의 절친한 친구들이 많다고 생각하여 곧장 달려가 개들과 어울리려고 했다. 다른 고라니들은 개만 보았다 하면 천리만리 달아나는데, 이 고라니는 제 발로 다가오니, 개들은 이상한 생각이 들었다. 개들은 먹이가 제 발로 다가오니 기뻤지만, 한편으로는 너무나도 멍청한 고라니라는 생각이 들었다. 정말 어이가 없었다. 그 고라니가 자기들에게 다가오자마자, 여러 마리 개들이 단숨에 달려들어 고라니의 목을 물어뜯어 죽여 그 고기를 나누어 먹었다. 길 위에는 고라니 뼈만 남아 있었다.

그러나 그 고라니는 물려 죽으면서도, 자기 친구인 개들이 왜 갑자기 자기를 물어뜯는지 그 이유를 전혀 깨닫지 못했다.

온실(溫室)에서 자라던 식물은 노지(露地)에 나오면 금방 얼어 죽는다. 과보호를 받고 자라난 사람은, 세상의 물정(物情)을 모르고 자기 본위로 생각하여 행동하다가 잘 적응(適應)하지 못하는 경우가 많다. 우리나라에서만 통용(通用)되던 방식이 국제사회에서는 전혀 통하지 않는 경우가 많다.

세상을 바로 보고 올바른 대처방식을 기르는 것이, 앞으로 국제화·

세계화시대에 적응하는 데 필수요건인 것이다.

2004년 3월 15일

臨: 다다를 림　　江: 강 강　　之: ~의 지　　麋: 고라니 미

49

인곤성지
因困成智

곤란으로 인해서 지혜를 이룬다

조선(朝鮮) 초기에 도둑질을 해서 먹고사는 사람이 있었다. 그 아들도 아버지를 따라 도둑질을 했다. 얼마 지나자 그 아들이 도둑질하는 기술(技術)을 자부(自負)하여 아버지에게 자랑하여 말하기를, "제가 아버지보다 훨씬 낫지요. 위험을 무릅쓰고 훔치러 먼저 들어갔다가 나중에 나오고, 무거운 것은 제가 들고 나오지요. 귀로는 멀리서 나는 소리까지도 듣고 눈으로는 어두운 데 있는 것도 다 살핍니다. 이 정도면 어디를 가더라도 훔치지 못할 것이 없습니다."라고 했다.

그러자 아버지는, "네놈은 아직 멀었어. 배워서 얻은 지혜는 언젠가는 막힐 때가 있어. 지혜란 스스로 터득해야 그 응용능력이 끝이 없는 거야."라고 했다. 아들 도둑은 아버지가 능력이 자기에게 안되니까 괜히 말로 억누른다고 생각할 뿐, 수긍(首肯)하지 않았다.

그러다가 어느 날 밤에 도둑 부자(父子)가 어떤 부자(富者) 집에 도둑질하러 들어갔다. 아버지가 아들에게 그 집 보물 창고 속에 들어가라고 했다. 아들은 용감하게 보물 창고 속으로 들어가 값나가는 보물들을 정신없이 훔쳤다. 그때 아버지가 밖에서 창고 자물쇠를 잠가 버리고는 "도둑이야!"라고 소리치고 달아나 버렸다.

　주인집 사람들이 나와서 살펴보니, 자물쇠는 아무 이상이 없었다. 그래서 도둑이 접근하다가 달아나 버린 것으로 생각하고 도로 안으로 들어가 버렸다.

　아들 도둑은 밖으로 나올 방법이 없었다. 자기의 존재를 알리면 당장 잡힐 것이고, 잡히는 것이 겁(怯)이 나서 그냥 있자니 굶어 죽을 판이다. 정말 진퇴양난(進退兩難)이었다. 아버지가 너무나 원망(怨望)스러웠다. 그러다가 마침내 손톱으로 물건을 긁어 쥐가 물건을 쏘는 소리를 내었다. 그 소리를 듣고 주인집 사람들이 '창고 안에서 쥐가 보물을 다 갉아서 버려 놓는다.'라고 생각하여 등불을 들고 나와 보물 창고 문을 열고 보물을 살피려고 하였다. 아들 도둑은 그 틈에 창고 밖으로 튀어나왔다.

　갑자기 안에서 사람이 튀어나오니, "도둑 잡아라."라고 소리치며 그 집의 하인 수십 명이 그를 에워쌌다. 도무지 빠져나갈 길이 없었다. 마침 그 집 정원(庭園)에 큰 연못이 있었다. 아들 도둑은 쫓겨서 연못 주위를 몇 바퀴 돌다가 큰 돌을 주워 연못에 던져 넣었다. "도둑놈이 물속에 뛰어들었다. 연못을 단단히 포위해야 돼. 이젠 제 놈은 독 안에 든 쥐 신세지."라고 하며 하인들은 연못의 포위망(包圍網)을 좁혀 갔다. 하인들이 연못에 주의를 모으고 있는 사이에 아들 도둑은 탈출하여 집으로 돌아올 수 있었다.

　집에 돌아온 아들 도둑은 아버지를 보자 너무나 어처구니가 없었다. "아버지는 도대체 어떻게 된 사람입니까? 새나 짐승들도 제 새끼 보호할 줄은 다 아는데, 사람으로서 어찌 그럴 수가 있습니까? 제가 평소에 아버지한테 무엇을 잘못했기에 자식을 죽이려고 듭니까?"라고 거칠게 따졌다.

　아버지는 차분하게 말했다. "무릇 기술이란 것은 남에게 배운 것은 한계(限界)가 있지만, 자신이 터득한 것은 그 응용능력이 무궁무진(無窮無盡)한 법이야. 뜻대로 안 되고 어려운 일이 그 사람의 뜻을 굳게 만들어 준단다. 내가 너를 위험하게 만든 것은, 앞으로 너를 두고두고 안전하게 하기 위해서였다. 너는 곤란을 겪음으로 말미암아 지혜를 이루었다. 위기에 처하여 기발(奇拔)한 발상을 하게 된 것이다. 너는 지혜의 샘이 한번 뚫렸으니 앞으로 어떤 일을 당해도 다 해결해 낼 수 있을 것이다. 앞으로 너의 기술은 천하에 독보적인 존재가 될 것이다."

　아들 도둑은 그제서야 아버지의 깊은 뜻을 이해할 수 있었다. 그 뒤 정말 천하에 제일가는 도적이 되었다 한다.

　공부나 기술도 이와 마찬가지다. 조금 된다 싶을 때는, 도둑의 아들이 아버지에게 자랑하는 심정과 같다. 그러나 더 해 나가면 그 경지(境地)는 끝이 없다. 꾸준히 열심히 배우는 것도 중요하지만, 자기 스스로 원리(原理)를 터득하는 것이 가장 중요하다.

2004년 3월 22일

因: 인할 인　　**困**: 곤란할 곤　　**成**: 이룰 성　　**智**: 지혜 지

50

기세도명
欺世盜名

세상을 속이고 명예를 훔친다

동물들 사이에도 다 엄격한 위계질서(位階秩序)가 있다. 예를 들면 사슴은 스라소니를 두려워하고, 스라소니는 호랑이를 두려워한다. 호랑이는 겁내는 짐승이 없는 것 같지만, 사실 호랑이는 말곰을 아주 두려워한다. 말곰이라는 것은 큰곰이라고도 하는데, 곰의 종류에 속하면서 아주 날래고 사납다. 털을 뒤집어쓰고 사람처럼 서서 다른 짐승들을 공격하는데, 아주 힘이 세서 호랑이도 꼼짝 못 하고 당한다. 호랑이가 꼼짝 못 하니 다른 짐승들은 말할 필요도 없다. 이 짐승은 때로 사람을 해치기도 한다.

중국 초(楚)나라의 남쪽 지방에 대로 피리를 만들어 온갖 짐승들의 소리를 아주 똑같이 내는 사람이 살고 있었다. 그 소리가 실제 짐승의 소리와 너무나 흡사하여, 짐승들도 완전히 자기들의 소리로 알 정도였다.

이 사람은 활과 화살과 피리를 들고 혼자 산속으로 들어가, 피리로 사슴의 소리를 내면, 산속에 있는 사슴들은 자기의 친구가 부르는 줄 알고 곧장 모여드는데, 그러면 활로 쏘아 잡아 살아갔다.

그런데 매일 사슴만 모여들면 아무 일이 없었겠는데, 어느 날은 그 가까이에서 배가 고파 먹이를 찾고 있던 스라소니가 사슴 소리를 들었다. 스라소니는 반가워서 소리 나는 곳으로 재빨리 찾아가 보았더니, 사슴은 보이지 않고 피리 부는 사람만 있었다. 그래서 스라소니는 잘됐다 싶어 그 사람을 잡아먹으려고 했다. 그러자 그 사람은 겁이 났으므로, 호랑이 소리를 내서 그 스라소니를 놀라게 하자, 스라소니는 도망가고 호랑이가 나타났다. 호랑이가 온 것을 보고 더욱 겁이 난 그 사람은 호랑이를 이기는 말곰 소리를 냈다. 말곰은 자기의 친구가 자기를 부르는 줄 알고 달려갔다. 그러자 호랑이는 도망가고 말곰이 나타났다. 말곰이 가까이 가서 보니, 자기 친구는 없고 사람만 서 있었다. 그 말곰은 그 사람을 낚아채서 잡아먹어 버렸다.

우리는 이 피리 잘 부는 사람이 한 짓을 보고 비웃을 수도 있지만, 실제로 자신의 처세방식(處世方式)이 이와 유사한 경우가 적지 않다. 깊이 있는 전문성(專門性)을 갖추지 못한 채 적당히 손쉽게 남들의 눈을 속이면서 살아가다가는 언젠가는 낭패(狼狽)를 당하는 일이 있기 마련이다. 한두 번은 적당히 남의 눈을 속일 수는 있지만, 계속 그럴 수는 없는 것이다.

적당하게 세상을 속이면서 자기가 마땅히 누려야 할 그 이상의 명예를 누리는 경우를 두고, '기세도명(欺世盜名)'한다고 한다. "세상을 속이고 이름을 도둑질한다."는 뜻이다.

조선시대(朝鮮時代)에는 유학(儒學) 가운데서도 성리학(性理學)이 성행했는데, 퇴계(退溪) 이황(李滉) 선생에 이르러 그 수준이 절정(絶頂)에 이르렀다. 그러나 성리학은 이론적인 학문이기 때문에 자칫 잘못하면 공허(空虛)한 이론 논쟁으로 흐르기 쉽다. 조선 중기 이후로 많은 학자들이 성리학에 대해서 논하기를 좋아하는 경향이 있었는데, 남명(南冥)

조식(曹植) 선생은 이를 두고 "세상을 속이고 이름을 도둑질하는 짓"이라고 신랄하게 비판하였다.

　지식인들은 노력하여 자기의 실력을 높이기에 힘써야지, 노력 없이 사이비(似而非) 지식으로 세상을 속이려 해서는 안 되겠다.

2004년 3월 29일

欺: 속일 기　　世: 세상 세　　盜: 도둑질할 도　　名: 이름 명

각주구검
刻舟求劍

배에 표시를 새겨 칼을 찾으려 해

중국 춘추시대(春秋時代) 초(楚)나라에 좋은 칼을 가진 사람이 살고 있었다. 이 사람이 어느 날 배를 타고 양자강(揚子江)을 건너게 되었다. 때는 봄이라 날씨가 화창(和暢)하였는데, 배 위에 탄 손님들은 각 지방에서 모인 사람들인지라 서로 만나자마자 재미나게 이야기를 하기 시작했다. 양자강의 폭이 넓은지라 강을 건너는 데는 상당한 시간이 걸렸다.

좋은 칼을 가지고 배를 탄 이 사람은 손에 칼을 든 채로 뱃전에 서서 손님들의 이야기를 듣다가, 재미있는 그 이야기에 정신이 팔려 그만 칼을 놓치고 말았다. "아이고, 이걸 어떻게 한담?" 하고 외치며 정신을 차리고 칼을 잡으려고 했으나, 칼은 이미 강물 속으로 빠져 들어가 버리고 없었다.

그 사람의 큰 소리에 놀라 많은 손님들이 그 사람을 바라보자, 그는 뭇 손님들의 시선을 받으면서, 자기 허리에 찼던 칼을 꺼내어 뱃전에 표시를 하였다. 그러고는 자기를 바라보는 손님들에게 씩 웃으며 말하기를, "걱정할 것 없어요. 내 칼은 여기에서 떨어졌는데, 여기에 표시를 단단히 해 두었습니다."라고 했다.

이윽고 배가 건너편 강 언덕에 닿았다. 그 사람은 재빨리 배에서 뛰어내려 표시해 둔 그 뱃전 바로 밑의 물에 들어가서 자기가 떨어뜨린 칼을 찾았다. 아무리 찾아도 칼이 나오지 않자, 그 사람은, "이상하다! 이상해! 내가 칼을 떨어뜨린 곳은 분명히 표시해 둔 바로 여긴데, 왜 칼이 없지?"라고 했다. 같은 배를 탄 사람들은 모두 다 그 사람이 하는 짓을 보고 멍청하다고 비웃었다. 거기에 칼이 있을 리가 없었다. 배는 이미 칼을 떨어뜨린 곳에서 멀리 지나왔기 때문이다.

시대나 상황이 바뀌면 제도(制度)나 관습(慣習)도 그것에 맞추어 바뀌어야 한다. 옛날 것만 고집(固執)해서는 안 되고, 현실에 맞게 개혁(改革)해 나가야 한다. 그렇다고 해서 우리의 뿌리까지도 버려서는 안 된다. 우리의 정체성(正體性)을 잃지 않는 범위 안에서 새로운 것을 만들어 나가야 한다.

공자(孔子)나 맹자(孟子) 같은 분은 그 당시 체제(體制)에 순응한 분이 아니고, 늘 바른말로 임금이나 위정자(爲政者)들의 잘못을 지적하고 현실의 문제점을 바로잡으려고 노력했던 분이다. 공자 맹자의 사상은, 지배층을 옹호하기 위한 사상이라고 잘못 알고 있는 경우가 많지만, 사실은 지배층을 비판한 사상이다. 그러나 후세의 통치자들이 자기들의 정권의 정당성(正當性)을 확보하기 위해서 공자 맹자의 사상을 자기들에게 유리하게 왜곡 해석한 점이 적지 않다.

공자 맹자가 오늘날 다시 태어났다고 가정하면, 옛날 것만 그대로 지키지 않고, 시대에 따라 적응했을 것이다. 자동차를 운전하고 휴대전화를 사용하면서.

전통(傳統)을 지키는 것은 중요하다. 그러나 시대상황에 맞추고 변화하여 적응해 나가야만이 전통도 살아남을 수 있다. 오늘날을 사는 사람들은 전통의 틀보다 전통에 담긴 근본적인 정신을 아는 것이 더욱 중요하다.

2004년 4월 5일

刻: 새길 각   舟: 배 주   求: 구할 구   劍: 칼 검

지자막약부
知子莫若父

아들을 아는 데는 아버지만 한 사람이 없다

조선(朝鮮) 효종(孝宗) 때 대제학(大提學)을 지낸 낙정재(樂靜齋) 조석윤(趙錫胤)이란 분은, 강직한 성품을 지녀 임금에게 바른말을 잘하였기에 남북으로 여러 차례 귀양을 갔다. 이분의 집이 금천(衿川: 지금의 富川市)에 있었는데, 과거에 오르기 전 젊은 시절에 서울에 간 일이 있었다. 금천에서 서울로 가려면 노량진(露梁津) 나루에서 배를 타고 한강을 건너야만 했다.

아들이 서울에 다녀오겠다고 인사하고 떠난 며칠 뒤에, 그 아버지 조정호(趙廷虎)에게 마을 사람이 황급히 달려와서 이렇게 이야기하였다. "지금 제가 서울 노량진에서 오는 길인데, 어르신의 아드님이 며칠 전에 낡은 배를 탔다가 그만 그 배가⋯⋯ 그만 그 배가 뒤집혀 물에 빠져 죽었습니다." 그 아버지가 듬직이 말하기를, "우리 애가 낡은 배를 탈 리가 없는데, 자네가 잘못 본 것이 아닐까?"라고 하자, 그 사람이 대답하기를, "아닙니다. 제가 어르신 아드님의 얼굴을 모르는 것도 아니고, 제 두 눈으로 똑똑히 봤다니까요. 분명히 배가 강 가운데서 뒤집혔고 그 배에 탄 사람들은 다 빠져 죽었습니다."라고 했다. "오늘만 지나

보면 어찌 되었는지 알 수 있을 걸세. 한번 기다려 보자고." "안된 말씀입니다만, 마음의 준비를 하셔야 될 것입니다. 너무 상심(傷心)하지 마십시오." "나는 우리 자식을 믿어. 두고 봄세." 아버지는 아들을 강하게 믿었다. 그러나 마을 사람이 워낙 확고(確固)하게 이야기하는 바람에 아버지의 마음에도 일말(一抹)의 불안감이 없는 것은 아니었다.

그 마을 사람이 간 지 얼마 되지 않아 아들이 서울에서 돌아와 아버지께 돌아왔다고 인사를 드렸다. 아버지는 평소 때보다 몇 배로 더 반가웠다. 마을 사람이 그런 말을 전하게 된 까닭이 어째서인지 물어보았다. 아들은, "처음에 제 차례가 다가와 나룻배를 탔는데, 타고 보니 배가 낡고 삐거덕거리기에 곧바로 내려 다음 배를 탔습니다. 그랬더니 제가 처음 탔던 배는 강 중간쯤 가다가 그만 뒤집히고 말았습니다. 마을의 그분은 제가 처음에 탔던 것만 보았을 뿐, 금방 내려 다음 배를 타는 것은 보지 못한 듯합니다."라고 소상하게 아버지에게 전후사정을 이야기하였다.

아버지는 아들이 대견스러워, "그럼 그렇지. 네가 침몰(沈沒)할 배에 탈 아이가 아니라고 나는 믿었지."라고 말했다. 부자간의 정이 전보다 더욱더 진해졌다.

소문을 전해 들은 마을 사람은 머쓱해졌지만, 그래도 처신(處身)을 신중히 한 아들도 대단하지만, 아들을 확실히 믿는 아버지도 대단하다 싶었다.

옛날에는 대가족제도인지라 아버지와 아들이 한집에서 살았기 때문에 아버지와 아들이 많은 대화(對話)를 나누었고, 또 아버지가 아들의 성격을 잘 파악(把握)하고 있었다. 그리고 아버지는 아들에게 있어서 가장 좋은 스승이었다. 그래서 "아들을 아는 사람으로는 아버지만 한 사람이 없다."라는 말이 생기게 되었다.

　오늘날은 아버지는 직장(職場) 때문에 가족과 함께 지내는 시간이 드물고, 자녀들은 학교 때문에 집에서 지낼 시간이 드물다. 학교를 마치고도 각종 학원 과외 등으로 서로 얼굴을 마주하기가 정말 어렵다. 가정에서 자녀 교육할 시간이 없고, 학교에서도 입시에 매달리다 보니, 학생의 인성교육(人性教育)에 투자할 시간이 전혀 없다. 그러니 청소년 문제가 끊이지 않고 생기는 것은 당연한 귀결이다.

2004년 4월 12일

知: 알 지　　**子**: 아들 자　　**莫**: 아닐 막　　**若**: 같을 약
父: 아비 부

새옹지마
塞翁之馬

국경지방에 사는 노인의 말. 사람의 미래는 예측하기 어렵다

중국 고대에 북쪽 변방(邊方)에 어떤 늙은이가 살고 있었다. 그 집에 말을 한 마리 기르고 있었는데, 어느 날 갑자기 국경(國境)을 넘어 오랑캐 땅으로 들어가 버렸다. 말 한 마리가 큰 재산(財産)이던 당시의 사정에 비추어 볼 때, 뜻하지 않게 큰 손실(損失)이 발생한 것이다. 그 사실을 안 마을 사람들이 몰려와 그 노인(老人)에게 위로(慰勞)의 말을 하였다. 그러나 그 노인은 별로 대수롭지 않게 생각하는 표정으로, "이 일이 도리어 이익이 될지 누가 알겠소?"라고 말했다.

그로부터 몇 달 뒤에 오랑캐 땅으로 달아났던 그 말이 오랑캐 땅의 준마(駿馬: 잘 달리는 좋은 말) 한 마리를 데리고 돌아왔다. 마을 사람들이 이번에는 축하(祝賀)하러 몰려왔다. 그러자 이 노인은 여전히 차분하게, "이 일이 화(禍)가 될지 어찌 알겠소?"라고 말했다.

새로 따라 들어온 말은 정말 좋은 말이었다. 그 노인의 아들은 그 준마를 애지중지(愛之重之)하며 말타기를 매일 익혔다. 그러다가 말에서 떨어져 다리를 부러뜨렸다. 다 나은 뒤에도 뼈가 구부러져 장애인(障碍人)이 되고 말았다. 이 소식(消息)을 들은 마을 사람들이 노인을 위

로하기 위하여 모여들었다. 그러나 노인은 이번에도 별로 슬퍼하지도 않으면서 담담하게, "이 일이 복이 될지 누가 알겠소?"라고 했다.

그 1년 뒤 북쪽 오랑캐들이 대대적으로 국경을 침범(侵犯)하여 밀고 내려왔다. 국경지방에 거주(居住)하는 집의 장정(壯丁)들은 다 징집(徵集)되어 전쟁터로 보내졌고, 싸우다가 대부분 다 죽었다. 그러나 이 노인의 아들은 장애자였기 때문에 징집에서 면제(免除)되어 생명을 보존하며 아버지와 오래도록 살아갈 수 있었다.

흔히 사람들은 우선 당장 눈앞에 벌어지는 좋지 않은 일에 그만 좌절(挫折)하고 만다. 그러나 지금의 좋지 않은 일이 장차 좋은 일로 되는 경우(境遇)가 얼마든지 있다. 전화위복(轉禍爲福)이란 말이 이 말과 비슷한 말이다. 우리나라 속담(俗談)에, "음지(陰地)가 변하여 양지(陽地)가 된다."라는 말이 이와 비슷한 의미(意味)를 담고 있다. 중국 사람들은 같은 뜻으로 '새옹실마(塞翁失馬)'라는 말로 쓴다.

필자가 아는 어떤 대학의 총장을 지낸 분은, 세칭 명문대학 영문과(英文科)를 지원했다가 합격하지 못하고, 그보다 못한 대학의 중문과(中文科)를 지원하여 졸업했다. 그 뒤 학자로서 대학 경영자로서 자기 뜻을 이룬 사례(事例)를 보았다.

이번 총선(總選)에서 여러 가지 원인으로 뜻을 이루지 못한 분들은, 이번의 낙선(落選)에 실망(失望)하지 말고, 이번의 낙선이 앞으로 더 좋은 일을 가져올 장본(張本)이라 생각하고 원대(遠大)한 설계를 하기를 바란다.

2004년 4월 19일

塞: 변방 새, 막을 색　　翁: 늙은이 옹　　之: ~의 지　　馬: 말 마

54

곡돌사신
曲突徙薪

온돌의 고래를 굽게 만들고 땔나무를 옮긴다.
미리 근본적인 해결책을 강구하라

어떤 일을 처리함에 있어서 문제점을 미리 잘 파악(把握)하여 해결하는 사람은 별로 빛을 보지 못하고, 일이 터진 뒤에 몸을 바쳐 수습(收拾)을 잘하는 사람이 인정을 받는 경우가 세상에 흔히 있다.

예를 들면 아궁이 주변에 땔나무를 재어 놓았다가 집에 불을 낸 뒤에 목숨을 걸고 조상 신주(神主)를 꺼내 오느라 이마에 화상(火傷)을 입고 눈썹을 태운 뒤퉁스러운 며느리는 시갓집 사람들에게 아주 대단한 며느리라고 칭찬받지만, 평소에 칠칠하여 불이 나지 않도록 잘 단속하는 며느리는 아무런 칭찬도 받지 못하는 법이다. 불을 내지 않으려면 방구들의 고래나 굴뚝을 직선으로 해서 불똥이 밖에까지 날아 나오도록 해서는 안 되고, 또 아궁이 주변에 땔나무를 재어 두어서도 안 된다. 그래서 미리 "굴뚝[突]은 굽게[曲] 만들고 땔나무[薪]는 옮겨 놓아라[徙]."라는 말이 있게 되었다.

중국 한(漢)나라의 대사마(大司馬: 국방장관) 곽광(霍光)에게 한무제(漢武帝)가 죽으면서 그 아들 소제(昭帝)를 잘 보필할 것을 부탁하였다. 소제가 죽은 뒤 유하(劉賀)를 황제로 세웠으나 주색(酒色)에 빠져 국정을 돌보지 않으므로 폐위(廢位)시켜 내쫓았다. 그러고 나서 선제(宣帝)라는 황제를 세우고 자기 딸을 그 황후로 넣었다.

곽광의 권세가 이렇게 막강하자, 그 아들이나 조카들도 대단한 권력을 휘두르게 되었다. 한나라 조정은 곽씨들에 의해서 좌지우지(左之右之)되었다.

이때 서복(徐福)이란 신하가 있어 선제에게 "때를 봐서 조치를 하셔야 합니다. 곽씨들의 권세가 날로 커 가니 언젠가는 황제의 자리를 넘볼 것입니다."라고 몇 차례 상소를 했다. 그러나 선제는 귀 밖으로 듣고 말았다.

그 뒤 곽광이 죽고 난 뒤 그 아들들이 반란을 일으켰다. 다행히 사전에 정보를 입수해서 알려 준 사람이 있어 난을 평정할 수 있었다.

반란을 알려 준 사람과 토벌(討伐)에 참여한 사람들은 모두 공신(功臣)으로 삼고 벼슬을 내렸다. 그러나 미리 조치를 취하라고 건의한 서복에게는 아무런 상도 없었다.

그래서 한 대신이 상훈(賞勳)의 부당성을 느껴 황제에게 이런 풍자적인 이야기를 하였다. "어떤 사람이 친구 집에 갔더니, 그 집 굴뚝은 직선으로 되어 있고, 아궁이 옆에 땔나무를 재어 두었더랍니다. 그래서 주인에게, '굴뚝은 곡선으로 하고 땔나무는 옮겨라. 그렇게 하지 않으면 불나기 십상이지.'라고 충고했더니, 그 친구는 재수 없는 말 한다고 생각했습니다. 과연 얼마 뒤 그 집에 불이 났는데, 다행히 이웃 사람들이 긴급히 진화를 하여 별 큰 피해는 없었답니다. 그러자 주인은 소를 잡고 술을 사서 그 사람들에게 대접했지만, 그 친구는 초청할 생각을 안 했답니다. 좌석에 있던 어떤 사람이 말하기를, '그 친구 말 들었더라면, 불도 안 났을 것이고, 이렇게 불 끈 사람들 대접하느라고 비용도 들지 않을 텐데.'라고 했답니다. 주인은 이 말을 듣고 곧바로 그 친구를 초대했답니다."

    임금도 이 대신의 말을 듣고 즉각 서복을 불러 열 필의 비단을 내리고, 벼슬을 올려 주었다. 그래서 중국에 속담처럼 쓰이는 이런 시구(詩句)가 있다. "굴뚝을 굽게 만들고 땔나무를 옮기라 해도 은택(恩澤)이 없고, 불에 머리를 태우고 이마가 물크러져야 최상의 손님이 될 수 있어.[曲突徙薪亡恩澤, 焦頭爛額爲上客.]"

2004년 4월 26일

曲: 굽을 곡　　**突**: 굴뚝 돌　　**徙**: 옮길 사　　**薪**: 땔나무 신

곡고화과
曲高和寡

노래 곡조의 수준이 높아지면 따라 하는 사람이 적어진다

16세기 초 코페르니쿠스가 지동설(地動說)을 주장했을 때, 대부분의 사람들은 그를 정신이상자로 생각하였다. 1970년대 중반 지금 삼보컴퓨터의 명예회장인 이용태(李龍兌) 박사가, 세계 최초로 개인용 컴퓨터(PC)를 구상하여 국내 기업가들에게 그 개발비의 지원을 요청했을 때, 아무도 그 가치를 이해하지 못했기 때문에 지원하지 않았다. 뛰어난 선각자(先覺者)나 수준 높은 학자, 예술가들은 대중의 환영을 받지 못하고, 적당하게 대중의 수준에 맞추는 통속적(通俗的)인 사람이 인기가 높은 것이 현실이다.

중국 전국시대(戰國時代) 초(楚)나라에 송옥(宋玉)이라는 유명한 문학가(文學家)가 있었다. 그는 초나라의 대문호(大文豪) 굴원(屈原)의 제자인데, 당시 초나라 양왕(襄王)이 자주 불러 그와 대화를 나누었다. 하루는 양왕이 말하기를, "당신 행동에 무슨 문제가 있는지, 사람들의 뒷말이 많소."라고 했다.

이에 송옥은 이런 풍자적(諷刺的)인 이야기를 들려주었다. "얼마 전에 어떤 사람이 서울에 와서 노래를 불렀답니다. 처음에 아주 통속적인 노래인 「하리(下里)」, 「파인(巴人)」 등을 불렀더니, 따라 부르는 사람들이 몇천 명이나 되었습니다. 그다음에 조금 덜 통속적인 「양아(陽兒)」, 「해로(薤露)」 등을 불렀더니, 따라 부르는 사람이 확 줄었습니다. 그다음에 비교적 고상한 「양춘(陽春)」, 「백설(白雪)」 등을 불렀더니, 따라 부르는 사람이 몇십 명뿐이었습니다. 그다음에는 아주 고상한 수준 높은 노래를 불렀더니 따라 부르는 사람이 거의 없었습니다. 노래 곡조의 수준이 높아지면 따라 하는 사람이 점점 적어지는 법입니다. 새 가운데는 구만리 장천(長天)을 나는 봉황새도 있고, 울타리 사이를 들락거리는 참새도 있습니다. 그 참새가 어찌 구만리 장천이 있다는 것을 알고 봉황새의 마음을 헤아리겠습니까? 사람 가운데도 봉황새 같은 존재가 있으니, 곧 성인(聖人)입니다. 성인의 위대(偉大)한 사상(思想)과 학문(學問)을 일반 사람들이 어찌 알겠습니까? 속된 사람들이 저를 욕하는 것도 어찌 보면 당연하지요."

문학이나 예술이 수준이 높으면 대중들의 관심에서 멀어지는 것은 어제오늘 비롯된 것이 아니다. 문학, 사학, 철학은 학문 중의 학문이라고 그 중요성을 말해 왔지만, 오늘날 국내 각 대학에서 냉대(冷待)를 받고 있고, 정치권에서나 언론에서도 관심을 기울이지 않는다. 각종 사회문제가 범람하는 것을 막고자 한다면, 사람의 심성(心性)을 다스리는 문학, 사학, 철학을 진흥(振興)시키는 것이 근원적인 해결방안이 될 것이다.

2004년 5월 3일

曲: 굽을 곡, 노래 곡조 곡   高: 높을 고   和: 화합할 화   寡: 적을 과

정저지와
井底之蛙

우물 안 개구리. 견문이 좁은 사람

우물 밑에서 하늘을 보게 되면, 그 넓디넓은 하늘도 대롱만 하게만 보이므로 하늘이 넓은 줄을 모른다. 자기가 아는 것이 전부인 양, 자기가 활동하는 범위가 전부인 양 강한 주장을 하며 거드름을 피우고 설치는 사람들이 많다. 정말 세계는 넓고, 위대한 사람들도 많다. 그런데 자기가 아는 것이 전부 옳다고 주장하는 사람을 보면, 좀 수준 높은 사람들은 웃음을 금치 못할 것이다. 열심히 배우고 보고 듣고 하되, 남의 주장도 경청(傾聽)할 줄 아는 자세가 필요하다. 한 개인의 능력에는 한계가 있기 때문에 모든 방면에 다 능통(能通)할 수는 없는 것이다.

『장자(莊子)』에 이런 이야기가 실려 있다. 어느 날 우물 밑에 사는 개구리가 동해(東海) 바다에 사는 자라를 만나, 자기의 생활을 자랑하였다. "요즈음 나는 정말 세상 사는 보람을 느껴. 우물 속의 돌 틈에 뛰어 올라가 휴식을 취하기도 하고, 또다시 물속으로 뛰어 들어가 헤엄치다가 물 표면으로 떠오르기도 하고, 때로는 우물 바닥의 뻘 속으로 들어가 묻히기도 한다네. 이렇게 우물 하나를 나 혼자서 독차지하여 살고 있는데, 이 즐거움을 자네는 아마 상상도 못 할걸. 틈나면 가끔 놀러 와서 이런 즐거움을 함께 누리자고."

자라는 개구리의 말에 호기심(好奇心)을 느껴 그 우물을 방문하기로 했다. 그러나 우물로 들어가려 하자 우물 입구가 좁아 자라의 발이 걸려 들어갈 수가 없었다. 그 처지를 보고 자라는 개구리를 정말 한심(寒心)하게 생각하였다. 그런데도 자랑을 늘어놓는 개구리가 정말 가소(可笑)롭게 느껴졌다.

그래서 개구리에게 동해를 이야기해 주었다. "동해는 그 넓이나 깊이를 천 리나 천 길 등의 말로 표현할 수가 없다네. 하(夏)나라 우(禹)임금 때 아홉 번이나 큰 홍수(洪水)가 있었는데, 그 물을 모두 바다로 뺐지만, 바닷물이 더 불어난 적이 없고, 은(殷)나라 탕(湯)임금 때 8년 동안 가물었지만, 바닷물이 준 적이 없지. 이처럼 큰 바다에서 활개를 치며 마음껏 헤엄치는 큰 즐거움을 자네가 어찌 알겠나?"

개구리는 우물 속에서의 생활을 자랑한 자기가 너무도 세상을 몰랐다는 사실에 부끄러움을 금할 수가 없었다.

개구리와 자라의 대화가 끝난 뒤, 북해(北海)의 바다 신이 이런 말을 했다. "우물 속 개구리에게 바다 이야기를 할 수는 없는 법이다. 자기가 살고 있는 우물 속밖에는 알지 못하기 때문이다. 한쪽만 알고 있는 사람과는 도(道)를 논할 수가 없는 법이다. 왜냐하면 자기가 알고 있는 것에 너무나 얽매여 있기 때문이다."

오늘날 우리나라에서는 각 정당(政黨)이나 많은 사회단체들이 있어 각자의 주장을 활발하게 펼치고 있다. 그러나 자기들의 좁은 범위 안에서만 생각하여 자기들의 주장이 전적으로 맞다고 여겨 꼭 관철하려고 노력하고 있다. 좀 더 크게 넓게 보고 듣고 아는 것이 필요할 것이다.

2004년 5월 10일

井: 우물 정   底: 밑 저   之: ~의 지   蛙: 개구리 와

57

타면대건
唾面待乾

얼굴에 침을 뱉으면 마르기를 기다려라

우리나라 사람들은 보통 일본(日本) 사람들을 돈밖에 모른다 하여, '경제적 동물'이라고 일컬으며 마음속으로 조소(嘲笑)를 보낸다.

그러나 현재 우리나라의 현상을 보면, 일본을 비웃을 처지도 못 된다. 어느 지방검찰청장의 이야기에 의하면, 작년 한 해 우리나라 사람들 사이에서 일어난 고소(告訴) 고발(告發) 건수가 일본의 10배를 넘었고, 사기사건(詐欺事件) 발생건수는 일본의 100배를 넘었다고 한다. 우리 사회는 날로 각박(刻薄)해져 인간미가 사라지고 있다는 증거이다. 이 밖에도 각종 단체들은 자기들의 권리만을 요구하다 보니, 사회는 편안할 날이 없다. 이런 상황에서 국민들은 정신적으로 안정(安靜)을 얻을 수가 없다.

우리 모두가 상대방의 입장을 생각하여 한 걸음만 양보(讓步)한다면, 이런 살벌(殺伐)한 세상은 되지 않을 것이다. 각자가 자기만 귀중하다고 생각하여 자기의 권리만 요구하다 보니 이렇게 되었는데, 결국 그 피해(被害)는 그런 주장을 한 그 사람들 자신에게로 돌아가고 만다. 밖에 나가서 사람들과 부딪치고 나서 집에 돌아오면 모두가 다 기분이

상하여 사회를 한탄(恨歎)하는 것이 현실이다.

당(唐)나라 때 누사덕(婁師德)이란 정승이 있었는데, 30여 년간 출장입상(出將入相: 외직으로 나가면 장군이요, 내직으로 들어오면 정승)으로서 나라에 많은 공헌(貢獻)을 하였다. 정치적 역량이 있었을 뿐만 아니라, 도량(度量)이 아주 넓어 사람들을 잘 포용(包容)했기 때문에 많은 사람들의 존경(尊敬)을 받았다.

어느 때 그의 아우가 대주자사(代州刺史)로 임명되어 부임(赴任)하러 가면서 형님에게 하직 인사를 하러 왔다. 누사덕이 말하기를, "나와 너는 모두 임금님의 은총(恩寵)을 입어 우대를 받고 있다. 이렇기 때문에 다른 사람들의 시기를 불러오기 쉽다. 사람들은 우리 형제가 조금만 잘못해도 그것을 찾아 공격하려고 들 것이다. 어떤 사람이 너의 잘못을 찾아 물고 늘어진다면 너는 어떻게 하겠는가?"라고 했다.

그러자 아우는, "만약 어떤 사람이 저의 얼굴에 침을 뱉는다 해도, 그냥 닦고 말겠습니다."라고 답했다.

이에 누사덕은, "안 될 말이다. 그 어떤 사람이 너의 얼굴에 침을 뱉었다면, 그것은 너를 원망(怨望)한다는 표현이다. 침을 닦는다면, 그 사람의 노여움을 더할 뿐이다. 그러므로 웃으면서 그 침이 저절로 마르기를 기다려야 할 것이다. 이렇게 하면 그 사람도 더 이상 노여워할 수가 없지."라고 아우에게 충고(忠告)하였다.

좀 지나친 감이 없지 않지만, 이 정도의 아량(雅量)으로 다른 사람을 포용(包容)한다면, 사람들 사이의 온갖 말썽은 사라지고 우리 사회는 더욱더 화기애애(和氣靄靄)하게 될 수 있을 것이다. "자기가 하기 싫은 일은 남에게도 하지 말라.[己所不欲, 勿施於人.]"라는 공자(孔子)님 말씀이나, "원수(怨讐)를 사랑하라.", "오른쪽 뺨을 때리면 왼쪽 뺨을 내놓아라."라는 예수님의 가르침과 일맥상통(一脈相通)하는 말이다.

2004년 5월 20일

唾: 침(침 뱉을) 타   面: 얼굴 면   待: 기다릴 대   乾: 마를 건(간)

학무지경
學無止境

배움에는 끝이 없다

『열자(列子)』라는 고전(古典)에 이런 이야기가 있다. 중국 전국시대(戰國時代)에 노래를 잘하기로 유명한 진청(秦靑)이 있었다. 그의 명성을 듣고서 설담(薛譚)이란 젊은 사람이 노래를 배우고자 하여 찾아가 스승으로 섬겼다. 설담은 노래를 배우고자 간절히 열망하던 터라 정신을 집중하여 스승의 가르침에 귀를 기울이며 열심(熱心)히 배워 나갔다. 진보가 빨랐다.

얼마 지나지 않아 설담은 은근히 자신감이 생겼다. 스승의 말이 귀에 들어오지 않았고, 정신도 집중되지 않았다. 점점 스승의 가르침에 대해서 전혀 존경하는 마음이 생기지 않았다. 마음속으로, '이제는 내가 스승이라는 너보다 나아. 더 머물러 봤자 배울 게 없어. 괜히 시간 낭비(浪費)일 뿐이지. 빨리 내 고향으로 돌아가 나도 제자(弟子)를 길러야 해.'라고 생각하고 있었다. 어느 날 설담은 용기(勇氣)를 내어 스승에게 어렵게 말을 꺼냈다. "이제 그만 돌아가야겠습니다." 설담은 말을 마친 뒤, 스승의 청천벽력(靑天霹靂) 같은 꾸짖음이나 아니면 차분한 설득(說得)이 있을 것으로 예상했는데, 의외로 스승 진청은 "그래, 알았다."라고 말할 뿐 조금도 만류(挽留)하지 않았다.

　짐을 꾸려 설담이 떠나던 날, 진청은 설담을 교외(郊外)에까지 전송(餞送)하러 따라갔다가 주막(酒幕)에서 술자리를 마련하였고, 그 자리서 전송하는 뜻으로 노래를 한 곡 불러 주었다. 그 노랫소리에, 하늘에 떠가던 구름이 멈추고, 주변 수풀의 나뭇가지가 떨렸다. 그 수준이 자기의 노래와는 너무나 차이가 크다는 것을 깨달은 설담은 당장 바닥에 엎드려, "스승님! 제가 잘못했습니다. 너무 경망(輕妄)하고 교만(驕慢)했습니다. 선생님의 그 높은 경지(境地)를 제가 몰랐습니다. 저의 잘못을 용서하시고 다시 거두어 주시옵소서."라고 사죄하고는 눈물을 흘렸다. 다시 스승을 따라 돌아와 계속 노래를 배우면서, 평생 돌아가겠다는 말을 다시는 입 밖에 내지 않았다.

　학문(學問)이나 예술(藝術)의 경지는 끝이 없다. 체육(體育)이나 기술(技術) 등 다른 분야도 마찬가지다. 그렇지만 무술(武術)이나 바둑 등은 서로 시합을 하여 우열(愚劣)을 가려낼 수가 있지만, 학문이나 예술은 그러하지 못하다. 학자나 예술가 가운데서 자기가 최고라고 교만을 떨고 있는 사람이 있어도, 누가 말릴 수 없는 일이다. 그 사람 자신이 공부를 더 하여 자신의 정확한 위상(位相)을 깨닫는 수밖에 도리가 없다. 진정한 학자나 예술가는 감히 자기가 최고라는 말을 하지 못한다. 학문이나 예술의 경지는 가도 가도 끝이 없기 때문이다. 자기의 부족함을 아는 사람은 그래도 대단한 수준이 있는 것이다.

　3시간 반 정도의 기록으로 마라톤을 처음 완주한 사람이, 그다음 경기에서 3시간 10분의 기록을 냈을 때, 마라톤 세계 최고기록도 별것 아닌 것으로 여기게 된다. 그러나 그다음 계속 뛰어 보아도 3시간의 벽을 넘지 못하게 되어서야, 세계 최고기록이 얼마나 위대(偉大)한지를 비로소 알게 된다. 계속 뛰어 보면, 세계기록을 가진 사람은 물론이고 3시간 벽을 넘는 기록을 가진 사람도 신(神)처럼 보이게 된다.

어떤 분야에서 자기보다 조금 나은 사람이, 자기와 얼마나 큰 차이가 있는가를 깨닫는 것은, 피나게 노력해 본 사람만이 가능하다.

2004년 5월 27일

學: 배울 학　　**無**: 없을 무　　**止**: 그칠 지　　**境**: 경계(경지) 경

진금부도
眞金不鍍

진짜 금은 도금을 하지 않는다

오늘날은 전 세계 사람들이 탤런트처럼 되어 가고 있다고 한다. 곧 자기 위주로 살아가는 것이 아니라, 남에게 보이기 위해서 살아간다는 것이다. 자기의 행동이나 표정, 옷차림 등에서 너무나도 남의 눈을 인식하고 있다. 수사적으로만 쓰이던 '뼈를 깎는 고통(苦痛)'을 감수하면서 성형수술을 하고 있다. 이렇게 된 이유는, 세상 사람들이 외모(外貌)로 사람을 평가하기 때문이다. 실력(實力)을 갖춘 사람보다는 외모가 뛰어난 사람이 더 좋은 대우(待遇)를 받기 때문이다. 이는 분명 정상적인 현상이 아니다. 내면이 충실한 실력 있는 사람이 대우받는 풍토가 조성되어야만 올바른 사회가 될 수 있다.

당(唐)나라 시인 이신(李紳)의 시에, "가짜 금은 진짜 금으로 도금(鍍金)을 해야 하지만, 진짜 금이라면 도금할 필요가 없다네.[假金方用眞金鍍, 若是眞金不鍍金.]"라는 구절이 있다. 가짜 금은 진짜 금을 발라 도금을 할 필요가 있지만, 진짜 금은 도금을 할 필요가 없는 것이다. 지나치게 외모를 꾸미거나 말만 번지르르하게 하거나 과장된 표정을 짓거나 지나치게 몸짓을 하거나 하는 사람들 가운데는, 내면적으로 부족한 경우가 대체로 많다.

　그러나 세상에는 진짜가 가짜에 밀리는 경우가 더 많다. 정말 실력 있는 사람은 자기광고를 차마 하지 못하지만, 약간 사이비(似而非) 같은 사람은 대체로 자기광고를 잘하고 변신(變身)에 능하기 때문이다. 평가하는 사람의 눈을 현혹(眩惑)하게 만드는 경우가 많기 때문이다.

　한(漢)나라 원제(元帝) 때는, 궁궐에 궁녀들이 워낙 많아 황제가 일일이 다 알 수가 없었다. 그래서 화가로 하여금 궁녀들의 얼굴을 그리게 하여, 그 그림을 보고서 마음에 드는 궁녀를 골라 불러오게 했다. 그러자 궁녀들은 황제의 총애를 받을 기회를 얻기 위하여, 자기의 얼굴을 아름답게 그려 달라고 화가에게 다투어 뇌물(賂物)을 바쳤다. 그러자 화가는 얼굴이 못난 궁녀일지라도 자기에게 많은 뇌물을 주면 아름답게 그려 주고, 아무리 아름다운 궁녀라도 자기에게 뇌물을 주지 않으면 못난 여인으로 그렸다.

　그러나 유독 왕소군(王昭君)이라는 궁녀는 한 푼의 뇌물도 주지 않았다. 당연히 그의 얼굴은 아주 추하게 그려져 황제에게 바쳐졌고, 황제는 한 번도 그를 불러 주지 않았다.

　북쪽에서 중국을 괴롭혀 오던 흉노족(匈奴族)의 추장이 한나라 황제에게 자기의 아내로 삼을 미녀를 보내 달라고 요구해 왔다. 황제는 궁녀들의 초상화를 이리저리 넘겨 보다가 제일 밉상으로 생긴 왕소군을 선택하여 흉노로 넘기기로 했다.

　왕소군이 흉노로 떠나던 날, 황제에게 하직인사를 하러 갔다. 그런데 이게 웬일인가? 궁녀 중에서 제일 못생겼다고 믿고 있었던 왕소군인데, 자기가 지금까지 가장 아름답다고 여겨 총애(寵愛)했던 궁녀보다도 훨씬 더 아름다웠다. 게다가 행동도 고상하면서도 아리땁고, 말도 교양 있게 하였다. 당장 황제의 마음을 사로잡았다. 그러나 호송해 갈 흉노 사자가 기다리고 있는데, 황제 체면에 어떻게 다른 궁녀로 바꾸겠는가?

왕소군을 보내고 나서, 황제는 자기가 지금까지 화가들에게 농락 당했다는 것을 알았다. 조사해 보니 과연 화가들은 궁녀들로부터 많은 뇌물을 받았다는 사실을 알았다. 그래서 모연수(毛延壽) 등 화가들을 모조리 목 베었다.

자신의 미모(美貌)를 믿고서 뇌물을 바치지 않았던 왕소군은, 결국 눈보라 치는 흉노족에게 강제로 시집가서 한나라로 돌아오지 못하고, 거기서 한 많은 일생을 마쳤다.

내면이 충실(充實)한 사람이 정당한 대우를 받고 떳떳하게 살아갈 수 있는 정의로운 사회가 되어야 하겠다.

2004년 6월 4일

眞: 참 진   **金**: 금 금, 쇠 금   **不**: 아니 불(부)   **鍍**: 도금할 도

적반하장
賊反荷杖

도둑놈이 도리어 몽둥이를 둘러멘다.
잘못한 사람이 큰소리친다

고사성어(故事成語) 하면 의례히 중국에서 만들어진 것만 있는 줄 아는 사람이 많은데, 우리 조상들이 만들어 우리나라에서 오랫동안 쓰여 온 것도 적지 않다. '적반하장(賊反荷杖)', '오비이락(烏飛梨落: 가마귀 날자 배 떨어진다)', '동족방뇨(凍足放尿: 언 발에 오줌 누기)' 등이 그 예이다. 중국의 고사성어에 견주어 조금도 손색이 없이, 생활의 지혜를 담아 어떤 상황을 절묘(絶妙)하게 축약하여 표현한 말이다.

이 외에 꼭 이런 사자성어(四字成語)는 아니지만, 우리나라에서 많이 쓰이는 속담(俗談)이나 격언(格言) 등을 한자(漢字)로 번역하여 둔 것도 있다. 성호(星湖) 이익(李瀷) 선생이 지은 『백언해(百諺解)』, 다산(茶山) 정약용(丁若鏞) 선생의 『이담속찬(耳談續纂)』 등의 책은, 우리나라 속담을 한자로 번역해 놓은 것이다. 현묵자(玄黙子) 홍만종(洪萬宗)의 『순오지(旬五志)』, 조수삼(趙秀三)의 『송남잡지(松南雜識)』 등에도 한자로 번역된 속담이 실려 있다.

어떤 도둑이 남의 집에 물건을 훔치러 들어갔다가 주인에게 들켰다. 주인이 "도둑이야!"라고 소리치자, 이웃 사람들이 몰려왔다. 그때

도둑이 몽둥이를 둘러메고 "도둑 잡아라!" 하면서 이리저리 뛰어다니며 도둑 잡는 시늉을 하자, 컴컴한 밤에 이웃에서 몰려온 사람들은 그가 도둑인 줄을 알 턱이 없었다는 말이다.

잘못을 하고도 잘못을 인정하지 않고, 남의 눈을 속이며 우기는 경우는 자주 볼 수 있다.

옛날에 어떤 사람이 목수를 불러서 자기 집의 대문에 빗장을 달게 했다. 그런데 그 목수는 좀 모자라는 목수인지라, 빗장을 대문 바깥에다 달아 놓았다. 일을 다 했다고 주인에게 일삯을 달라고 하기에, 주인이 일을 점검해 보니, 어이가 없었다. 빗장이 바깥에 달려 있어, 잠가도 아무런 소용이 없게 되어 있었다. "이따위 바보 같은 목수가 있어? 당신 눈은 두어 무엇 해?"라고 주인이 화를 내자, 그 목수는, "나 같은 목수를 불러 일을 시킨 당신의 눈은 두어 무엇 하오?"라고 대들었다. 적반하장 격이지만, 이 목수는 말을 잘 받아쳤다.

자기가 잘못하고서도 그 잘못을 인정하지 않을 뿐만 아니라, 남에게 그 잘못을 전가(轉嫁)하는 사람이 많다. 두 사람이 싸우고 있을 때, 제삼자는 그 내면을 깊이 모르기 때문에 자칫 잘못한 사람을 편드는 경우도 있을 수 있다. 오늘날 약자(弱者)의 인권(人權)을 보호하기 위해서 결성된 시민단체들이, 한편의 말만 듣고서 편들다가 상대편의 평생을 망치는 경우가 없지 않다. 남의 일을 판단할 때는 섣불리 해서는 안 되고 신중(愼重)을 기해야 하겠다.

흔히 우리는 싸우고 있는 두 사람을 두고, "둘이 다 똑같으니까 싸우지."라고 시시비비(是是非非)를 가리지 않는 경향이 많은데, 이 역시 잘못된 말이다. 두 사람이 똑같은 경우도 있겠지만, 또 한쪽이 옳고, 한쪽은 잘못된 경우도 있다. 또 대부분의 사람들은 자기가 속한 여러 단체나 인연에 얽매여 있기 때문에, 올바른 판단을 하기가 어렵다.

　올바른 사람이 정당한 평가를 받고, 잘못을 하고서도 교묘하게 자기의 잘못을 숨기는 사람은 그 잘못이 드러나도록 해야겠다.

2004년 6월 11일

賊: 도적 적　反: 도리어 반　荷: 멜 하, 연꽃 하　杖: 몽둥이 장, 지팡이 장

61

도문대작
屠門大嚼

백정집 문 앞을 지나면서 크게 입을 다신다

사람이 세상을 살아가면서, 모든 일이 뜻대로 될 수가 없다. 뜻대로 되는 일이 뜻대로 되지 않는 일보다 더 많은 사람도 있겠지만, 대부분의 사람들의 경우는 뜻대로 되는 일보다 뜻대로 되지 않는 일이 더 많다. 만약 세상의 모든 일이 사람들이 마음먹은 대로 다 된다면, 이 세상은 너무나 재미가 없어서 살기 어려울 것이다. 아무런 호기심(好奇心)도 기대도 긴장도 없기 때문이다. 결과를 모르는 처음 보는 생방송 스포츠 중계는 너무나도 재미와 스릴이 있지만, 결과를 아는 재방송은 전혀 그렇지 않다. 양식이 약간 모자라야 밥맛이 있고, 몇 달 동안 돈을 모아서 산 책이라야 더욱더 애정이 간다. 그래서 사회보장제도가 잘된 스웨덴 같은 나라의 국민들이 자살률이 매우 높은 것은, 생활에서 느끼는 긴장이 없어 세상살이가 맥이 빠져 있기 때문이다. 아무리 단속을 해도 각종 도박(賭博)이 근절되지 않는 것은, 거기서 느끼는 짜릿한 매력(魅力)이 있기 때문이다. 복권(福券)을 사는 사람들 가운데는, 상금을 타려는 기대도 가지지만, 발표까지의 기다리는 재미 때문에 사는 사람도 있다.

근세 중국의 대사상가이자 문학가인 노신(魯迅)이 만든 말 가운데 '정신승리(精神勝利)'라는 말이 있다. 현실에서 자기 욕구를 다 채울 수 없을 때, 정신적으로 만족(滿足)하는 방식이다. 예를 들면, 어린애가 이웃집 아이와 싸워 이기지 못했지만, '내가 참아서 그렇지 내가 힘대로 했다면, 큰일 났을 거다.'라고 하거나, 노래를 잘 부르는 사람이, '내가 가수로 데뷔를 안 해서 그렇지 했다 하면 어떤 가수보다야 낫지 않겠는가.', 누가 고급차를 타고 다니는 것을 보고서, '나도 좋은 차 탈 수도 있지만, 환경(環境)을 생각해서 참는 거지.' 등등의 생각이다. 이렇게 생각하면 현실세계의 부족함을 어느 정도 해결해 나갈 수 있다는 것이다. 외국 여행을 하려면 경비가 많이 들지만, 여행을 한 사람이 텔레비전에서 그 나라의 풍속이나 문물(文物)을 소개하는 것을 보고 즐기거나, 영화를 감상(鑑賞)하는 것도, 일종의 정신승리에 속한다고 할 수 있다.

집이 가난하여 고기를 사 먹을 수 없는 사람이 고기 맛이 좋다는 것을 듣고서 고기 잡는 백정 집 문 앞을 지나면서 입을 크게 다시면, 어느 정도 정신적으로 만족하면서 위안(慰安)으로 삼는다는 뜻이다.

「홍길동전(洪吉童傳)」의 작자 교산(蛟山) 허균(許筠)이 지은 책 가운데 『도문대작(屠門大嚼)』이라는 책이 있다. 우리나라 각지의 과일, 물고기, 새, 짐승 등 음식 특산물과 그 특징과 맛을 기록해 놓은 것으로 식품영양학(食品營養學)의 고전이라 할 수 있는 아주 특이한 책이다.

2004년 6월 18일

屠: 잡을 도   門: 문 문   大: 큰 대   嚼: 씹을 작

62

백련봉성
百鍊鋒成

백 번 단련하면 칼날이 이루어진다

2시간 4분 55초의 마라톤 세계기록(世界記錄)을 보유하고 있는 케냐의 마라톤 선수 폴 터갓이 있다. 흔히 사람들은 생각하기를, 그는 태어날 때부터 잘 뛰는 사람으로 마라톤 풀코스를 아주 수월하게 달리는 줄 여기고 있다. 그가 1990년 처음으로 육상대회에 참가하여 12킬로미터 거리를 완주했을 때, 너무나 힘이 들고 어지럽고 목에서 피가 나왔을 정도라고 고백한 바 있다.

 2002년도 한 해 동안 우리나라에서 마라톤 풀코스를 가장 많이 뛴 기록은 16회였다. 2003년 들어서 많은 마라톤 동호인(同好人)들 가운데는 비록 시간 기록에는 도전(挑戰) 못 할지라도, 횟수 기록에는 도전해 보자고 하여 욕심을 낸 사람이 많았다. 그 결과 2004년에는 29회라는 경이적(驚異的)인 기록이 세워지게 되었다. 전국에서 열리는 마라톤 풀코스 대회에 참가할 수 있는 경우(境遇)는 한 번도 빠지지 않고 다 참가한 숫자다. 그러나 이 기록은 세운 분은 청년(靑年)이 아니고, 바로 고영우라는 66세의 노인이었다. 이분도 처음 풀코스를 완주했을 때는 힘이 들어 '이러다가 잘못되면 죽을지도 모른다.'는 생각을 했다고 솔직히 말한 적이 있다.

　학문(學問)이나 기술(技術)에 있어, 어떤 목표(目標)를 이루는 데 있어서, 타고난 재능(才能)이나 소질(素質)이 어느 정도 도움을 줄 수도 있지만, 결정적으로 성패(成敗)를 좌우하는 것은 본인의 의지(意志)와 노력(努力)에 달려 있다. 아무리 의지를 가져도 실천(實踐)하는 노력이 따르지 않으면, 허사(虛事)가 되고 만다. 오히려 약간의 타고난 재능과 소질을 믿고서 안일(安逸)하게 노력하지 않다가 자신의 일생을 망치는 경우와 조금 모자라도 강인한 의지와 중단 없는 노력으로 일생을 보람 있게 보내는 사람을 주변에서 종종 볼 수 있다.

　옛날 시골 성녕간(대장간)에서 쇠로 칼이나 낫, 도끼, 자귀 등의 연장을 만들어 냈는데, 이들 연장의 생명(生命)은 바로 그 날에 있다. 날이 잘 서면서도 쉽게 모지라지지 않아야 한다. 쇠를 불에 벌겋게 달구어 바로 물에 집어넣으면 강해지기는 하는데, 금방 부러져 버린다. 반대로 벌겋게 달구어 그냥 식히면 쇠가 물러져서 날이 바로 망가져 버린다. 적당(適當)한 온도에서 적당한 시간 동안 담갔다가 두드려야 한다. 그러나 달구었다가 물에 담금질하고 두드리는 횟수가 많으면 많을수록 쇠는 질기고 좋아진다. 그래서 옛날 일본(日本)의 무사(武士)들은 자기 집 뜰에다 성녕간을 설치(設置)해 두고서 검술(劍術) 연마가 끝나고 나면, 매일 저녁때 자기 손으로 자기 칼을 성녕질했던 것이다. 평생 동안 계속해서 그렇게 하면 아주 좋은 명검(名劍)이 되는 것이다.

　흔히 쓰는 '체력단련(體力鍛鍊)'이라는 말의 '단련(鍛鍊)'은, 본래 "달군 쇠를 두드린다."는 뜻이다. 허약(虛弱)한 체질도 꾸준히 운동(運動)을 하면 건강(健康)한 몸이 될 수 있는 것을, 성녕질을 통해 좋은 쇠를 만들어 내는 것에 비유한 것이다.

"백 번 단련하면 칼날이 이루어진다.[百鍊鋒成.]"는 말은, 곧 중단 없이 노력을 계속하면 누구나 자기가 뜻한 바를 이룰 수 있다는 의미를 담고 있다. 이 구절은, 중국(中國) 남북조시대(南北朝時代)의 시인인 유신(庾信)의 「도명(刀銘: 칼에 새긴 교훈)」에 나오는 말이다.

2004년 6월 25일

百: 일백 백   鍊: 쇠 불릴 련   鋒: 칼날 봉   成: 이룰 성

수심불여무심
守心不如無心

마음을 다잡는 것이 마음 안 쓰는 것만 못하다

요즈음은 너 나 할 것 없이 건강(健康)에 아주 관심이 많다. 신문(新聞)이나 방송(放送)에서 다루는 건강 관계 기사(記事)나 프로는 말할 것도 없고, 각종 건강 관계 강연회(講演會)나 학술대회도 자주 열린다. 서점에 가 보면 갖가지 기발(奇拔)한 건강법을 소개하는 책자가 쏟아져 나와 있다.

얼마 전 『아침형 인간』이라는 책이 나와 한동안 큰 인기를 끌었고, 그 주장에 솔깃하여 많은 사람들이 자기의 체질(體質)을 아침형 인간으로 바꾸려고 노력(努力)했다. 아침형 인간이 되어야 시간을 유용하게 쓸 수 있고, 많은 업적(業績)을 남길 수 있다고 선전했기 때문에, 사람들이 덩달아 따라 하려고 했던 것이다.

그러나 사람이 일찍 일어나느냐 늦게 일어나느냐 하는 것은 거의 유전적(遺傳的)이기 때문에, 잠자리에 드는 시간대가 자기 마음먹은 대로 쉽게 고쳐지지 않는다. 아침에 늦잠 자기를 좋아하던 프랑스의 과학자이자 철학자인 데카르트가, 스웨덴 크리스티나 여왕의 개인교수로 초빙되어 아침마다 수학 강의를 하다가 5개월도 안 되어 폐렴에 걸려 죽었다. 모택동(毛澤東)은 평생토록 밤새워 책을 보다가 아침 9시에 자서 낮 12시쯤에 일어났다. 그래서 그는 27년 동안 국가주석(國家主席)으로 있으면서도, 국가적인 기념식 등에 참석한 것이 다섯 번 정도밖에 되지 않는다. 사람은 너무나 다양하여 개인마다 다 차이가 있다. 모두가 자기 체질에 맞게 살아가는 것이 옳지, 갖가지 건강정보에 너무 얽매이는 것은 좋지 않다.

북경대학(北京大學) 중문과(中文科)에 왕요(王瑤)라는 교수가 있었는데, 83세의 연세에도 아주 건강하였다. 그래서 어떤 방송국에서 그의 건강비결(健康秘訣)을 알기 위해서 인터뷰를 갔다. 그러자 왕 교수는 이렇게 대답했다. "나의 건강비결은 세 가지가 있소." 기자가 "무엇입니까?"라고 묻자, 그는, "첫째, 술은 마시고 싶은 대로 마시고, 둘째, 담배는 피우고 싶은 대로 피우고, 셋째, 건강관리는 안 하고."라고 했다. 그 기자는 웃으면서 그대로 방송에 그의 건강비결을 소개했다.

건강은 매우 중요하다. 한 사람의 건강은 자기 자신을 위해서는 물론이고, 가정이나 사회나 국가를 위해서도 잘 지켜져야 한다. 병약(病弱)한 사람이 많으면 곧 그 나라의 국력(國力)에 영향을 미친다. 육체적(肉體的) 건강도 중요하지만, 정신적인 건강은 더욱 중요하다.

그러나 건강에 지나칠 정도로 예민(銳敏)하게 신경을 쓰다 보면, 도리어 건강을 해칠 수가 있다. 술을 마시게 되었으면 그냥 마셔야지 한 잔 마신 뒤, '이 술로 인해 위장 간장이 얼마나 상할까?', 담배 한 대 피우고 나서, '폐에 얼마나 좋지 않을까?', 약수터에 가서 물 한 모금 마시고 나서, '대장균이 얼마나 많을까?', 채소(菜蔬)나 과일을 먹고 나서, '농약은 얼마나 쳤을까?' 이런 방식으로 건강을 염려한다면, 불안해서 살 수가 없을 것이다.

옛날 두 도사(道士)가 배를 타고 강을 건너다가 풍랑(風浪)을 만나 배가 전복(顚覆)의 위기에 처하게 되었다. 도를 닦은 지 10여 년 정도 된 도사는 자세를 똑바로 하여 앉아, 전신에 힘을 꽉 넣어 정신통일을 하려고 노력하였다. 그러나 도를 닦은 지 오래된 노숙(老熟)한 도사는 풍랑이 치는 것도 모르는 듯 태연히 앉아 있었다. 어떤 일이 닥쳤을 때 거기에 너무 신경을 써서 요란을 떠는 것보다는 순리(順理)대로 자연스럽게 처리하는 것이 더 고수(高手)라는 것이다. 건강뿐만 아니라 모든 일이 다 그런 것이다.

2004년 7월 2일

守: 지킬 수 　心: 마음 심 　不: 아니 불 　如: 같을 여
無: 없을 무

소리장도
笑裏藏刀

웃음 속에 칼날이 감추어져 있다

사람들이 흔히 세상을 살아가면서, "믿는 도끼에 발등 찍혔다.", "그 사람이 그럴 줄은 몰랐다."라는 말을 가끔 한다. 너무나 인상이 좋고 예의도 바른 사람이라 단단히 믿었는데, 어느 날 어이없는 일을 당하거나 사기를 당할 때 쓰는 말이다. '소리장도(笑裏藏刀)', 곧 웃는 얼굴 속에 자기를 해칠 음모가 숨어 있는 경우에 쓰는 말이다.

중국 전국시대(戰國時代)에 위(魏)나라 혜왕(惠王)이, 강대국인 초(楚)나라 임금에게 미녀(美女) 한 명을 바쳤다. 그 미녀는 인물이 절색(絶色)일 뿐만 아니라 초나라 임금의 마음을 잘 파악하여 초나라 왕이 필요로 하는 언행(言行)을 하기에, 왕은 지금까지 데리고 지내 본 여인 중에서 가장 마음에 들었다. 총애(寵愛)가 날로 두터워 갔음은 말할 필요도 없다. 임금의 총애를 이 미녀가 독차지하니, 많은 후궁(後宮)들은 다 무용지물(無用之物)이었다. 여러 후궁들이 임금의 총애를 회복해 보려고 아무리 애를 써도 상대가 될 수가 없었다. 그래서 다투어 위나라에서 온 그 미녀를 질투하고 헐뜯기 시작했다.

그러나 왕후 정수(鄭袖)는 태연하였다. 도리어 그 미녀를 친동생처럼 잘 대해 주고, 불편한 것이 있기 전에 다 배려해 주었다. 오히려 초나라 왕보다도 더 따뜻하게 대해 주었다. 그러자 그 미녀도 친언니처럼 왕후를 믿고 따랐다.

이전에 미녀들은 자기들끼리 만나면 질투로 날을 지새우는 것이 보통인데, 왕후는 자기가 총애하는 미녀를 잘 보살펴 주니, 초나라 왕은 흐뭇하였다. 사람들에게 왕후의 마음 씀씀이를 자랑하였다.

어느 날 왕후가 미녀와 한가롭게 이야기를 나누다가, 이런 말을 해 주었다. "대왕께서는 늘 동생을 너무나 마음에 들어 하시어 칭찬이 자자하다고. '아름답고 상냥하고 깜찍하고 우아하고 마음씨 곱고 부드럽고, 마음을 잘 이해하고, 말도 재미나고 재치 있게 잘하고…….' 다만 한 가지가 좀 아쉬우신가 봐!"

"그 한 가지가 뭔데요?" 안달이 나서 못 견디겠다는 듯이 미녀가 다그쳐 물었다. 그러자 왕비는 시치미를 떼며, "어떻게 그걸 말할 수 있어. 그냥 넘어가지."라고 했다. "아니에요. 말씀해 주세요." "그냥 못 들은 것으로 하라고." "안 됩니다. 확실하게 듣지 않으면 저는 아무 일도 못 해요. 잠도 못 잘 것 같아요. 꼭 말씀해 주세요." 미녀가 간절히 말을 듣고자 하자, 왕비는 못 이기는 듯이, "동생의 코가 조금 눈에 거슬린다고 하시더군."이라고 했다. "그래요? 그럼 저는 어떻게 하지요?" 금방이라도 총애를 잃을 듯 불안해하며, 미녀는 자기 코를 원망(怨望)하며 안달을 했다. "괜찮아. 대왕을 만나 뵈올 때 그 예쁜 손으로 코만 살짝 가리면 되지 뭐."

그 뒤부터 미녀는 왕을 만날 때마다 손으로 코를 가렸다. 전에 안 하던 짓을 한다 싶어 왕은 왜 그러는지 그 이유를 물어보았으나, 대답을 하지 않고 수줍어만 했다. 왕은 궁금해서 견딜 수가 없었다.

그 뒤 왕은 왕비를 만나 그 이유를 물었더니, 왕비는 벌써 알고 있었다는 표정을 지으면서도 역시 말은 하지 않았다. 왕이 다그치자, 마지못한 듯이 목소리를 죽이고서 말했다. "대왕의 몸에서 맡기 힘든 역겨운 냄새가 나서 그런다고 하더군요."

그 말을 들은 초나라 왕은 배신감(背信感)을 느끼며 화를 참을 수가 없었다. "괘씸한 것 같으니라고. 내가 그렇게 총애했는데, 나를 그런 식으로 생각하고 있었다니. 당장 잡아 와서 그 못된 것의 코를 베어 버려라." 코가 베어진 그 미녀는 총애를 잃고 궁궐에서 쫓겨났음은 물론이다. 정수는 화 한번 내지 않고 친절로써 자기의 라이벌을 단번에 제거하고 총애를 회복했다.

세상에는, 남이 베푸는 이유 없는 은혜를 계속 받다가 그 올가미에 빠지는 경우가 적지 않다. 까닭 없이 베푸는 친절이나 물질적 지원은 반드시 저의(底意)가 있을 수 있으니, 면밀히 살펴볼 필요가 있다.

2004년 7월 9일

笑: 웃을 소   裏: 속 리   藏: 감출 장   刀: 칼 도

인기아취
人棄我取

다른 사람이 버리면 나는 취한다

자본주의(資本主義) 경제체제는 직접적이든 간접적이든 경쟁(競爭)을 피할 수가 없다. 수요(需要)는 정해져 있는데, 생산자와 판매자가 증가하면 다른 사람과 경쟁하여 성공(成功)하기는 당연히 힘들게 마련이다. 이웃 사람이 곰탕집을 해서 돈을 벌었다고 해서 덩달아 곰탕집을 열고, 이웃 사람이 옷가게를 연다고 따라 열면, 십중팔구 망한다. 특히 우리나라처럼 인구가 그리 많지 않은 나라에서는, 남이 버리고 안 하는 새로운 것을 찾아 개발해서 경영해야 성공할 수 있지, 남이 하는 것을 따라 해서는 자기도 망하고 이미 잘하고 있는 다른 사람까지도 망칠 수 있다. 몇 년 전 도서대여점이 잘되자, 골목골목마다 도서대여점이 들어섰다가, 지금은 대부분 다 망하고, 남은 것이 몇 군데 되지 않는다. 그러나 끝까지 버틴 대여점은 다시 잘되고 있다.

학생들의 전공(專攻) 선택도 마찬가지다. 남이 의과대학(醫科大學)이나 법과대학 간다고 자기 적성(適性)에 맞지 않으면서 덩달아 따라간다면, 적성에 맞지 않아 한평생이 괴로울 수 있다. 많은 사람들이 의사가 되다 보니, 병원이 포화(飽和) 상태가 되어, 돈도 벌지 못한다. 지금만 해도 사법고시(司法考試) 합격자가 많아 사법고시에 합격해도 법관이나 검사로 임용받기 쉽지 않다. 변호사(辯護士)로 개업하지만, 앞으로는 변호사도 곧 포화상태가 되어 능력이 출중(出衆)한 변호사 아니면 생존하기 어려운 날이 곧 올 것이다.

그래서 전공을 선택할 때도 남이 별로 탐탁하게 여기지 않는 전공을 지망하면, 많은 사람들이 몰리는 전공보다 장래 더 나을 수가 있을 것이다. 순수과학인 화학(化學)이나 물리학(物理學), 생물학(生物學) 등을 꾸준히 연구하다 보면, 세계적인 대가도 될 수가 있고, 노벨상을 받을 가능성도 없지 않다.

고려대학교 중문과의 허세욱(許世旭) 교수는 중국문학계(中國文學界)서 널리 알려진 대가다. 이분은 본래 일류 대학 영문과(英文科)에 응시했다가 낙방을 하고, 후기로 외국어 교육을 전문으로 하는 대학의 중국어과에 입학하였다. 처음에는 후기 대학의 영문과를 지망할까 하다가, 어릴 때 집에서 한문(漢文)을 좀 배운 적이 있었기 때문에 그것에 마음이 끌려 중국어과를 선택하게 되었다. 1950년대 말기의 상황으로는, 영문과는 아주 인기가 좋았고, 영문과에 다니는 학생들은 자랑스럽게 약간 거드름을 피우고 다닐 정도였다. 중국어과나 중문과는 국내에 서너 군데밖에 있지 않았고, 별로 인기도 없었다. 중문과에 다니는 학생들은 대부분 자기 지망하던 학과가 아니다 보니, 기가 좀 죽어 있었다.

이분이 중문과에 들어가 공부를 해 보니, 재미도 있고 아주 자기 적성에 맞았다. 그래서 즐겁게 열심히 공부하였고, 졸업 후 대만(臺灣)에 유학하여 문학박사(文學博士) 학위를 얻고 돌아와 자기 모교의 교수가 되었다. 중국어로 시를 써서 대만에서 시인으로 데뷔하기도 하였다.

그리고 국내 중국문학회 등의 회장을 맡는 등 우리나라를 대표할 만한 중문학자로 성장하였다.

이분과 같은 시기에 그 대학 영문과에 응시하여 합격한 사람들 가운데는 이름 없이 사라진 사람이 대부분이다.

남이 말한 것을 덩달아 말하고, 남이 간 길을 뒤따라가면, 창조적(創造的)인 업적(業績)을 내기가 어렵다. 자기만의 독자적인 사고(思考)와 노선(路線)이 있어야 하겠다. "상황을 잘 보아, 남이 버리면 자기는 취하고, 남이 취하면 자기는 그것을 주고, 다시 새로운 것을 찾아야 한다." 사마천(司馬遷)의 『사기(史記)』 「화식열전(貨殖列傳)」에 나오는 말이다.

2004년 7월 23일

人: 사람 인   **棄**: 버릴 기   **我**: 나 아   **取**: 취할 취

인개고염열, 아애하일장
人皆苦炎熱, 我愛夏日長

다른 사람들은 다 더운 것을 괴로워하지만,
나는 여름날이 긴 것을 사랑한다

매월당(梅月堂) 김시습(金時習)이 지은 「미재(弭災)」라는 글 속에 이런 이야기가 있다. 어떤 사람이 산길을 가다가 발목이 따끔하기에 그냥 어떤 나무 그루터기에 찔렸는가 보다 생각하고 그대로 길을 가니, 아무 일도 없었다. 한 30리쯤 가다가 어떤 땅꾼을 만났는데, 그 땅꾼이 그 사람 발의 상처를 보더니, "당신 독사(毒蛇)한테 물렸군요. 위험(危險)합니다."라고 말했다. 그 말을 듣기 전까지는 아무렇지도 않았는데, 그 말을 듣는 순간 그 사람은 아픔을 느꼈고, 독이 온몸에 퍼져 바로 죽었다고 한다.

이처럼 사람의 병(病)은 대개 마음에서 말미암는 경우가 많다. 병뿐만 아니라 모든 일이 마음먹기에 달려 있다.

요즈음 더운 날씨가 계속되고 있다. 옛날 사람들은, 그냥 여름이라 더운가 보다 하고 지냈고, 뙤약볕에 나가서 농사일을 계속했다. 여름이 더운 것은 당연한 일로 받아들였다. 덥다고 스트레스 받는 사람은 별로 없었다. 자연의 섭리로 순순히 받아들였을 뿐이다.

그러나 요즈음은 방송(放送)이나 신문(新聞)의 일기예보(日氣豫報)에서, 아침저녁으로, "내일은 불볕더위가 계속되겠습니다.", "연일 계속되는 찜통더위가 내일도 변함이 없겠습니다.", "살인적인 폭염(暴炎)으로 수은주(水銀柱)가 몇 도까지 올라가겠습니다." 등등의 내용을 쉴 새 없이 보도(報道)하고 있다. 국민들에게 정확한 기상상태(氣像狀態)를 미리 알려 주어 대비하게 하는 것은 기상대의 의무(義務)이다. 그러나 기상방송 앞머리에 방송하는 사람의 위협적인 언어(言語)를 미리 덧붙여 시청자나 독자들에게 전달하는 것은, 듣는 사람이나 읽는 사람을 더욱더 덥게 만들어 어떤 일을 하는 데 있어서 미리 주눅이 들게 만든다. 그냥 "최고기온이 36도 되겠습니다."라고 방송하는 것하고, "오늘도 36도라는 살인적인 더위가 계속되겠습니다."라고 방송하는 것하고는 듣는 사람의 받아들이는 감이 다르다. 안 그래도 더운데, 덥다는 표현을 지나치게 강조(强調)하여 방송하는 것은, 많은 사람들에게 스트레스를 가중(加重)시킨다. 더욱이 뙤약볕에 나가 육체 노동을 하지 않으면 안 되는 사람들에게 하등의 도움 될 것이 없다.

사람이 살아 있는 한 여름을 건너뛰고 살 수는 없는 것이다. 에어컨 등 더위를 피할 수 있는 기구가 있고, 더위를 피할 수 있는 피서지(避暑地)도 있지만, 근본적으로 더위를 해결하는 방법은 되지 못한다.

결국은 더위를 두려워하지 않는 마음가짐이 필요하다. 여름이라 덥다고 괴로워하지 말고 여름의 긍정적인 측면을 생각하는 것이 중요하다. 당(唐)나라 문종(文宗) 황제가 여름날 여러 신하들과 시를 주고받으면서, "사람들은 모두 더운 것을 괴로워하지만, 나는 여름날이 긴 것을 사랑하노라.[人皆苦炎熱, 我愛夏日長.]"라는 시를 지었다. 여름 날씨가 더운 것을 모든 사람들이 괴로워하지만, 문종 황제는 여름날이 길어 많은 일을 할 수 있다는 긍정적인 측면을 본 것이다. 옛날에는 밤에 불을 켠다는 것은 아주 어려운 일이었다. 그런 실정이었기 때문에 낮의 길이가 길면 일할 수 있는 시간이 길어지니, 여름에는 많은 일을 할 수 있는 이점(利點)이 있는 것이다.

　모든 사물을 대할 때 그 좋지 못한 점만 보고서 괴로워할 것이 아니고, 좋은 점을 보고서 긍정적으로 잘 활용해야 하겠다. 그런 마음가짐으로 살아가면 이 세상에서 버릴 사물은 아무것도 없을 것이다.

2004년 7월 30일

人: 사람 인　　皆: 다 개　　苦: 괴로울 고, 쓸 고　　炎: 불꽃 염, 더울 염
熱: 더울 열　　我: 나 아　　愛: 사랑 애　　　　　　夏: 여름 하
日: 날 일　　　長: 길 장

경당문노, 직당문비
耕當問奴, 織當問婢

밭 갈기는 마땅히 사내종에게 물어보고,
베 짜기는 마땅히 계집종에게 물어보라

옛날 중국 남북조시대(南北朝時代) 송(宋)나라 황제가, 북쪽의 북위(北魏)를 침공하여 실지(失地)를 회복할 계획을 하고서 그 타당성을 총사령관인 심경지(沈慶之)라는 사람과 논의(論議)해 보았다. 그러나 심경지는 자기 나라의 군대는 북위보다 약하기 때문에 침공을 하면 자기 나라 군대가 반드시 패배(敗北)할 것이라는 의견을 내놓았다. 그러나 침공을 하고 싶은 황제는 군사전문가인 심경지의 말을 믿지 않고, 또다시 다른 문신(文臣)들과 논의하였다. 이에 심경지가 화를 내며, "'밭 가는 일은 마땅히 사내종에게 물어보고, 베 짜는 일은 마땅히 계집종에게 물어보라.'고 했거늘, 지금 폐하께서 전쟁하는 일을 저 백면서생(白面書生)들에게 물어서 어쩌겠다는 것입니까?"라고 항의했다. 전문가인 자기의 말을 믿지 않고, 군사에 대해서 전혀 모르는 문신들에게 다시 문의한 황제의 태도에 문제가 있음을 지적한 것이다.

모든 일은 다 그 방면에 뛰어난 전문가(專門家)가 있게 마련이다. 안과(眼科) 의사는 눈을 치료(治療)하고, 치과(齒科) 의사는 이빨을 치료한다. 이빨이 아픈데 안과로 가는 사람은 없다. 집 짓는 일은 목수가 잘하고 돌 다듬는 일은 석수장이가 잘한다. 축구 선수는 축구대회에 참가해야지, 수영대회에 참가해서는 좋은 성적(成績)을 낼 수가 없는 법이다. 사람들은 세상을 살아가면서 누가 시키지 않아도 다 전문가를 찾아서 일을 맡긴다. 각각의 분야에는 전문가가 있다는 것을 누구나 잘 알고 있기 때문이다.

그러나 국가를 다스리는 정치나 행정에 있어서는 전문가를 배제(排除)하고 전문가 아닌 사람에게 일을 맡기는 일이 계속되어 왔고, 날이 갈수록 더 심해지고 있다. 그런데도 사람들은 그 잘못에 대해서 거의 무감각(無感覺)이다. 예를 들면, 지금까지 농림부(農林部) 장관은 역대로 농학(農學)을 전공한 사람이 맡아 본 적이 없고, 대부분 법과(法科)나 정치과(政治科) 대학을 나온 사람들이 맡아 왔다. 건설부(建設部) 장관은, 젊은 시절 마이크나 들고 대중을 선동하는 일만 해 온 직업적인 정치가가 맡는 경우가 대부분이었고, 국립중앙도서관장 자리에 도서관학을 전공한 사람이 앉아 본 적이 없는 등, 전문가가 맡아야 할 자리를 전문가가 맡는 경우는 거의 없다. 특별히 전문성을 요하는 국책(國策) 연구소의 책임자 자리마저도 역대 대통령들의 논공행상(論功行賞)에 쓰일 한 자리쯤으로 간주되기 일쑤였다. 중국(中國) 전문가가 주중대사(駐中大使)를 맡는 경우와 중국을 전혀 모르는 정치인이 주중대사를 맡는 경우, 국익(國益)에 미치는 영향의 차이는 엄청나다고 할 수 있다.

전문성을 가지지 못한 사람일지라도 그 자리에 좀 오래 맡겨 두면, 업무라도 정확하게 파악할 텐데, 그것마저 자주 바꾸어 버리니, 더더욱 행정업무가 잘 돌아갈 리가 없다. 여러 외국의 외무부장관들이, "한국의 외무부장관과는 인사할 필요가 없다."고 공공연히 말한다고 한다. 왜냐하면, 한국 외무부장관은 너무나 자주 바뀌어 외국 대사나 장관이 다음에 무슨 회의에서 만나서 보면 또다시 다른 사람이 오기 때문이라 한다. 이러고서도 국가가 잘되기를 바란다는 것은, 연목구어(緣木求魚)라고 하지 않을 수가 없다.

선진국에서는 오래전부터 전문가를 우대해 오고 있다. 우리나라도 하루빨리 전문가가 우대받는 나라가 되어야 하겠다. 오늘날 학생들이 이공계(理工系)를 기피하는 것도 다 전문가를 우대하지 않기 때문에 초래된 결과라 할 수 있다.

2004년 8월 6일

耕: 밭 갈 경   當: 마땅 당   問: 물을 문   奴: 사내종 노
織: 짤 직   婢: 계집종 비

68

일자천금
一字千金

한 글자라도 고치면 천금을 주겠다

중국 전국시대(戰國時代) 말기 진(秦)나라의 정승을 지낸 여불위(呂不韋)란 사람이 있었다. 그는 진시황(秦始皇)의 실제적인 아버지인데, 본래는 위(衛)나라의 상인(商人)에 불과하였다.

한번은 장사차 조(趙)나라의 서울 한단(邯鄲)에 갔다가 진나라의 공자(公子)로 조나라에 와서 볼모생활을 하는 자초(子楚)라는 사람을 만나게 되었다. 그는 진나라의 현재 왕인 효문왕(孝文王)이 아들이 없다는 사실을 알고는, 자기가 정치적으로 권력을 쥘 좋은 기회로 생각하여 자초를 잘 이용할 도모를 하게 되었다.

여불위에게는 조희(趙姬)라는 총애하는 젊은 시첩(侍妾)이 있었다. 그런데 남의 나라에 와서 볼모생활하는 자초가 조희를 보자 그만 한눈에 반해 버렸다. 그래서 혼자서 속을 태우다가 안 될 줄로 생각하면서도 사모하는 마음을 금할 수 없어 여불위에게, "조희를 나에게 양보해 줄 수 없겠소?"라고 사정하여 보았다. 여불위는 화를 버럭 내며, "외롭게 지내는 처지라고 좀 잘 대해 주었더니, 못 하는 말이 없군. 남의 애인을 달라는 사람이 어디 있소?" 하면서 거절(拒絶)하였다. 자초는 무안을 당했지만, 어쩔 수가 없었다.

　얼마 뒤 여불위가 자초를 찾아와 조희를 양보해 주겠다고 했다. 자초는 이루지 못할 줄 알았던 사랑이 이루어지니 너무나도 기뻐서 조희를 끔찍이 사랑하였다. 애첩을 넘긴 여불위는 나름대로 속셈이 있었던 것이다. 조희는 이때 이미 임신한 상태였는데, 그 아이가 바로 나중의 진시황이다.

　여불위는 여러 차례 진귀(珍貴)한 물건을 준비하여 자초로 하여금 진나라 왕과 왕비에게 선물하도록 했다. 이렇게 진나라 왕의 환심(歡心)을 얻어 자초가 마침내 다음 대의 진나라 왕이 되니, 바로 장양왕(莊襄王)이다. 그러나 장양왕은 재위 3년 만에 세상을 떠나고, 조희가 낳은 아들 영정(嬴政)이 즉위하니 곧 진시황(秦始皇)인데, 나이 13세에 불과했다. 여불위는 중부(仲父)라는 존칭을 받으며 섭정(攝政)을 하니, 진나라의 권세가 모두 그의 손안에 있었다.

　그는 많은 선비들을 길렀는데, 그의 집에는 3천 명의 선비가 모여들었다. 그들 가운데는 각 분야의 학문에 정통(精通)한 인사가 많았다. 여불위는 이 많은 선비들로 하여금 자기가 아는 바나 들은 바 및 각종 견해를 글로 적어 내도록 했다. 여러 선비들이 적어 낸 글을 모아 토론을 거쳐 책으로 편찬한 것이 『여씨춘추(呂氏春秋)』다. 오늘날까지 전해지고 있는 제자백가(諸子百家) 가운데서 대표적인 책이다.

　책이 다 완성되자, 여불위는 그 책과 황금 1천 근을 진나라 서울인 함양(咸陽)의 성문 위에 매달고 다음과 같이 포고(布告)하였다. "누구든지 이 책 내용 가운데에서 한 글자를 더하거나 한 글자를 깎는 사람이 있으면, 그에게 황금 1천 근을 상으로 주겠노라." 여불위의 권세 때문에 누구도 감히 손을 대지 못했다.

여불위가 자기의 명망(名望)을 높이고자 한 정치적 수작이지만, 자기가 주관하여 편찬한 책에 대한 강한 자부심(自負心)이 들어 있는 처사였다.

　오늘날 인쇄기술(印刷技術)의 발달로 매일 신간(新刊)이 쏟아져 나오고 있다. 그러나 책을 만들기 어려웠던 시절에 나온 책들보다 오류(誤謬)가 더 많으니, 어찌 된 일인가? 각 출판사마다 책을 빨리 많이 만들어야겠다는 경쟁심만 앞서고, 좋은 책을 만들겠다는 정성이 부족해서 그런 것 같다.

2004년 8월 13일

一: 한 일　　字: 글자 자　　千: 일천 천　　金: 쇠 금, 황금 금

요동백시
遼東白豕

요동 사람의 흰 돼지 새끼

중국 한(漢)나라 때, 요동(遼東) 지방의 어떤 농촌(農村)에서 사람들이 돼지를 기르며 살아가고 있었는데, 그곳의 돼지는 모두 검은색이었다. 그런데 어느 해 한 집에서 검은 어미 돼지가 머리가 하얀 새끼를 낳았다. 이 집안 사람들은 매우 흥분했다. 사람들은 이 세상에 태어난 이후로 처음 보는 흰 돼지인지라, 틀림없이 진귀(珍貴)한 동물로서 아주 상서(祥瑞)로운 징조라고 생각하였다. 이 소식(消息)을 전해 들은 마을 사람들은 큰 구경거리라고 생각하여 우르르 다 모여들어 야단이 났다. 주인에게 축하(祝賀) 인사를 하는 등 잔칫집 분위기가 되었다. 마을 사람들이 모여 진지하게 의논한 결과 "이 돼지는 보통 돼지가 아니고 상서로운 돼지니, 그냥 우리 백성들이 소유하고 있어서는 안 될 일이오. 그러니 존귀하신 황제(皇帝)님에게 진상(進上)해야 옳소."라고 결론(結論)을 내렸다. 그 돼지 주인도 흔연(欣然)히 그렇게 하겠다고 동의하였다.

그래서 그 주인은 며칠 뒤 직접 돼지 새끼를 지고 서울인 장안(長安)을 향해 길을 떠났다. 요동에서 장안까지는 5천 리나 되는 머나먼 거리였다. 아무리 힘이 들어도 황제에게 칭찬을 듣고 상을 받을 것을 상상하며, 힘든 줄도 모르고 길을 갔다.

　며칠을 걸어가서 어떤 마을에 당도해 보니, 돼지 가운데 흰 것이 몇 마리 보였다. 이 요동 사람은 생각하기를, '이 동네 사람들은 흰 돼지가 보배인 줄을 모르는가 보다. 흰 돼지가 보배라고 이야기하면 이 사람들도 황제님께 바치러 갈 것이니, 나 혼자 빨리 가서 바쳐서 칭찬을 받고 상을 타야지.'라고 하여 걸음을 재촉하여 갔다. 며칠 더 가서 하동(河東) 지방에 이르고 보니, 그곳에 있는 돼지는 모두가 다 흰 것이었다. 그래서 요동 지방의 사람은 이상하게 생각하다가 드디어 하동 사람들에게 물어보았다. 하동 지방 사람들의 대답인즉, "돼지는 검은 것도 있고, 흰 것도 있는데, 우리 고을에서 키우는 것은 대부분 흰 것이랍니다."라고 하였다.

　그 말을 듣고 요동 사람은 부끄러워 견딜 수가 없었다. 돼지는 검은 것만 있는 줄 알고, 흰 돼지를 무슨 진귀한 보물이라고 황제에게 바치러 온 자신이 얼마나 견문(見聞)이 좁고, 세상 물정을 모르는 상태인지를 비로소 깨달았다. 자기 동네 사람들도 견문이 좁고 세상 물정 모르기는 마찬가지였다. 동네 사람 가운데 한 사람만이라도 세상에 흰 돼지가 있다는 것을 알았더라면 자기가 이렇게 헛고생을 하지는 않았을 텐데라고 생각하니, 은근히 부아가 났다. 그래서 사람은 배워야 할 필요가 있다는 것을 절실(切實)히 느꼈다. 아무 말 없이 슬그머니 서울로 가던 발길을 다시 고향 요동으로 돌렸다. 먼 길을 왔다 갔다 하느라고 많은 고생을 했지만, 누구에게 하소연할 수도 없었다. 더구나 실망(失望)과 수치심(羞恥心)에 가득 차서 돌아올 때는 길도 더 멀게 느껴졌다.

　그대로 흰 돼지를 지고 고향 마을로 돌아온 사람을 보고 마을 사람들은 모여들어, "어찌 된 영문이냐?"고 다투어 물었다. 그 돼지 주인은 마을 사람들에게, "우리 마을 사람들의 견문이 너무 좁습니다. 세상에 흰 돼지가 있는 줄을 몰랐으니까요. 앞으로 좀 더 많은 것을 배우고 보고 듣고 그리고 다른 지방으로 여행도 해 봐야겠습니다."라고 자못 교훈조(敎訓調)로 일장 연설을 하였다.

세상 사람들 가운데 자기가 아는 것이 전부이고, 자기가 전공(專攻)하는 분야만이 중요하다고 생각하여 남의 의견은 듣지 않고 자기주장만 끝까지 고집하는 사람이 있는데, 이런 사람은, 요동 사람들이 흰 돼지를 무슨 진귀한 것인 양 야단을 떠는 것과 같은 태도라고 할 수 있다. 이 우주는 넓디넓어서 알아야 할 것은 너무나 많다. 아무리 박학다식(博學多識)하다 해도, 한 개인이 알고 있는 것은 극히 일부에 지나지 않는다. 그런데 좀 아는 것으로 자기의 학식을 뽐내고 모르는 사람들에게 군림(君臨)을 하려 하고, 교만(驕慢)을 떤다면, 이는 진정한 배우는 사람의 태도라 할 수가 없다. 학식을 자기 과시(誇示)에 이용하는 도구로 삼을 뿐인 것이다.

2004년 8월 23일

遼: 멀 료   東: 동녘 동   白: 흴 백   豕: 돼지 시

백운친사
白雲親舍

저 흰 구름 아래가 어버이 계신 집

'효도(孝道)'라는 개념은 우리나라 전래의 좋은 덕목(德目)인데도, 오늘날 사람들에게는 인기 없는 단어가 되어 버렸다. 어떤 조사에 의하면, 요즈음 20대 젊은이들이 듣기 싫어하는 말 가운데 하나가 효도라고 한다. 젊은 여성운동가 가운데는 봉건적인 낡은 사고방식의 잔재(殘滓)라고 매도(罵倒)하는 사람도 적지 않다. 그러나 인류가 정상적으로 존재하는 한 효도의 개념은 없어지지 않을 것이다.

좀 야박한 말 같지만 효도는 가장 안전한 보험(保險)이다. 자기가 자기 부모에게 잘하면, 다음에 자기 자식이 자기에게 잘하게 되므로, 그대로 돌려받을 수가 있는 것이다. 그리고 이 세상에 자기를 태어나게 해 준 부모에게 잘하지 못하는 사람이 무슨 일을 잘할 수 있겠는가? 부모에게 불효(不孝)한 사람이, 스승에게나 친구에게 잘하는 것은 다 가식(假飾)이다. 부모에게 불효하는 사람이 사회봉사한다고 다니는 것도 본말이 전도된 것이다. 장애자는 보호해야 된다고 그렇게 강조하면서 사회운동을 벌이면서, 연세가 많아 장애인과 다를 바 없는 부모들에게는 어째서 소홀히 하는지 알 수가 없는 일이다.

부모에게 불효하는 사람들은, 얼마 지나지 않아서 다음 세대들로부터 불효당하는 설움이 어떠한가를 뼈저리게 느끼게 될 것이다. 1970년대 초 우리나라를 방문한 적이 있는 영국(英國)의 세계적인 역사학자 토인비는, "한국의 효(孝)사상은 앞으로 세계에 자랑할 수 있는 훌륭한 제도다. 자녀들의 봉양을 받는 한국의 노인들이 부럽다."라는 말을 하며 한국의 효사상을 극찬(極讚)한 적이 있다. 그러나 우리나라 사람들은 효사상의 훌륭한 점을 별로 인식하지 못하고 있는 것 같다.

당(唐)나라의 명신(名臣) 적인걸(狄仁傑)이 일찍이 병주(幷州) 법조(法曹: 지방 사법관)가 되어 부임하러 가다가 태항산(太行山)에 올라 남쪽으로 고향 하늘을 바라보며, "저 흰 구름 아래 우리 부모님 계신 집이 있는데……."라고 탄식하며 한참 동안 서 있다가 마침내 울음을 터뜨렸다. 그 구름이 다 날아가 보이지 않게 되고 나서야 비로소 길을 떠났다. 객지에서 부모를 그리워하는 정이 간절(懇切)했던 적인걸은, 역사상 대표적인 효자로 일컬어져 온다.

우리나라는 1960년대부터 산업사회(産業社會)가 되면서 농촌 출신의 사람들도 젊은 사람들은 대부분 도시에서 생활하고 있고, 그 부모들은 농촌에 그대로 살고 있는 경우가 많다. 지금의 70, 80대 노인들은 열심히 일하여 자녀들 교육시켜 어느 정도 잘살게 만들어 주었지만, 정작 자녀들은 도시로 다 떠나 버렸고, 본인들은 그대로 농촌에서 노인 부부로 남아서 자신들의 생활을 손수 꾸려 나가고 있다. 그래서 요즘 농촌에서는 "공부 안 시킨 자식이 효자다."라는 말이 있다. 농촌에서 그대로 부모님 모시고 사는 자식은, 대부분 상급학교에 진학하지 않고 농촌에 그대로 눌러앉아 농사일을 하는 사람들이기 때문이다. 부모들 돈 타서 공부한 자식들은 도시에서 살면서 명절(名節) 때나 찾아오는 손님이 되어 있다.

  자식 된 사람은 부모님이 살아 계실 때 한 번이라도 더 찾아뵙는 것이 낫지, 돌아가신 뒤 아무리 울어도, 산소 치장을 아무리 잘해도 별 소용이 없다. 자주 갈 수 없는 형편이면 고향 하늘을 바라보며 부모님을 그리워하고 전화(電話)라도 자주 한다면, 자주 찾아뵙는 것만은 못하지만, 그래도 차선책은 될 수 있을 것이다.

2004년 8월 30일

白: 흴 백　　雲: 구름 운　　親: 어버이 친, 친할 친　　舍: 집 사

복소지하무완란
覆巢之下無完卵

뒤집힌 둥우리 아래에는 온전한 알이 없다

국가를 통치(統治)하는 사람의 가장 중요한 임무(任務)는 백성을 보호하는 것이다. 그래서 맹자(孟子)는 "백성을 보호하면서 인의(仁義)를 위주로 하는 정치를 하면, 다른 나라에서 그 나라의 발전을 막을 수 없습니다."라고 제(齊)나라 선왕(宣王)에게 충고하였다. 백성들은 통치자로부터 보호를 받기 때문에 세금도 내고 국방(國防)의 임무도 수행하는 것이다.

그러나 후대의 왕들은, 자기의 본래의 임무는 망각한 채 한 몸의 향락(享樂)을 위하여 백성들을 무자비하게 착취하였다. 막상 백성을 보호해야 할 필요가 있을 때는 자신의 임무를 팽개쳐 버렸다. 고려 무신란(武臣亂) 이후 정권을 잡았던 최씨(崔氏) 정권은 몽고(蒙古)의 침략이 있자, 백성들은 몽고 군사들의 말발굽 아래 팽개쳐 버리고 허수아비 같은 왕을 이끌고 강화도(江華島)로 가서 자기들의 안전만을 도모했다. 백성들은 죽음을 당하고 많은 여인들은 머나먼 이역만리(異域萬里) 몽고 땅으로 끌려가 정조를 빼앗기고 눈물 속에서 한 많은 일생을 지내야만 했다.

인조반정(仁祖反正)으로 집권한 서인(西人)들은, 아무런 대책도 없으면서 새로 일어난 청(淸)나라를 무작정 배척하다가 정묘호란(丁卯胡亂)과 병자호란(丙子胡亂) 등 두 차례의 대대적인 침략을 당하였고, 결국 국왕 인조(仁祖)는 청나라에 항복하고 말았다. 자신의 세자와 왕자들을 볼모로 보내야만 했고, 그 외 조정의 여러 신하들이 끌려갔고, 수많은 여인들도 강제로 바쳐졌다. 이 모두가 통치자가 한순간 잘못 판단하여 빚어진 비극인데, 이로 인하여 나라가 망할 수도 있고, 백성들은 목숨을 잃고 가정이 파괴되는 등 엄청난 고통(苦痛)을 겪게 된다.

그러므로 어느 시대를 막론하고 최고통치자는 그 자리를 차지하려고 온갖 수단을 동원할 것이 아니라, 그 자리에 있을 때 국가민족을 위해서 무엇을 할 것인가를 늘 염두에 두어야 한다. 자기 한 사람의 잘못된 생각으로 수천만 명의 백성들이 목숨을 잃고 집을 잃는다는 사실을 잊어서는 안 되겠다. 오늘날 대통령은 외교문제 등 여러 가지 정책에 진지한 자세로 임하여 우리나라 백년대계(百年大計)를 위하여 어떻게 대처할 것인가를 결정해야만 후세에 나쁜 영향을 주지 않을 수가 있는 것이다.

옛날 중국의 삼국시대(三國時代)에 공융(孔融)이란 사람이 있었는데, 조조(曹操)를 못마땅하게 생각하였고, 조조가 하는 일에 반대를 많이 하였다. 조조가 한번은 50만의 군대를 동원하여 유비(劉備)와 손권(孫權)을 정벌하러 가려고 하자, 공융은 출정하지 말라고 권하였다. 조조가 그의 의견을 무시해 버리자, 뒤에서 불평을 몇 마디 하였다. 조조에게 아첨하는 사람이 그의 불평하는 말을 부풀려서 조조에게 보고하였고, 조조는 공융 일가족 전부를 체포하여 사형에 처하라고 명령하였다. 체포하는 사람들이 들이닥치자, 어른들이 공융의 어린 자식들에게 피신하라고 권하자, 공융의 일곱 살 먹은 아들이, "둥지가 뒤집히는데 어찌 알이 온전할 수 있겠습니까?"라고 말하고는 아버지를 따라서 같이 죽었다.

　봄이 되면 새들이 둥지에 알을 낳아 모아 품어서 부화시킨다. 그러나 누가 산에 가서 장난삼아 그 둥지를 뒤집어 버리면 그 속의 알은 전부 다 깨져 남는 것이 없다. 나라가 망하면 백성이 온전할 수가 없고, 가정이 파괴되면 가족들이 안전할 수 없다는 뜻이다.

2004년 9월 6일

覆: 뒤집을 복, 덮을 부　　**巢**: 둥지 소　　**之**: ~의 지　　**下**: 아래 하
無: 없을 무　　　　　　　**完**: 완전할 완　**卵**: 알 란

방휼지쟁, 어부지리
蚌鷸之爭, 漁夫之利

방합조개와 도요새가 싸우는 것은 어부의 이익이 된다

오늘날은 세계화시대라는 말처럼 각국 사이에 왕래(往來)가 워낙 빈번(頻繁)하여 물리적인 국경선은 별로 소용이 없는 시대가 되었다. 어떤 나라도 그 나라 자체의 힘으로 생존하기가 어렵고, 다른 나라와의 관계 속에서 살아가고 있다. 그래서 어떤 나라의 국내 사정이 다른 나라에까지 영향을 미친다. 중국의 긴축정책(緊縮政策)이 당장 우리나라 증권시장(證券市場)에 영향을 미칠 정도이다.

우리나라 주변의 중국은 경제가 날마다 발전하고 있고, 일본 경제도 좋아지고 있고, 동남아 각국의 경제도 좋은 편이다. 그런데 유독 우리나라만은 경제가 좋지 않아 수십만의 청년실업자들이 발생하고 있고, 생산공장 가운데서 문을 닫는 곳이 적지 않다. 중국이나 일본이 우리나라에 이웃해 있지만, 결국 자기 나라의 이익을 우선으로 도모하지, 결코 우리나라를 진정으로 도와주지는 않을 것이다. 그러니 우리나라는 각고의 노력을 하여 우리 스스로 경제를 다시 회복해야 한다.

그러나 오늘날 우리나라는 너무나 대립(對立)과 분열이 심하다. 노동자와 고용주(雇用主)와의 대립, 보수세력과 진보세력 사이의 대립,

지역 간의 대립 등등 사사건건 대립이다. 우리가 나라 안에서 대립하고 있는 사이에, 중국이나 일본이 그 반사이익(反射利益)을 얻고 있다. 우리가 고생고생해서 자동차 시장을 개척하여 자동차 수출물량을 늘려 놓았다가, 노사분규로 자동차 생산이 중단되면, 그사이에 일본 자동차회사들이 파고들어 자기들이 자동차의 판로를 가로채 간다.

중국 전국시대(戰國時代)에 조(趙)나라가 연(燕)나라를 공격하려고 준비를 하고 있었다. 이 정보를 입수한 연나라에서는 유명한 유세가(遊說家) 소대(蘇代)를 조나라에 파견하여 침략을 막으려고 노력했다. 소대는 조나라 혜왕(惠王)에게 가서 외교에 관한 이야기를 하기 전에 이런 이야기를 먼저 꺼내 놓았다.

"제가 오다가 이런 일을 보았습니다. 날씨가 좋으니까 강가에 방합조개 한 마리가 나와서 껍질을 벌리고 볕을 쪼이고 있었습니다. 마침 지나가던 도요새가 그 조갯살이 먹음직하다 싶어 긴 부리로 집어 먹으려고 했습니다. 그러자 방합조개가 재빨리 입을 오므려 버리니, 도요새의 부리가 걸렸습니다. '좋다. 네가 놓지 않는다면, 오늘도 비가 안 오고 내일도 비가 안 오면 너는 말라 죽을 것이다.'라고 도요새가 위협적으로 말하자, 방합조개는, '그래, 좋아! 내가 놓지 않으면 너는 결국 굶어 죽고 말걸.'이라고 대꾸했습니다. 서로 힘이 빠져 기진맥진(氣盡脈盡)했지만, 추호도 양보하지 않고 그대로 버텼습니다. 마침 그때 지나가던 어부가 그 광경을 보고 좋아라고 하며 담아 가고 말았습니다.

지금 조나라가 힘이 비슷한 연나라를 침공하면, 강대국 진(秦)나라의 밥이 되고 맙니다."

조나라 혜왕은 소대의 말을 듣고, 고개를 끄덕이며 연나라 공격작전을 취소하라고 명령하였다.

극단적인 대립은 양측이 다 만신창이(滿身瘡痍)가 되어 망한 뒤에라야 끝이 난다. 우리나라가 중국이나 일본의 밥이 되지 않는 길은, 우리 국민들이 화합(和合)하는 데 있다. 위정자(爲政者)들은 국민들을 화합시킬 수 있는 정책을 펼쳐야지 자꾸 분열을 조장하는 발언을 해서는 안 되겠다.

2004년 9월 13일

蚌: 방합조개 방　　鷸: 도요새 휼　　之: ~의 지　　爭: 다툴 쟁
漁: 고기 잡을 어　　夫: 지아비 부　　利: 이로울 리

73

명주탄작
明珠彈雀

야광주로써 참새를 쏜다

구슬 가운데서 저절로 광채(光彩)가 나는 것이 있는데, 그것을 일러 '야광주(夜光珠)', 또는 '명월주(明月珠)'라고 한다. 밤에 빛이 나기에 '야광주'라 하고, 밝은 달처럼 빛나기에 '명월주'라고 하는데, 특히 여인들의 장식(裝飾)으로 많이 사용되어 왔다. 귀한 것이니까 값이 대단히 비싸다.

옛날에 어떤 사람이 길을 가다가 참새를 보았다. 그 사람은 참새고기를 매우 즐기는 사람이었다. 손에 새를 잡는 새총은 갖고 있는데, 탄환(彈丸)이 없었다. 참새를 쏘아 잡았으면 하는 마음은 간절하나, 손에 탄환이 없으니, 쏠 수가 없었다. 주변에 탄환을 대신할 만한 조그마한 둥근 돌멩이도 없었다. 그래서 탄환으로 쓸 것이 없나 하고 자기 몸을 살펴보니, 장식품인 명월주가 달려 있었다. 이에 그것을 풀어서 탄환으로 사용(使用)하여 참새를 명중(命中)시켜 잡았다. 이 사람은 자기가 그렇게 잡기를 바라던 참새를 잡아 구워 먹었으니, 기분이 너무나도 좋았다.

그러나 그가 참새 한 마리를 잡기 위해 날려 보낸 명월주는, 참새

몇천 마리를 잡아 팔아도 보상(報償)받을 수 없는 비싼 것이었다. 잠시 동안의 먹고 싶은 욕구(慾求)를 참지 못하여 큰 재산(財産)을 날린 꼴이 되었다.

우리는 이 사람의 어리석은 행동(行動)을 보고서 모두가 다 그 어리석음을 비웃을 것이다. 그러나 오늘날 우리 자신을 돌아보면, 이 사람을 비웃을 만한 자격(資格)을 가진 사람이 별로 많지 않을 것이다.

공기 좋고 조용하고 안온한 곳에 있는 집은, 집값이 오를 가망(可望)이 없다 하여 인기가 없고, 길가에 있는 공기가 나쁘고 온갖 소음(騷音)이 다 들리는 집은 돈이 될 것이라 하여 사람들이 다투어 사려고 한다.

눈앞의 이익(利益)을 챙기기 위하여 같이 일하던 사람이나 친구를 속이는 경우도 있다. 일시적인 분(憤)을 참지 못하여 폭력(暴力)을 휘두르다 철창신세(鐵窓身世)가 되는 사람도 있다.

남들은 2년여 동안 국방(國防)의 의무(義務)를 성실히 수행하고 돌아오는데, 좀 편하게 지내고자 하여 허위로 환자인 것처럼 조작하여 군대에 가지 않으려고 하다가, 일생을 망친 운동선수도 있다.

국악계(國樂界)의 명창(名唱)으로 누구나 부러워하는 경지에까지 간 분이 심사위원을 맡아 뇌물(賂物)을 받는 바람에 구속되어, 한평생 쌓아 올린 공든 탑을 스스로 무너뜨리는 경우도 있었다.

어렵게 공부하여 대학교수가 되어서는 논문 편수를 많게 하기 위하여 남의 논문을 표절(剽竊)하다가 파면된 경우도 있었다.

대한민국 사람이면 누구나 존경해 마지않는 독립운동가의 손자로 늘 자랑스럽게 소개되던 사람이 뇌물을 받아 구속되어, 자신의 평생은 물론 할아버지와 집안에 씻을 수 없는 크나큰 누를 끼쳤다.

모두가 조그마한 것을 탐내다가 너무나도 큰 것을 잃어버린 경우이다.

　나라를 다스리는 일도 마찬가지다. 아주 급한 일이 있는데도 팽개쳐 두고서 사소한 일에 매달려 시간과 정력을 소모한다면, 명월주로 참새를 쏘는 일과 다를 바 없다.

　이 말은, 소탐대실(小貪大失: 작은 것을 탐내다가 큰 것을 잃는다)이란 말과 비슷한 의미를 갖고 있다.

2004년 9월 20일

明: 밝을 명　　**珠**: 구슬 주　　**彈**: 튕길 탄, 쏠 탄　　**雀**: 참새 작

74

겸청즉명
兼聽則明

양쪽 말을 아울러 들으면 현명해진다

당(唐)나라 태종(太宗)에게는 간언(諫言)을 잘하는 위징(魏徵)이란 강직한 신하가 있었다. 그는 본래 당 태종과 황제(皇帝) 자리를 다투던 태종의 형인 이건성(李建成)의 심복(心腹)이었는데, 이건성이 태종에게 패배하여 살해된 뒤, 태종이 그의 능력을 중시하여 사면(赦免)하여 발탁(拔擢)한 인물이었다.

그는 나중에 정승급인 시중(侍中)의 직위에까지 승진했는데, 재직 기간 동안 태종에게 2백여 건의 직간(直諫)을 했다. 항상 태종에게 얼굴을 맞대 놓고 이런 강직한 건의를 하였다. 때로 태종이 얼굴을 붉히며 화를 내어도 조금도 위축(萎縮)되거나 물러서지 않았다. 옆에서 보는 사람들이 등줄기에 땀이 날 정도의 긴장된 상황을 자주 연출하였다.

"바로 앞 시대 왕조인 수(隋)나라를 경계로 삼으소서." "임금은 배이고 백성들은 물입니다. 물이 평소에 배를 띄우지만, 때에 따라서는 배를 뒤집을 수도 있습니다." "편안할 때 위태로울 것을 생각하시옵소서." "부역이나 세금을 줄이고, 폐하 자신이 검소(儉素)함을 실천하여 백성들을 안정되게 하시옵소서."

태종은 비록 황제지만, 나중에는 위징의 발자국 소리만 들어도 두려워할 정도였다. 위징 때문에 태종은 정책의 시행에 있어서 많은 도움을 받았다. 어느 날 태종이 위징에게, "사람이 어떻게 하면 현명(賢明)해지고, 어떻게 하면 우매(愚昧)해지는지?" 이렇게 물었더니, "여러 사람들의 말을 아울러 들으면 현명해지고, 한쪽 말만 들으면 우매해집니다."라고 대답했다. 태종이 다시, "한 나라의 임금이 되어서 어떻게 하면 일을 정확하게 판단(判斷)하여 분명하게 처리하여 혼돈되지 않을 수 있을까?"라고 묻자, 위징은 이렇게 대답하였다. "폐하께서 각 방면의 사람들의 의견을 듣고 또 듣고 하시면, 자연스럽게 정확한 결론을 얻을 수 있습니다. 만약 한쪽 사람들의 말만 듣는다면, 일의 한쪽 면만 보고서 잘못 판단하여 그르칠 수가 있습니다. 역사적으로 진시황(秦始皇)의 아들 호해(胡亥)가 간신 조고(趙高)의 말만 듣다가 나라를 망쳤지요. 양(梁)나라 무제(武帝), 수나라 양제(煬帝) 등, 이런 사례는 역사상 헤아릴 수 없을 정도로 많습니다. 여러 사람들의 의견을 많이 듣고서, 정황(情況)을 정확하게 파악하면, 재난(災難)을 사전에 막을 수 있습니다." 태종은 위징의 말을 기꺼이 받아들였다.

 태종이 위징이 세상을 떠난 뒤 두 차례 고구려(高句麗) 정벌에 실패하고 돌아설 때, "위징이 살아 있었더라면 나로 하여금 이런 짓을 못하도록 했을 텐데!"라고 그가 없는 것을 아쉬워했다.

 태종은 이런 말을 남겼다. "구리로 거울을 삼으면 의관(衣冠)을 정제할 수 있고, 옛날 일로써 거울로 삼으면 흥망(興亡)을 살필 수 있고, 사람으로써 거울로 삼으면 득과 실을 밝힐 수 있도다."

 지도자나 경영자가 된 사람은, 여러 사람들의 말을 두루 들어 가장 좋은 것을 채택하여 올바른 방향으로 나아가야 한다. 다수의 지혜는 아무래도 정확도가 높은 법이다. 측근이나 총애하는 사람의 말만 듣고서 일을 처리하여 좋은 결과를 가져온 사례는 없었다.

2004년 10월 4일

兼: 겸할 겸   聽: 들을 청   則: 곧 즉, 법칙 칙   明: 밝을 명

75

절영
絶纓

갓끈을 끊다

춘추시대(春秋時代) 초(楚)나라에 장왕(莊王)이라는 임금이 있었는데, 어느 날 저녁 여러 신하들을 모아 연회(宴會)를 베풀었다. 왕의 후궁들도 그 자리에 참석하였다. 술이 몇 순배(巡杯) 돌자, 잔치 분위기가 점차 고조되었고, 술에 취하여 떠드는 사람도 있었다.

그때 문득 회오리바람이 불어와 연회장의 촛불을 다 꺼 버렸다. 이때 어떤 짓궂은 신하가 있어, 이 캄캄해진 기회를 틈타 왕이 총애(寵愛)하는 예쁜 여인을 끌어안으려고 하였다. 그때 그 여인은 그 신하의 갓끈을 잡아당겨 끊어 버렸다. 이런 식으로 표시를 했다가 촛불을 켜서 잡으려고 그랬던 것이다. 그러고는 왕의 곁으로 다가가 어둠 속에서 황급하게 아뢰었다. "전하! 어떤 못된 놈이 저의 몸에 손을 대지 뭡니까? 그래서 제가 그놈의 갓끈을 끊어 놓았습니다. 얼른 불을 밝혀 그놈을 색출(索出)해서 처벌하시지요. 얼른요. 그런 무례한 놈을."

그러나 장왕은 그 여인의 말을 듣고는 도리어 여러 신하들에게 이런 주문을 내었다. "오늘 술과 안주를 장만하여 이렇게 모임을 가진 것은 여러분들로 하여금 실컷 마시고 취하게 하여 평소에 쌓였던 근심 걱정을 싹 풀어 버리라는 의도에서였소. 그러니 마음껏 마셔 취하시오. 갓끈이 끊어지도록 웃고 마시고 취하시오. 갓끈이 끊어지지 않은 사람은 내가 준비한 술이 싫어서 마음껏 마시지 않은 사람으로 간주(看做)하겠소."

그 말을 듣고서 입을 크게 벌리고 웃어 갓끈이 끊어진 신하도 있지만, 나머지 신하들은 임금이 준비한 술을 마음껏 마셨다는 표시로 모두 자기 손으로 갓끈을 잡아당겨 끊어 버렸다.

그런 뒤에 장왕은 촛불을 다시 켜라고 했다. 그러자 이제는 왕의 총애하는 여인에게 짓궂은 짓을 한 사람이 누구였는지는 알 수가 없었다. 그 여인은 속으로 왕을 원망하였지만, 어쩔 수가 없었다.

그러나 정작 그 일을 저지른 당사자는 장왕이 너무나도 고마웠고, 그 너그러운 마음에 깊이 감동(感動)되었다. 만약 장왕이 그 여인의 말을 듣고 당장 불을 켰더라면, 자기가 범인인 것이 금방 드러났을 것이고, 또 왕이 사형에 처한다 해도 자기는 죄가 있으니 어쩔 수 없었을 것이다.

그러고서 몇 년이 지났는데, 동남쪽의 오(吳)나라에서 대대적으로 군대를 동원하여 초나라를 침공(侵攻)해 왔다. 이때 초나라 장수 가운데 한 장수가 자기 목숨을 돌아보지 않고 몸을 떨쳐 앞장서서 적진으로 다섯 차례나 들어가 적의 대장을 사로잡아 왔다. 대장을 잃은 오나라 군대는 대패(大敗)를 하고 달아났다.

왕은 자기 목숨을 걸고 적의 대장을 잡아 와 승리로 이끈 장수를 접견하였다. "과인이 그대에게 특별히 잘 대우를 해 준 적도 없는데도, 이렇게 나를 위해서 목숨을 걸고 싸워 주니 고맙소." 그 장수는 그제서야 입을 열었다. "제가 바로 그날 저녁 연회석상에서 전하께서 총애하는 여인을 끌어안으려고 했던 사람입니다. 그때 제가 술이 너무 취하여 그런 실례를 했는데도, 전하께서는 저를 사형에 처하지 않고, 저의 허물을 덮어 주셨습니다. 그래서 저는 그때부터 대왕을 위해서 목숨을 바치려고 했습니다만, 기회가 없었는데, 오늘에야 그 은혜에 조금이나마 보답(報答)할 수 있게 되었습니다."

세상을 살아가면서 자기에게 거슬리는 행동을 했거나 손해를 입힌 사람에게 가혹하게 보복하지 않고 관대하게 대하면, 언젠가는 그 덕이 자기에게로 되돌아오는 법이다.

2004년 10월 11일

絶: 끊을 절 　　　　　纓: 갓끈 영

삼년불규원
三年不窺園

삼 년 동안 자기 집 정원도 보지 않는다

기미독립선언서(己未獨立宣言書)의 민족대표 33인 가운데 유림(儒林) 대표는 한 사람도 들지 못했다. 여러 가지 이유야 있었지만, 어쨌든 유림에서는 크게 반성을 하고 다시 독자적으로 국가 독립을 위해서 무슨 일을 해 보자고 의논하여, 유림들이 파리평화회의에 한국의 독립을 청원하는 「파리장서(巴里長書)」를 보내기로 결정하였다. 이때 유림의 대표로 추앙된 분이 바로 면우(俛宇) 곽종석(郭鍾錫) 선생인데, 조선(朝鮮) 말기 대학자이다. 산청군(山淸郡) 남사(南沙) 마을 출신이다. 어려서 집이 가난하였지만, 부모들은 자식을 공부시키겠다는 일념으로 글방에 다니게 하였다. 어느 날 면우가 글방에서 공부를 마치고 해 질 무렵에 집으로 돌아와서 보니 닭장의 문이 아직 닫히지 않았다. 산골 마을에서 밤에 닭장 문을 닫지 않으면 살쾡이 등 야생동물들이 닭을 잡아먹는 일이 발생한다. 그래서 어린 면우는 닭장 문을 자진해서 닫고 들어가려고 하였다. 그 어머니가 멀리서 그 광경을 보고서 부지깽이로 쫓아내며, "누가 너더러 닭장 문 닫는 일에 신경 쓰라고 하더냐? 글공부에 마음을 다 쏟아도 될까 말까 한데."라고 꾸짖었다.

무슨 일을 이루려고 하면, 그 일에 전심전력(全心全力)해야지 대충해서는 이루어지는 일이 없다. 공부뿐만 아니라 회사 경영이나 농사일 등 모든 것이 다 그렇다. 필자가 아는 이름난 외과 의사 한 분이 있었는데, 정치판에서 기웃거리다가 다시 병원으로 돌아와 수술을 하려고 하니, 손이 떨려서 할 수가 없어서 의사라는 직업을 그만두었다.

옛날 한(漢)나라 때의 대표적인 유학자인 동중서(董仲舒)는 어려서 집이 부유하고 장서(藏書)가 많았는데, 천부적으로 글 읽기를 좋아하여 3년 동안 자기 서재 바깥에 있는 정원으로 한 번 눈길을 준 적도 없다고 한다. 그는 또 자기가 늘 타고 다녔던 말이 암말인지 수말인지도 모르고 지냈다고 한다. 그만큼 글공부에 전념했다는 것이다.

동중서는 끊임없이 글을 읽어 마침내 학문을 크게 이루었고, 명성이 사방에 알려지자 추천(推薦)을 받아 춘추박사(春秋博士)가 되었다. 한나라 무제(武帝)의 신임을 받았는데, 무제에게 유학만 숭상하고 나머지 여러 학파는 다 축출하라고 건의하였다. 무제가 그의 건의를 받아들여 유학을 국교(國敎)로 하니, 유학의 위상(位相)은 크게 높아졌고, 그 이후 유학은 확고한 지위를 구축하게 되었다. 이는 전적으로 동중서의 공이다. 그리고 '삼강오륜(三綱五倫)' 가운데서 '삼강'이라는 것을 동중서가 구상해 내었고, "하늘과 우리 인간은 하나다."라는 주장을 편 '천인합일(天人合一)' 사상도 동중서에 의해서 창시되었고, 하늘의 견책과 하늘의 포상이라는 이런 개념도 동중서가 창안해 낸 발상이었다.

한 개인이 근면하게 공부한 결과, 그 자신의 운명은 물론 인류 역사까지도 바꿀 수 있을 정도로 큰 영향을 끼쳤다. 사람은 누구나 정신을 집중하여 노력하면, 얼마든지 위대(偉大)한 인물이 될 수 있고, 산만(散漫)한 생활을 하고 게으름을 피우면, 끝없이 추락할 수 있다. "마음을 오로지 하고 뜻을 다한다."는 뜻인 전심치지(專心致志)란 말이 이 말과 유사(類似)한 말이라고 할 수 있다.

2004년 10월 25일

三: 석 삼   年: 해 년   不: 아니 불   窺: 엿볼 규
園: 동산 원

고명사의
顧名思義

이름을 돌아보고 뜻을 생각한다

오늘날은 문명(文明)의 발전이 빠르기 때문에, 어느 나라를 막론하고 사회가 급격(急激)히 변화하고 있다. 새로운 문명이나 문화를 담을 새로운 말이 필요하기 때문에 선진국에 속하는 나라에서는 1년에 3천 내지 4천 개의 단어가 새로 생겨나고, 또 그만큼의 단어가 사어(死語)가 되어 도태된다고 한다. 몇 년 전에는 전혀 없었던 단어가 방송이나 신문에 거의 매일 등장하는 현상을 볼 수 있다.

새로 생기는 말에 대해서 중국(中國)이나 프랑스 등에서는 국가에서 엄격하게 심의(審議)하여 내놓는다. 중국 같은 경우에는 국가어언문자위원회(國家語言文字委員會)가 있어 이 일을 심의하고 또 관리를 하고 있기 때문에 새로 생긴 단어가 통일되어 있고 또 체계적으로 정리되어 있다.

그러나 우리나라의 경우는 국가에서 손을 대지 못하고 방치(放置)하기 때문에, 영어 등 외래어가 그대로 쓰이거나 아니면 속어(俗語) 등이 쓰이고 있어 우리말을 혼란스럽게 만들고 오염(汚染)시키고 있다. 젊은 학생들이 만들어 쓰는 인터넷 용어는 더 이상 언급할 필요가 없을 정도다.

그러나 누군가에 의해서 새로 지어져 쓰이는 말 가운데서 한자어(漢字語)로 된 것은, 한자의 문법이나 속성(屬性)을 모르고 조어했기 때문에 말이 안 되는 경우가 많다. 예를 들면 공사장에서 필요한 흙을 파가는 곳을 '토취장(土取場)'이라 하는데, '취토장(取土場)'이라 하는 것이 옳고, 주차장(駐車場)에 차가 가득하였을 때 '만차(滿車)'라고 하는데, '차만(車滿)'이라고 하는 것이 옳다. 가장 말 안 되는 것은 '병원(病院)'이란 말인데, 한자의 본고장인 중국에서는 규모에 관계없이 모든 병원을 '의원(醫院)'이라고 부르지 '병원'이라고는 하지 않는다. '의원'이라 하면 병을 고치는 집이 되지만, '병원'이라 하면 '병든 사람들의 집', '병든 집' 등의 뜻이 되어 병을 치료한다는 의미가 전혀 없다. 요즈음 각 지방자치단체에서 주민들의 건강을 위하여 각종 모양의 돌을 박아 그 위를 걷게 되면 발에 압박을 가하여 건강을 좋게 하도록 만든 시설을 곳곳에 많이 설치하고 여기에 '지압보도(指壓步道)'라는 이름을 붙였는데, 이는 정말 어불성설(語不成說)이다. '지압'은 '손가락으로 누른다'는 뜻인데, 어찌 발바닥에 압박을 가하는 이런 시설에 해당될 수 있겠는가?

교육을 담당하는 학교에서 사용하는 말 가운데도 맞지 않은 것이 적지 않다. 학생들에게 숙식을 제공하는 시설을 '기숙사(寄宿舍)'라고 하는데, 기숙사의 뜻은 '붙어 자는 집'이다. 기숙사는 학생들이 '붙어서 자기만 하는 곳'인가? 353강의실이라고 부르면 다른 강의실과의 구별하는 기능 이외에 아무런 의미가 없다. 예를 들면 기숙사를 '일성재(日省齋)'라고 한다면, 그 기숙사에서 기거(起居)하는 학생들은 '날마다 자신의 일을 반성하며' 생활하게 될 것이다. 강의실이나 건물의 이름도 익명성(匿名性)의 숫자로 하지 말고, 이상(理想)을 담거나 좋은 의미를 가진 이름을 짓는다면, 거기서 생활하는 사람들도 자연히 자신을 수양하거나 성찰하는 등 좋은 효과가 있을 것이다. LG그룹에서 연수원(研修院)을 '인화원(人和院)'이라고 명명(命名)했던데, 이는 이름의 효과를 잘 살린 사례라고 할 수 있다.

옛날 선비들은 자기가 살고 있는 집이나 서재(書齋), 정자(亭子) 등에다 의미 있는 이름을 지어 붙였다. 자기가 좋아하는 것, 이상(理想)으로 삼는 것, 자기가 추구하는 것, 자신의 특징, 결정 등을 부각시켜 나타내었다. 예를 들면 '경재(敬齋)'라고 서재 이름을 붙인 분은 평생 모든 일을 하면서 경건(敬虔)함을 위주로 하였고, '신당(新堂)'이라고 이름 붙인 분은 매일 새롭게 발전할 것을 생각하며 살아갔다. 이것이 이른바 "이름을 돌아보고 그 뜻을 생각하는 것"이다. 이런 좋은 전통(傳統)을 오늘에 되살려 각자가 생활하는 곳에 의미 있는 이름을 붙여 보람 있게 살도록 하자.

2004년 11월 1일

顧: 돌아볼 고   **名**: 이름 명   **思**: 생각할 사   **義**: 옳을 의, 뜻 의

78

완석점두
頑石點頭

무딘 돌도 머리를 끄덕인다

중국 남북조시대(南北朝時代) 동진(東晉)의 고승 도생법사(道生法師)가 소주(蘇州)의 호구산(虎丘山)에 들어가 돌들을 모아 놓고 『열반경(涅槃經)』을 강의하였는데, 강의를 워낙 잘하여 돌들이 감동하여 마침내 머리를 끄덕였다고 한다.

사람들은 대개 무슨 일을 하여 결과가 좋지 못하면, 도구(道具)를 탓하거나 환경(環境)을 탓한다. 농부는 수확이 좋지 못하면 기후가 좋지 않아서 그렇다고 탓하고, 장사하는 사람은 물건이 잘 팔리지 않으면 손님들이 물건을 잘 몰라서 그렇다고 탓하고, 교육자(教育者)들은 교육의 성과가 없으면 학생들이 배우려는 정성(精誠)이 없어서 그렇다고 탓한다. 예술가들은 사람들이 심미안(審美眼)이 부족하다고 탓한다.

그러나 성공하는 사람은, 모든 잘못의 근본원인을 자기 자신에게로 돌린다. 요즈음 흔히 하는 말로, "에스키모인들에게 에어컨을 팔고, 사하라 사막에 가서 난로를 팔 수 있는" 그런 자세로 어떤 일에 임한다면, 안 되는 일이 별로 없을 것이다. 돌을 감동(感動)시킬 정도로 정성을 다해서 설득력(說得力) 있게 강의를 한다면, 어떤 학생이 강의 내용을 이해하지 못하겠는가?

　사람을 감동(感動)시키는 데는 말이 중요하다. 번지르르한 말이나 웅변조의 말이 잘하는 말이 아니고, 사람을 감동시킬 수 있는 진실된 말이 잘하는 말이다. 말은 자연 그대로 놔두면 점점 저급(低級)한 생활언어(生活言語)로 변해 간다. 계속 갈고 다듬어야만 고급(高級)의 문화어(文化語)로 발전할 수 있는 것이다. 이런 말을 갈고 다듬는 역할을 하는 사람이 바로 문학가(文學家), 곧 시인(詩人), 소설가(小說家), 수필가(隨筆家), 평론가(評論家) 등이다. 문학가가 밥을 먹고 생활을 하려고 하면, 일반 백성들이 문학에 관심을 갖고 문학에 관한 서적을 많이 읽어야 한다.

　우리나라에는 문학가로 활동하는 사람이 5만 명 정도 된다고 한다. 그 가운데서 다른 직업 갖지 않고 순수하게 문학활동을 통해서 생활해 가는 사람은 1백 명도 되지 않는다고 한다. 나머지 문학가들은 생활을 위해서 직업을 갖지 않을 수 없고 그러다 보니, 문학에 전념할 수가 없다. 또 문학과 관계있는 직업에 종사하는 사람은 극소수이고, 대부분 문학과 전혀 관계없는 직업에 종사하고 있다. 그러니 기적(奇蹟)이 일어나지 않는 한, 좋은 작품이 나오기는 어렵다. 아무리 국가에서 문예진흥(文藝振興) 기금을 지급하는 등 여러 가지 지원을 하지만, 소용없다. 문학이 발전하려면 백성들이 관심을 가지는 것이 제일 중요하다.

　영국 서쪽에 있는 아일랜드는 인구 350만에 노벨문학상 수상자를 세 명이나 배출하였다. 이 나라 사람들은 문학을 아주 좋아한다. 이 나라는 한 15년 전까지만 해도 유럽에서 못사는 나라에 들었다. 그런데 1990년대 이후 국민소득이 3만 불을 넘어 지금은 영국보다 더 잘사는 나라가 되었다. 그 이유는 정보산업이 발달하여 세계적인 정보산업강국이 되었기 때문이다. 정보산업은 그 관건(關鍵)이 창의력(創意力)에 있는데, 아일랜드 사람들은 늘 시를 읽고 외우는 등 문학을 좋아하기 때문에 창의력이 매우 발달해 있다. 이런 창의력이 정보산업시대를 맞이하여 그 진가(眞價)를 발휘하다 보니, 부강한 나라로 발전한 것이다.

문학은 경제와 아무런 관계가 없는 것 같지만, 정보화시대에는 경제력을 발전시키는 데 문학이 큰 역할을 한다. 우리 국민 모두는 무딘 돌이 감동하여 머리를 끄덕일 수 있는 문학적 표현력과 상상력을 갖추도록 노력하자. 그 정도의 표현력과 상상력을 갖춘다면 이 세상에 이루지 못할 일이 없을 것이다.

2004년 11월 8일

頑: 무딜 완   石: 돌 석   點: 점 점, 끄덕일 점   頭: 머리 두

천도수근
天道酬勤

하늘의 도는 부지런함에 보답한다

얼마 전 지리산(智異山) 천왕봉(天王峯)에 올라갔더니, 어떤 노인이 화를 내면서 고함을 치고 있었다. 무슨 일인가 싶어 들어 봤더니, 그 내용은 이러했다. "아침부터 천왕봉을 향해서 올라오고 있는데, 천왕봉에 올라오겠다고 계획하고 올라오다가 중간에 힘들다고 포기(抛棄)하고 돌아가는 젊은이를 여럿 만났다. 조금 힘들다고 돌아가면 어떻게 하겠느냐? 우리나라 젊은이들이 이렇게 체력이 약하고 인내력(忍耐力)이 없어서야 앞으로 나라의 장래가 어떻게 되겠느냐?"는 것이었다. 필자도 말은 안 했지만, 마음으로 공감(共感)이 되었다.

물론 체력이 좋고 인내력도 대단한 젊은이가 지금도 얼마든지 많이 있겠지만, 대체로 이전에 비하여 체력과 인내력이 떨어진 것만은 부인(否認)하기 어려울 것이다. 집에서도 공부한다는 이유로 집 안 청소는 물론 심부름 등도 하지 않는다. 농사일이나 노동은 물론 하지 않는다. 배고프면 언제든지 먹을 수 있고, 추우면 얼마든지 입을 옷이 있고, 스위치만 켜면 뜨뜻한 방에서 편안히 잘 수 있다. 온갖 고생하며 힘들게 살아온 60대, 70대 분들에게는 젊은이들의 작태가 한심(寒心)할 것이다. 그리고 재미있고 즐거운 일만 하려 하고 힘들고 귀찮은 일을 하려고 하지 않는다. 재미있고 즐거운 일은 누구나 잘할 수 있다. 힘들고 귀찮은 일을 잘하는 사람이 정말 일을 잘하는 사람이라고 할 수 있다.

오늘날 대학 졸업자들의 실업률이 급증하여 국가적인 문제가 되고 있다. 그러나 한편으로는 노동인력이 부족하여 동남아 각국에서 많은 인력을 수입하여 들여오고 있다. 우리나라 대학 졸업자들은, 힘들고 더럽고 위험한 일에는 종사(從事)하기 싫어한다. 또 자신의 학력에 따른 체면을 생각하고 다른 사람들의 눈을 의식하여, 쉽사리 마음에 들지 않는 자리에 가려고 하지 않는다. 우선은 마음에 안 들어도 참고 지내다 보면, 좋은 전기(轉機)가 얼마든지 있을 것인데도, 무작정 놀고 지낸다. 그러나 무작정 좋은 자리만 기다리면서 놀고 있으면, 계속 대학 졸업생이 배출되기 때문에 먼저 졸업한 학생들은 기회를 얻기가 점점 어려워질 것임은 자명한 사실이다.

"하늘은 부지런한 사람에게는 보답한다."는 말이 있다. 크게 출세를 하여 대통령이 되거나 돈을 많이 벌어 재벌이 되는 일은, 마음을 먹고 노력(努力)한다고 쉽게 되는 일은 아니지만, 웬만한 뜻을 이루거나 재산을 모으는 일은 부지런하면 가능하다. "조그만 부자는 부지런함에 달려 있다.[小富在勤.]"라는 말이 있다.

사람들이 갖고 있는 나쁜 습관(習慣)은 많고도 많다. 그 가운데서 가장 나쁜 것은 '게으른 것'이다. 아무리 좋은 계획이나 구상도 게으름에 걸리면 다 아무런 의의도 없게 된다. 모든 일을 망치는 주범이 게으름이다. 게으름을 막는 방법은 힘들고 귀찮은 일을 적극적으로 하는 것이다. 각 방면에서 남보다 뛰어난 실력을 가진 사람은 타고난 머리가 좋은 것보다는, 부지런히 노력한 결과이다. 부지런히 노력하면 하늘은 그냥 두고 보지 않는다.

2004년 11월 15일

天: 하늘 천　　道: 길 도　　酬: 갚을 수　　勤: 부지런할 근

귀곡천계
貴鵠賤鷄

고니는 귀하게 여기고 닭은 천하게 여긴다

　새 종류이면서 사람에게 가장 많은 혜택(惠澤)을 주는 것은 아마 닭일 것이다. 그러나 닭을 '아름답다'거나 '귀엽다', '사랑스럽다'라고 생각하는 사람은 거의 없다. 닭이라고 하면, 연상(聯想)되는 것이, 먼저 '닭똥 냄새를 풍기고', '흙먼지를 날리고', '마루를 더럽히는' 등등 좀 귀찮다는 인상을 갖고 있는 것이 사실이다. 그러나 겨울에 우리나라로 와서 지내는 고니는, 하늘을 날다가 물에서 헤엄치는 모습을 보고 사람들은 고상하고 순결한 새로 생각한다. 자주 볼 수 없는 두루미나 크낙새 등은 아예 천연기념물로 지정되어 있다.
　대체로 사람들의 마음은, 가까이 있고 자주 볼 수 있는 것은 천하게 여기지만, 멀리 있고 자주 볼 수 없는 것은 귀하게 여긴다. 시어머니 된 사람들은, 일반적으로 같은 집에 살면서 늘 시중을 드는 며느리는 별로 마음에 안 들고 흉볼 것이 많지만, 가끔 선물을 들고 찾아와서 듣기 좋은 말만 몇 마디 하고 가는 며느리는 아주 귀엽고 사랑스럽게 여긴다. 자기가 자주 만날 수 있는 자기 학교 선생은 별로 실력이 있어 보이지 않고, 교과서에 글이 실린 사람은 대단히 위대(偉大)해 보인다. 자기가 자주 만나는 사람은 별찮고 이름만 들어 본 사람은 대단해 보인다. 나아가 우리나라 사람은 대수롭잖지만 서양 사람은 대단해 보인다. 문학작품도 우리나라 것은 시원찮아 보이지만, 서양 것은 아주 우수(優秀)해 보인다. 음악도 우리나라 국악(國樂)은 촌스러워 보이지만, 서양 음악은 예술성이 아주 풍부해 보인다. 미술도 우리나라 미술은 가치가 없어 보이지만, 서양 미술은 아주 가치가 있어 보인다.

작고(作故)한 포항공대(浦項工大) 학장 김호길(金浩吉) 박사가, "동서양의 유명한 인물들을 많이 만나 보았는데, 각자의 전공분야가 다르니까 학문적인 면은 모르겠지만, 인품으로 볼 적에 우리 고모부만 한 분을 나는 아직 보지 못했습니다. 우리 고모부가 이 정도인데, 우리 고모부보다 훨씬 더 훌륭하신 퇴계(退溪) 선생, 남명(南冥) 선생, 율곡(栗谷) 선생 등 많은 우리 선현(先賢)들은 그 인품이 어떠했겠습니까? 세계 어느 나라의 위인(偉人)들보다 더 훌륭하다고 생각합니다."라고 말하는 것을 들었다.

우리에게는 우리 것을 천시하고 남의 것, 특히 서양 것을 중시하는 경향이 있어 왔다. 다 같은 소설인데 서양 소설은 '명작'이라 하고, 다 같은 노래인데 서양 노래는 '명곡(名曲)'이라 하고, 다 같은 영화인데 서양 영화는 '명화(名畵)' 하는 말에서 벌써 서양 것을 우대(優待)하는 사고가 배어 있다. 각종 세계위인전 종류의 책 속에 우리나라 인물은 몇 들어 있지 않다. 우리 스스로 우리 것은 천대하고 남의 것은 우대하는 습관이 생활화되어 왔다. 자기 것을 발굴하여 오늘에 되살리고 나아가 우리 문화의 우수성을 국제사회에 소개해야 한다.

공자(孔子) 같은 성인(聖人)도, 공자 집 서쪽 이웃에 사는 노인은, 공자가 위대한 인물인지를 몰라보고, "동쪽 집 구(丘: 공자의 이름)야."라고 불렀다 하니, 가까이 있는 것은 가치가 없어 보이는 것은 고금(古今)에 다를 바 없는가 보다.

우리나라 옛날 속담(俗談)에 "자기 동네 무당 용한 줄 모른다."라는 말이 있다. 우리 것의 가치를 정당하게 평가하여 세계 무대에 내놓도록 해야겠다. 자기 품종으로 자기 농사를 지어야지, 품종이 좋은 것이라고 남의 논에 가서 이삭을 주워 와서는 영원히 창고를 채울 수가 없다.

2004년 11월 22일

貴: 귀할 귀　　鵠: 고니 곡　　賤: 천할 천　　鷄: 닭 계

사관즉원
事寬則圓

일은 너그럽게 처리하면 원만하게 해결된다

중화민국(中華民國) 초기에 북경대학(北京大學)에 호적(胡適)이라는 교수가 있었다. 미국 컬럼비아 대학에 유학하여 존 듀이 교수의 지도를 받아 철학박사(哲學博士) 학위를 획득하고, 돌아와 북경대학 교수로 재직하고 있었다. 그는 특히 신문화운동(新文化運動)을 주도하며 언문일치가 되는 백화(白話: 구어체 중국어)를 쓰기를 강조하며, 백화로 된 고전작품의 우수성을 강조하였다. 같은 시기에 임서(林紓)라는 노교수가 있었는데, 그는 전통적 방식의 교육만 받았지 신식 학교에는 다닌 적이 없었다. 고전(古典)에 능통하면서, 시와 문장을 잘하는 것으로 이름이 나 있었다. 그는 늘 교장에게 "호적 같은 교수는 잘못된 생각으로 학생들을 오도하니 쫓아내야 합니다."라고 건의하였다. 교장 채원배(蔡元培)는 청나라 과거에 합격하여 청나라의 관리를 지내다가 독일과 불란서에 유학하여 학위를 받아 와 동서양의 학문에 두루 다 통한 학자였다. 그는 겸용병포(兼容並包: 모든 것을 아울러 함께 다 포용한다)라는 원칙을 펴, 개성이 특이한 교수들을 다 인정하였다. 그래서 임서가 호적을 쫓아내라고 말하면, "임 선생 같은 교수도 필요하고, 호적 같은 교수도 필요합니다."라고 대답했다.

　어느 해 호적이 『백화문학사(白話文學史)』라는 책을 썼는데, 교무실에서 임서에게 한 권을 정중하게 증정(贈呈)하였다. 임서는 그 책을 받자마자, 펴 보지도 않은 채 교무실의 난로 속에다 집어넣어 버렸다. 그때는 교수들이 교무실에 함께 근무하고 있었으므로 다른 동료 교수들은, 이런 긴장된 상황에서 호적이 어떤 태도로 나올 것인가 하고 주시(注視)를 하고 있었다. 그러나 호적은 빙그레 웃고 말았다. 그 뒤에도 임서를 매도한 적이 없었다. 동료 교수들은 그의 아량(雅量)에 크게 감복(感服)하였다.

　"눈에는 눈, 이에는 이" 등 모든 일에 있어서 다 보복(報復)을 하려고 들면 이 세상은 날이 갈수록 살벌해지고 싸움이 그칠 날이 없을 것이다. 그러나 아량을 갖고 남에게 관대(寬大)하게 대하면, 결국은 반사적으로 자기도 남에게 관대한 대접을 받을 수 있을 것이고, 이로 인하여 세상도 평화로운 상태를 유지할 수 있을 것이다.

　지금 우리나라에서는 사사건건(事事件件) 대립이 계속되고 있다. "보수(保守)냐? 진보(進步)냐?", "우파(右派)냐? 좌파(左派)냐?", "친미(親美)냐? 반미(反美)냐?" 등등으로부터 수도 이전, 보안법 폐지, 친일파 규명 등의 문제로 대립하여 날마다 양쪽에서 상대를 매도하고 있다. 대립의 정도가 심하여 심지어는 "부시를 지지하느냐? 캐리를 지지하느냐?" 하는 등 남의 나라 대통령 선거의 후보를 가지고도 우리나라 안에서 대립하고 있다. 그리고 자기는 옳고 가치 있고 국가 사회를 위하고, 상대방은 글렀고 아무런 가치가 없고 국가 사회에 해를 끼친다고 생각하여 사정없이 타도의 대상으로 삼아 사생결단(死生決斷)을 하려고 한다. 합리적으로 융화(融和)할 길을 찾으려고 하지 않는다. 방송과 언론도 국민을 바른길로 인도해야 할 사명은 버린 채, 서로 나뉘어 은근히 국민들의 분열을 조장하고 있다.

그러나 사람이란 누구나 느낄 수 있듯이, 자기 자신을 돌이켜 보면 생각이 아주 복잡하다. 한 사람의 마음속에도 진보적인 요소도 있고 보수적인 요소도 있다. 어떤 분야에서는 보수적이면서도 어떤 분야에서는 진보적인 경우도 있다. 예를 들면 반미(反美)를 하면서도 수도 이전은 반대할 수가 있다. 그러나 대부분의 현대인들은 너무나 흑백논리에 얽매여서 생활해 왔으므로, 중간노선을 걷는 사람은 인정하려고 하지 않는다. 그러니 어느 한 진영에 속하지 않는 사람은, 회색분자로 간주되게 되어 있고, 잘못하다가는 양쪽으로부터 공격을 받을 위험도 있다.

정자(程子)는, "허물 없는 사람에게서 허물을 찾으려고 하지 말고, 허물 있는 사람에게서 좋은 점을 찾도록 하라."라고 했다. 누구도 허물 없이 완전한 사람은 없다. 상대나 반대진영을 공격하기 위하여 그 결점만 찾으려고 하지 말고, 좋은 점을 찾아 자신의 발전에 도움을 받도록 하는 것이 좋겠다. 서로 아량을 갖고 관대하게 대하면서 화합(和合)해야만 국가 사회도 발전하고 가정도 개인도 발전할 수 있는 것이다.

2004년 11월 29일

事: 일 사   寬: 너그러울 관   則: 곧 즉, 법칙 칙   圓: 둥글 원

82

상탁하부정
上濁下不淨

윗물이 흐리면 아랫물도 맑지 못하다

요즈음 휴대전화(携帶電話)를 이용한 갖가지 수능시험 부정사건(不正事件)이 연일 화제가 되고 있고, 청소년들의 비양심적인 교묘한 부정행위를 두고 뜻있는 사람들은 개탄(慨歎)을 금치 못하고 있다. 소 잃고 외양간 고친다는 격으로 여기저기서 갖가지 사후 대책을 제시하고 있다. 수능시험제도를 비판하기도 하고, 성적 위주의 학교교육 현실을 두고 문제를 제기하기도 하고, 교사들을 도매금으로 매도(罵倒)하기도 한다. 단체로 잘못했다고 사죄(謝罪)하는 교사들까지 나왔다. 그러나 단편적인 안목으로 어떤 부분에 대한 땜질식의 처방으로는 문제가 해결되지 않는다. 이 사건의 근본적인 문제점이 어디에 있는지를 잘 파악하여 해결책을 내놓아야 하겠다.

"윗물이 맑아야 아랫물도 맑다."라는 우리나라의 속담(俗談)이 있다. 이에 상응하는 한자성어(漢字成語)가 바로, "윗물이 흐리면 아랫물도 맑지 못하다."라는 말이다. 단적으로 말하면, 현재 우리나라의 기성세대(旣成世代)들이 잘못된 본을 보여 청소년들이 이렇게 타락하게 만들었다고 할 수 있다.

지금 우리 사회에는 지조(志操)가 있으면서 신의(信義)를 지키는 사람을 날이 갈수록 찾아보기 어렵다. 수단과 방법을 가리지 않고 목적만 달성하는 사람이 능력 있는 사람으로 인정받고, 양심을 지키면서 바른길을 걸어가는 사람은 물정에 어두운 바보 같은 사람으로 취급당하기 일쑤다. 국가사회의 지도층이라 할 수 있는 사람들 대부분이 끊임없이 새로운 거짓말을 지어내어 국민들을 현혹(眩惑)시키고 있다. 대통령 이하 국무총리, 장관, 차관, 국회의원, 지방자치단체의 장 등, 소위 국가사회의 지도층 인사들 모두가 거짓말 경연대회를 하는 것 같다. 그러니 젊은 학생들은 자기도 모르는 사이에 양심을 버리고 거짓말하는 것을 배우게 된다. 그리고 거짓말하는 것에 대한 죄의식을 느끼지 않게 된다. 거짓말 잘하는 사람이 장관도 되고 국회의원도 되어 세상 사람들의 선망의 대상이 되고 있는 것이 현실이니 말이다.

게다가 학교에서는 대학진학률을 높이기 위해서 수단과 방법을 가리지 않고 높은 점수를 받을 수 있는 전술만을 가르치고 있고, 정작 학생들에게 중요한 인성교육(人性敎育)에는 아예 관심이 없다. 인성교육에 비중을 두는 교장이나 교감선생님이 있으면 학부모들이 즉각 항의한다. 그러니 학생들은 건전한 정신을 기를 기회가 없다. 정신이 건전하지 못하다 보니, 부정행위를 하는 것이 얼마나 나쁜 것인지도 모른다.

가정에서 어른들이 올바로 처신하면 아들딸들은 저절로 바른 사람이 될 수 있다. 그러나 지금 우리나라에는 어른을 모시고 사는 가정이 거의 없고, 부모 된 사람들도 직장에 다니다 보니, 자녀 교육에 신경을 쓸 시간적 여유가 없다. 자녀들이 집에 오면 부모와 대화(對話)할 시간은 없고, 학원 과외 등으로 바쁘게 지낸다. 인성교육은 가정에서도 전혀 관심의 대상이 되지 못한다. 부모들은 오로지 자녀들의 성적이 좋기만을 바랄 뿐이다. 그리고 부부간의 불화 등 문제가 있는 가정이 너무나 많다. 그렇다 보니 자녀들은 정신적으로 많은 상처를 받고 자란다.

지금 우리나라는 세계에서 청소년 범죄율이 세계 1위를 기록하고 있다. 가정교육, 학교교육, 사회교육 모두가 문제점을 갖고서 정상적으로 실행되지 않고 있다. 하루빨리 어른들이 솔선수범(率先垂範)하여 청소년들에게 모범적인 언행(言行)을 보여야 하겠다. 그래야만 우리나라 청소년들이 건전한 정신을 갖고서 올바로 행동을 할 것이다. 윗물이 흐린데 아랫물이 맑을 리가 없다.

이번 사건을 단순히 수능시험 부정의 문제로만 보아 단기적인 처방에만 매달리지 말고, 문제를 근본적으로 파악하여 그 병의 뿌리를 뽑아야 하겠다.

2004년 12월 6일

上: 윗 상   濁: 흐릴 탁   下: 아래 하   不: 아니 불(부)

淨: 깨끗할 정

호가호위
狐假虎威

여우가 호랑이의 위세를 빌리다

어느 날 호랑이가 배가 고파 먹이를 찾아 나섰다가, 어떤 산속에서 여우를 만났다. 잘되었다 싶어 여우를 잡아먹으려고 했더니, 여우가 큰 소리를 치면서 이렇게 말했다. "당신은 나를 잡아먹어서는 안 되오. 하느님이 나를 모든 짐승들의 어른이 되어 다스리도록 했소. 그런데 당신이 나를 잡아먹는다면, 이는 천명(天命)을 거스르는 것이오. 만약 내 말을 믿지 못하겠거든, 내가 앞서갈 테니 당신은 내 뒤를 따라와 보시오. 짐승들이 나를 보면 겁이 나서 달아나는지 달아나지 않는지 보십시오. 나를 보고서 달아나지 않는 짐승은 없을 것이오. 내가 얼마나 위엄(威嚴)이 있는지를 당신 두 눈으로 똑똑히 보아야 하오."

어리숙한 호랑이는 여우의 말을 따라 여우의 뒤를 어슬렁거리며 따라가 봤다. 얼마를 가다 보니 멧돼지며 늑대며 사슴 등등 모든 짐승들이 여우를 보자마자 바로 걸음아 날 살려라 하고 도망(逃亡)을 쳤다. 새들도 갑자기 울며 하늘로 날아올랐다.

그 광경을 보고 호랑이는 생각했다. '이놈이 별것 아닌 줄 알았는데, 오늘 보니까 대단하구먼. 그 위엄이 나보다야 못하지마는 그만하면 여러 짐승들의 왕 노릇 할 만해. 잡아먹어서는 안 되겠군.' 호랑이는 여우를 잡아먹지 않고 그냥 갔다. 그러나 호랑이는 여러 짐승들이 여우를 두려워하는 것이 아니라 실제로는 여우 뒤에 따라오는 자기를 두려워해서 달아났다는 사실을 끝내 깨닫지 못했다.

1970년대 중반에 중국의 국가주석 모택동(毛澤東)의 주변에서 시중드는 장옥봉(張玉鳳)이라는 젊은 여자가 있었는데, 이 여인이 한때 중국 천하를 좌지우지한 적이 있었다. 모택동이 말년에 중풍기가 있어 그 말을 알아들을 수가 없었다. 그때 이 여인이 모택동의 입술 모양을 보고 모택동이 이런 말을 했다고 하면 그것이 곧 주석의 명령이 되어 중국 천하에 전달되었다. 이 여인은 본래 모택동이 타고 다니던 전용열차의 청소부였는데, 모택동의 눈에 들어 모택동의 집무실에서 시중을 들게 되었다. 집무실 출입문 옆에 책상을 두고 근무하고 있었다. 당시 국무총리였던 화국봉(華國鋒)이 어느 날 모택동을 접견하려고 찾아왔다. 그런데 장옥봉이 집무실 출입문 옆 책상에 엎드려 잠들어 있었다. 화국봉은 감히 깨우지 못하고 조용히 두 시간 동안 기다리다가 장옥봉이 잠에서 깨지 않자 돌아갔다고 한다.

절대권력자의 측근이 되면 마치 자기가 절대권력자인 것처럼 처신한다. 그리고 주위의 사람들도 그를 그렇게 모신다. 누가 대통령에 당선되어 청와대로 들어가게 되면, 많은 추종세력들이 청와대의 비서관, 보좌관, 경호원 등 직을 맡아 측근으로 포진(布陣)한다. 과거 비서관이나 경호실장 가운데는 대통령의 권력을 등에 업고 대통령처럼 행세한 사람이 적지 않았다. 심지어 대통령과 다 같이 삼부요인(三府要人)의 한 사람에 속하는 국회의장이 연임하려고 경호실장에게 인사청탁을 다닌 경우가 과거에 있었다. 60만 대군을 호령하는 육군참모총장에 임명되려고 청와대 비서관에게 청탁을 한 경우도 있었다. 청와대의 운전기사, 청소부가 청탁성 뇌물을 받은 경우도 있었다. 이 모두가 여우가 호랑이의 위세를 빌린 경우와 같은 사례라 하겠다.

공자(孔子)는 이런 말을 하였다. "천하에 도(道)가 있으면, 예법과 음악과 정벌하는 일이 임금에게서 나오지만, 천하에 도가 없으면 각 지역 왕인 제후에게서 나온다. 제후에게서 나오면 그 나라는 3백 년 이내에 망하지 않은 경우가 없고, 대부에게서 나오면 150년 이내에 망한다."

대통령의 권력을 측근들이 남용하는 것은 국정질서를 어지럽히는 것이니, 나라가 잘될 수 없는 것이다.

2004년 12월 13일

狐: 여우 호   假: 거짓 가, 빌릴 가   虎: 범 호   威: 위엄 위

84

귀인다망
貴人多忘

귀한 사람은 잊어버린 것이 많다

전직 대통령(大統領) 모씨는 재임기간 동안 4천여 명에게 각종 직위(職位)를 주었다고 한다. 그러나 그가 5년의 대통령 임기(任期)를 마치는 순간까지 대통령이 나에게 한자리 주겠지 하고 기다리다가 한자리 얻지 못한 사람이 8천여 명이나 되었다고 한다. 대통령 임기가 끝나자, 그들은 "대통령은 본디 나와 친했는데, 이럴 수가 있나?"라고 대통령을 야속해하며 모두가 원망하는 사람으로 돌아서고 말았다고 한다. 5년 임기 내내 매일 "오늘 연락이 올까? 내일 연락이 오겠지." 하다가 결국 발탁(拔擢)되지 못하고 끝난 것이다.

그들 대부분은 "대통령이 나와 같은 고향인데", "옛날 내가 대통령을 위기에서 구한 적이 있는데", "옛날 민주당 할 때 내가 대통령 밑에서 부대변인을 했는데", "옛날에 나와 같이 미국을 여행한 적이 있는데", "나와 어떤 모임을 같이했는데", "우리 처남의 외숙모가 대통령과 이종사촌 간인데", "나와 모 대학원 최고지도자과정 동기인데", 등등의 말로 자랑하며 5년 동안 지내 왔는데, 5년 뒤의 결론은 "나를 이렇게 대접해."라고 하면서 모두가 섭섭한 감정(感情)을 감추지 못했다. 발탁되어 한자리 잘한 아무개보다는, 자신이 대통령과 더 가깝다고 확신(確信)해 왔던 것이다. 그러나 결과는 아니었다. 대개 대통령은 그런 사람들을 기억(記憶)조차 못 하고 있을 것이다.

사람은 누구를 막론하고 남에게 관심을 얻고 싶고 능력 있는 사람으로 평가(評價)받고 싶어 하는 욕구를 갖고 있다. 그래서 남이 자기를 기억해 주면, 기분이 좋은 것이다. 특히 오랜만에 만났을 적에 상대방이 자기를 기억해 주면, 매우 기분이 좋아진다.

그러나 사람이 출세하여 지위가 높아지면 만나는 사람이 불어나기 때문에 기억해야 될 사람이 많아지다 보니, 기억을 잘하지 못한다. 특히 자기에게 영향력이 없는 사람일수록 기억을 못 한다.

일반적으로 지위가 낮은 사람은 잘 기억을 하는데, 지위가 높은 사람은 기억을 잘하지 못한다. 젊은 사람은 잘 기억하는데 연세(年歲) 드신 분은 기억을 잘하지 못한다. 고향에 그대로 살고 있는 사람은 기억을 잘하는데, 도시로 나간 사람은 기억을 잘하지 못한다. 이름 없는 사람은 기억을 잘하는데, 이름 있는 사람은 기억을 잘하지 못한다. 부탁하는 사람은 기억을 잘하는데, 부탁을 받은 사람은 기억을 잘하지 못한다.

무슨 부탁을 할 일이 있어 출세한 고향 사람을 만나야 할 때, 출세한 사람이 자기를 기억하고 있을까 하는 것이 부탁하는 사람의 큰 관심사이다. 오랜만에 고향 사람을 많이 만날 수 있는 동향(同鄕) 사람의 결혼식장 같은 데서, 자기는 출세한 사람을 알아보고 반갑게 인사하는데, 정작 그 사람은 모르겠노라고 하면, 아주 멋쩍게 된다.

결국 약자 편에 있는 사람은 기억을 잘하는데, 강자 편에 있는 사람은 기억을 잘하지 못하는 것이 세상의 형편이다. 그래서 "귀한 사람은 잘 잊어버린다.[貴人多忘.]"라는 말이 옛날부터 있게 되었다.

좀 출세하였다고 하여 평소에 알던 사람을 몰라보거나, 혹은 모른 체한다면, 안 될 일이다. 그러나 그런 사람이 우리 주변에는 적지 않다. 고향(故鄕)은 자신의 삶의 뿌리이고, 친구는 제이의 자신이다. 출세했다고, 고향을 등지고 고향 사람들에게 관심도 없고 모른 체한다면, 그런 사람은 어떤 위인(爲人)인지 짐작할 수 있을 따름이다. 초심(初心)을 지켜야 할 것이다.

2004년 12월 20일

貴: 귀할 귀　　人: 사람 인　　多: 많을 다　　忘: 잊을 망

군자관선
君子觀善

군자다운 사람은 남의 좋은 점을 보고 배운다

옛날 시골 마을에서 노인들이, "보통학교(지금의 초등학교)라도 다닌 사람은 걸음걸이부터 다르다."라는 말을 자주 해 왔다. 설령 어떤 학생이 아무리 공부를 안 한다 해도, 학교는 어느 정도 교육(敎育)의 효과가 있다는 것을 말한 것이다.

절벽에서 바로 떨어져 내린 돌은 모서리가 칼날같이 날카롭지만, 굴러 계곡(溪谷)을 지나 강으로 가다 보면 둥글둥글하게 모양이 잡힌다. 오랜 세월 동안 돌끼리 서로 부딪치며 갈려서 그렇게 되는 것이다.

학교(學校)도 마찬가지다. 선생으로부터 교과목(敎科目)을 배우지만, 학생 상호 간에도 서로서로 자기가 모르는 지식(知識)을 얻어듣고, 또 다른 학생의 장점(長點)을 보고 배우고, 단점을 보고 자기의 반성의 자료로 삼는다. 그래서 『예기(禮記)』에, "군자다운 사람은 서로 좋은 점을 보고 배운다.[君子觀善.]"라는 말이 있다.

1960년대 중반에 김모(金某)라는 신동(神童)이 나타난 적이 있었다. 7세 무렵에 고등수학 문제를 풀고, 몇 개의 외국어를 할 수 있다고 연일 신문과 방송에 등장하였다. 그 부모들은 여기저기 인터뷰에 응하며 자랑하기에 바빴다. 그 사람은 어릴 때는 분명 신동이었다. 그러나 부모들이 끌고 다니면서 매일 자랑하기 바쁘니 공부할 시간이 있을 수 없었다. 열두서너 살쯤 지나자 그만 지능의 발달이 멈추었다. 도저히 전날의 명성에 부합될 수가 없었다. 창피하게 느낀 부모들이 외국 유명대학에 유학 갔다고 거짓말을 하고는, 그날부터 아무도 모르게 그 애를 집에 가두어 놓고 가정교사를 초빙해서 가르쳤다. 심지어 가까운 친척에게도 속였다.

그러니 그 애는 누구와도 대화를 나눌 수 없었고, 다른 어린이들의 노는 모습이나 말하는 방식을 볼 수가 없었다. 7, 8년 뒤에 대입학력고사에 응시하러 나왔을 때는, 우리말도 거의 하지 못하는 어리어리한 바보가 되어 있었다. 성적도 물론 대학에 합격할 정도가 되지 못했다.

학교를 많이 다니지 않았지만, 독학(獨學)으로 각종 시험에 합격해서 출세한 사람들이 간혹 있는데, 이들 가운데 대부분은 자기만이 대단하다고 생각하여 남의 말을 듣지 않고 마음속으로 남을 무시하는 공통점이 있다. 물론 그렇지 않은 사람도 많이 있겠지만.

대학 4년 동안 그렇게 열심히 공부하지 않는다 해도, 적어도 160학점을 따려면 2560시간의 강의는 들어야 한다. 그러니 대학을 졸업하면 듣기 훈련은 되는 것이다. 그리고 교수(敎授)들 가운데는 인격이 훌륭한 분도 있고, 탄복(歎服)할 정도로 박학다식(博學多識)한 분도 있고, 판단이 정확한 분도 있고, 강인한 의지가 있는 분도 있음을 본다. 주변에 같은 학생이라도 갖가지 방면에 출중(出衆)한 학생이 있는 것을 보면, 대학을 졸업하게 되면, 자기의 분수를 짐작하게 된다. 그래서 남의 말은 듣지 않고 자기 말만 늘어놓을 수가 없게 된다. 남을 인정할 줄도 알게 되고 겸손해지게도 되는 것이다.

결국 사람은 사람 속에서 어울려 살아야 한다. 아무리 잘난 사람도 다른 사람의 도움 없이는 살아갈 수가 없는 것이다. 그러니 남의 말을 들으면 자기가 그만큼 배우는 것이 된다. 남의 말은 듣지 않고 자기 말만 하면, 늘 자기 아는 것에서 그치고 더 이상 발전하지 않는 법이다.

지도자가 된 사람들은 특히 남의 말을 잘 듣고, 다른 사람들의 좋은 점을 자기 것으로 받아들여 잘 활용(活用)해야 할 것이다. 그리하여 세상을 정화(淨化)하는 역할을 하는 사람이 되어야지, 세상을 오염(汚染)시키는 일을 하는 사람이 되어서는 안 되겠다.

2004년 12월 27일

君: 임금 군　　**子**: 아들 자　　**觀**: 볼 관　　**善**: 착할 선

시인물념, 수시물망
施人勿念, 受施勿忘

사람들에게 베풀고는 생각하지 말고, 베풂을 받고는 잊지 말아라

연말연시(年末年始)를 맞이하여 도움의 손길을 필요로 하는 사람이나 단체가 곳곳에 많다. 더구나 올해 같은 경우 경제상황(經濟狀況)이 나쁘다 보니 예년보다도 더 절실하다. 그러나 아무리 세상이 각박(刻薄)하고 인정이 메말랐다 해도, 많은 각계각층의 분들이 도움을 주기 위해서 온정(溫情)을 베푼다. 개중에는 익명(匿名)으로 거금을 내놓는 분도 있고, 또 자기도 넉넉하지 않으면서 남을 도우려고 노력하는 분이 많다. 또 남을 도우지 않으면 마음이 편치 않은 분이 있다. 각종 범죄가 만연하고, 고소 고발로 서로 얼굴을 붉히는 일이 벌어지지만, 그래도 이 세상에는 좋은 사람이 나쁜 사람보다 많기에 세상은 정상적으로 돌아가고 있는 것이다. 좋은 사람들이 하는 일은 신문이나 방송에 알려지지 않기 때문에 세상은 온통 사건 사고로 뒤범벅이 되어 있는 것 같아 보이지만, 말 없는 대다수의 사람들은 착한 일을 하면서 하루하루를 보내고 있다.

불우이웃돕기에 참여한 사람들은 마음가짐이 순수해야지 조금이라도 자기 과시에 이용해서는 안 되겠다.

만약 남에게 은덕(恩德)을 베풀었으면, 베푼 쪽에서는 베푼 그 자체로써 끝내야지, '내가 남에게 무엇을 베풀었는데 나의 은덕을 모른다.'라고 계속 생각하거나, 자기에게 영원히 고마운 마음을 갖고 있는 것이 당연하다고 여긴다면, 그런 사람들의 사고방식에는 문제가 있다. 그런 사고방식은 은덕을 입은 쪽을 인격적으로 모독하는 것이라 할 수 있다. 도움을 받는 사람의 자존심을 상하지 않도록 해야 하겠다.

그렇지만 은덕을 입은 쪽에서는 그 은덕을 당연하게 생각해서는 안 되고, 은덕을 베푼 사람을 잊지 않으려고 노력해야 한다.

간혹 불우한 사람들을 돕는 일을 하면서 자기 이름을 내려는 사람이 없지 않다. 양로원(養老院)이나 고아원(孤兒院)에 도움을 줄 수 있는 물건을 사 가지고 방문하면서, 먼저 방송국이나 신문사에 전화를 걸어 자신이 선물(膳物)을 들고 방문하는 사실을 세상에 알리려고 하는 사회지도층 인사가 없지 않다. 이는 양로원이나 고아원을 진정으로 위하는 것이 아니고, 양로원이나 고아원을 자기 이름 내는 데 이용(利用)하려는 것에 지나지 않는다. 도움을 받는 사람들을 너무나 무시하는 태도이다.

하늘의 태양은 우리 사람들에게 빛과 열량(熱量)을 제공하고 하늘은 비를 제공한다. 땅은 또 늘 사람들을 싣고 있다. 사람뿐만 아니라 사람들이 만든 집, 공장, 각종 물건 등을 다 싣고 있다. 그러나 해가 전기세, 가스세를 청구(請求)하거나, 하늘이 수도세를 청구하거나, 땅이 운임을 청구한 적이 없다. 생색내는 일 한번 없이 언제나 풍부하게 빛과 열과 물을 제공하고 있고, 사람을 태워 주고 있다.

사람이 남에게 베풀 때에도 하늘이나 땅이나 해처럼 베풀어 주고 난 뒤에는, 자랑을 하거나 반대급부를 요구하지 않아야 한다. 만약 남에게 은덕을 베풀고서 자기가 자랑하거나 베풂을 받은 사람에게 교만(驕慢)을 떤다면, 바로 그 순간에 그 은덕은 가치가 없어지고 만다. 그 은덕은 자기 과시의 수단으로 전락하고 만다.

2005년 1월 3일

施: 베풀 시　　人: 사람 인　　勿: 말(그만둘) 물　　念: 생각할 념

受: 받을 수　　忘: 잊을 망

불언인단
不言人短

남의 단점을 이야기하지 않는다

조선 명종(明宗) 때 상진(尙震)이라는 어진 정승이 있었다. 마음씨가 온후(溫厚)하고 관대(寬大)하여 평생 남의 허물을 이야기한 적이 없었다. 상 정승의 자(字)는 기부(起夫), 호는 범허정(泛虛亭), 본관은 목천(木川)이다.

상씨(尙氏)는 본래 '상(象)' 자로 썼다. 후삼국(後三國) 말기에 고려(高麗) 태조(太祖) 왕건(王建)이 통일전쟁을 할 적에 협조를 하지 않았으므로, 왕건이 밉다 하여 코끼리라는 뜻의 상씨(象氏)로 성을 붙여 주었는데, 나중에 '상(尙)'으로 고쳤다.

상진은 재주가 뛰어났으므로 젊은 시절에는 아주 예리하고 잘난 체하기도 하였다. 일찍이 과거에 급제하여 검열(檢閱)이라는 중요한 자리에 있었는데, 어느 날 고향에 갈 일이 있어서 길을 떠났다. 가다 보니 길가 밭에서 어떤 농부가 두 마리의 소에 멍에를 채워 밭을 갈고 있었다. 상진은 밭 가로 다가가 그 농부에게 큰 소리로, "어느 소가 더 일을 잘하는지요?"라고 물었다. 그 농부는 바로 대답을 하지 않고, 소를 멈추어 쟁기를 세워 놓고 다가와 귓속말로 "짐승도 사람과 마음이 똑같습니다. 낫다고 칭찬하는 말을 들으면 기분 좋아하고, 못하다는 말을 들으면 성을 낸답니다. 저 두 마리 소 가운데서 젊은 소가 조금 낫습니다."라고 말했다.

상진은 그 농부의 말이 보통이 아닌 것을 알고는, "보아하니 그대는 숨어 지내는 군자(君子)이구려. 삼가 그대의 가르침을 받들겠나이다."라고 공손히 대답하고 하직하고 길을 떠났다. 상진은 이 뒤로부터 한평생 남의 단점을 말하지 않았고, 남의 마음을 상하게 하는 일을 하지 않았다.

그 당시 한쪽 다리가 짧아 절룩거리는 사람이 있었다. 어떤 사람이 그를 가리켜 "절름발이네."라고 말했다. 그러자 상진은, "한쪽 다리는 정상(正常)이고, 다른 쪽 다리가 좀 길다 뿐이지."라고 말하였다.

어느 날 판서(判書)로 있던 부훤당(負暄堂) 오상(吳祥)이 이런 시를 지었다. "복희(伏羲: 중국 전설시대의 임금) 시대의 즐거운 풍속은 지금 쓴 듯이 싹 없어졌지만, 오직 봄바람 술잔 사이에만 남아 있도다.[羲皇樂俗今如掃, 只在春風盃酒間.]" 상진이 보고서 "어찌하여 말을 그리 각박하게 하시오?" 하고는 "복희 시대의 즐거운 풍속이 지금도 오히려 남아 있나니, 봄바람 술잔 사이를 보소서.[羲皇樂俗今猶在, 看取春風盃酒間.]"라고 고쳤다. 부정적인 표현의 시가 완전히 긍정적인 표현의 시로 바뀌었다.

사람들 가운데는 늘 남의 좋은 점을 말하는 이도 있지만, 반대로 늘 남의 단점만 이야기하는 사람이 있는데, 남의 단점을 이야기하기 좋아하다 보면, 자기도 모르는 사이에 자기 마음도 부정적으로 변해 있어, 세상을 보는 눈이 부정적이 된다. 부정적 시각을 갖고 있으면 자신의 건강(健康)에도 좋지 않다.

또 제삼자에 대해서 좋게 말하지는 않고 꼭 같은 내용이라도 될 수 있으면 깎아내리려는 저의(底意)를 가진 사람이 있는데, 상진 정승의 온후·관대한 인품을 배우도록 해야겠다.

2005년 1월 10일

不: 아니 불   言: 말씀 언   人: 사람 인   短: 짧을 단

양두구육
羊頭狗肉
양 머리를 걸어 놓고 파는 것은 개고기

사람이 오로지 책만 보고서 모든 사물의 이치를 이해하려고 해서는 안 되고, 반드시 체험을 통해서 그것을 확실히 할 필요가 있다. 공자(孔子)나 석가(釋迦) 같은 성인(聖人)들이 남긴 좋은 말씀은, 책상머리에서 나온 게 아니고, 다양한 경험을 통해서 내놓은 것이 많다. 마치 의원(醫員)이 의서(醫書)를 공부하여 여러 가지 처방을 많이 알고 있다 해도, 많은 사람을 진맥(診脈)해 보아야만, 처방을 쓸 곳을 정확하게 짚어 낼 수 있는 것과 마찬가지다.

'양두구육(羊頭狗肉)', "양 머리를 걸어 놓고 개고기를 판다."라는 성어(成語)를 배워 알았지만, 그저 이런 말이 있는가 보다라고 느꼈을 뿐, 그렇게 실감 있게 와닿지 않았다. 그러다가 지난 1995년 봄 중국 시골 완행 시외버스를 타고 하남성(河南省)을 출발하여 산동성(山東省)으로 간 적이 있었다.

중국은 워낙 넓기 때문에 장거리 시외버스의 경우, 운전수가 두 사람 타고서 교대로 운전을 하고, 또 중간에 점심때가 되면 점심 식사하라고 한 시간쯤 시간을 주고, 한밤중에는 시골 허름한 여인숙이나 초

대소(중국인들의 여행자 숙소) 앞에 차를 주차해 놓고, 자고 오라고 한다. 돈을 아끼려는 사람은 차 안에 앉아서 잠을 잔다. 하남성 어느 시골에서 점심 먹으라고 차를 세우기에 내려 보았더니, 마침 장날이었다. 시골 풍물(風物)을 구경할 목적으로 여기저기를 둘러보니, 우리의 1950년대 시골 장 풍경이었다.

시장 한 모퉁이의 고기 파는 곳에서는, 각종 고기를 팔고 있었다. 서까래 굵기의 나무 두 개를 교차하여 3미터 정도 간격으로 양쪽에 세우고 그 사이에 나무를 세로로 걸쳐 시렁을 만들고 거기에 쇠갈고리로 고기를 꿰어 매달아 놓고 팔았다. 그 교차하여 세운 나무의 끝에 파는 고기의 종류를 표시하기 위해서 소 머리, 돼지 머리, 양 머리, 개 머리 등을 꽂아 놓고 있었다.

"아아! '양두구육'이란 말이 이래서 나왔구나." 하는 탄성이 절로 나왔다. 비싼 양고기라고 내걸고 실제로는 값싼 개고기를 양고기라고 속여 파는 것이다. 이름만 그럴듯하게 내걸고, 내용은 형편없는 경우에 꼭 적절한 비유라 하겠다.

최근 교육부총리 임명을 두고 말이 많았다. 나라 안에서 가장 인정받는 서울대학의 총장을 지낸 인물이라면, 일반적으로 교육부총리에 임명되어도 별문제가 없을 것이다. 그러나 그 대학의 교수나 학생들의 반대에 부닥쳐 중도하차한 사람을 임명한 것은 애초부터 문제였다. 다른 부처의 장관은 몰라도 교육인적자원부의 장관은 전국 학생들의 교육은 물론이고, 전 국민의 교화(敎化)를 책임지는 자리인데, 하자(瑕疵)가 있는 사람일 경우 애초에 임명되어서는 안 되는 것이다.

양 머리를 내걸었기에 양고기인 줄 알고 사 왔는데, 나중에 알고 보니 개고기였던 것처럼, 훌륭한 인물인 줄 알고 임명했는데, 자세히 알아보니 형편없는 사람이었음이 판명이 난 것이다.

2005년 1월 17일

羊: 양 양   頭: 머리 두   狗: 개 구   肉: 고기 육

줄탁동시
啐啄同時

병아리와 어미 닭이 동시에 쪼다

어미 닭이 알을 품어 21일이 되면 병아리가 껍질을 깨고 나오는데, 이즈음에 어미 닭이 밖에서 부리로 달걀 껍질을 조심스럽게 쪼아 병아리가 나오는 것을 도와준다. 이때 자세히 보면, 안에서는 병아리도 비록 여린 부리지마는, 껍질을 깨고 나오려고 소리를 내어 제 부리가 있는 위치를 어미 닭에게 알려 주고는 자기도 껍질을 쪼고 있다. 병아리가 안에서 쪼는 것을 '줄(啐)', 어미 닭이 밖에서 쪼는 것을 '탁(啄)'이라고 한다.

무슨 일을 하는 데 있어 양쪽이 뜻이 꼭 맞는 경우에 '줄탁동시(啐啄同時)'라는 말을 쓴다. 배우는 제자가 질문(質問)하는 것을 '줄(啐)', 스승 되는 스님이 해답(解答)을 주는 것을 '탁(啄)'이라고 한다. 목마른 사람은 물맛을 가리지 않고 마시고, 배고픈 사람은 음식을 가리지 않고 달게 먹는다. 그와 마찬가지로 공부하는 사람이 배우려는 간절(懇切)한 욕구가 있어야만, 가르치는 스승의 교육이 효과를 낼 수가 있는 것이다. 배우려는 의지가 없는 사람에게는 아무리 가르치려고 해도 소용이 없다.

교육과 학습뿐만 아니라, 가정이나 기업체, 국가의 경우도 마찬가지다. 쌍방 간에 의견이 맞아야만 잘되어 나갈 수 있는 것이다.

우리나라에서 1970년대 초까지만 해도 같은 해 태어난 사람 가운데서 대학에 진학하는 학생의 수는 백 명에 다섯 명이 되지 못하였다. 그래서 대학생이라 하면 선망의 대상이 되었고, 대학생 자신도 자존심과 사명감이 있어 처신을 함부로 하지 않았다. 공부는 물론이고 행실도 다른 사람의 모범이 될 만했다. 수업시간에 떠들거나 장난치는 학생들이 거의 없었다.

그러나 오늘날은 대학 입학정원이 고등학교 졸업생 정원을 초과하고 있다. 웬만한 대학은 학생들을 모셔 가기 위해서 교수들이 매일 영업사원처럼 고등학교를 찾아가고 있는 형편이다.

그러니 지금의 고등학교 졸업자는 아무리 성적(成績)이 나빠도, 마음만 먹으면 제법 괜찮은 대학을 골라 갈 수 있게 되어 있다. 이렇게 대학에 들어온 학생들 대부분은 공부에 뜻이 전혀 없다. 자기만 공부 안 하면 그만이지만, 문제는 자기 주변의 학생들을 공부하지 못하도록 점차적으로 나쁜 물을 들여 나가는 데 있다. 그래서 지금 대학은 점점 황폐화되어 가고 있다. 대학의 전공수업 시간에 교수가 2, 3분마다 한 번씩 "조용히 하라." 소리를 해야 하는 실정이다. 그러고서 무슨 진리(眞理) 탐구가 되고, 대학이 어떻게 상아탑(象牙塔)이 되겠는가?

이런 현상은 어떤 특정한 대학의 손실만이 아니고, 국가적인 손실로서 국제경쟁이 치열해져 가는 21세기에 심각한 문제가 아닐 수 없다. 대학 정원을 줄이고, 일정 수준 이상 되는 대학만을 집중적으로 지원하는 교육정책이 있어야 하겠다.

최근에 중국이 급속도로 성장을 계속하고 있는데, 거기에는 여러 가지 요인이 있겠지만, 중국 대학생들이 열심히 공부하는 것이 그 가운데 한 가지 요인이다.

2005년 1월 24일

啐: 울 줄   啄: 조을 탁   同: 함께 동   時: 때 시

서자심화
書者心畫

글씨는 마음의 그림

자동차를 운전하다 보면, 주위에서 차를 운전하는 사람의 성격이나 인품을 알 수가 있다. 신중한 사람인지, 덜렁대는 사람인지, 여유 있는 사람인지, 조급한 사람인지, 양보심이 있는 사람인지, 얌체 같은 사람인지 등등을. 운전자에 대한 정보가 전혀 없는데도 말이다. 운전하는 태도에서 모든 것이 거의 다 드러나기 때문이다.

글씨도 그렇다. 글씨에 대해서 잘 아는 사람은, 글씨를 쓴 사람에 대해서 전혀 아는 바 없이 글씨만 보고서, 글씨 쓴 사람의 인격이 훌륭한지, 학문이 있는 사람인지, 내공(內功)이 쌓인 사람인지, 허풍만 떠는 사람인지, 욕심이 많은 사람인지, 출세욕에 사로잡힌 사람인지, 심지어는 고생을 많이 하고 자란 사람인지, 부유한 가정에서 자란 사람인지까지를 거의 다 알 수 있다. 글씨에 글씨 쓴 사람의 모든 것이 나타나기 때문이다. 그래서 한(漢)나라의 학자 양웅(揚雄)은, "글씨란 것은 마음의 그림이다.[書者心畫.]"라는 말을 남겼다. 글씨는 비록 손으로 쓰지만, 글씨의 출발점은 마음이기 때문이다. 글씨를 잘 쓰려면 마음부터 먼저 수양해야 한다.

그러나 글씨는 알아보기가 어렵고, 오늘날은 정확하게 알아보는 사람이 거의 없다. 우리나라에 글씨를 쓰는 서예가는 많지만, 글씨를 학문적으로 연구하는 사람이 거의 없어, 글씨가 학문적으로 정립(定立)이 되지 못한 실정이다. 그러니 글씨를 잘 모르는 사람이 글씨를 아는 체하면서 아무런 근거도 없는 이야기를 하면, 나머지 사람들은 잘 모르면서 그냥 덩달아 그 말을 믿고 따른다.

글씨는 따로 공부하지 않고서는 알 수가 없다. 그림보다 알아보기가 훨씬 어렵다. 예를 들면 한문학(漢文學)을 전공하는 교수들이나 동양화를 전공하는 미술 교수들은 글씨를 잘 알 것이라 간주되지만, 실제로는 공부를 따로 하지 않는 한 글씨를 거의 알지 못한다. 박물관장이나 문화재청장이면 모든 문화재에 대해서 다 잘 알 것으로 생각되지만, 자기의 전공분야를 제외하고는 잘 알 수가 없다. 아무리 학식이 뛰어난 사람이라 해도, 바둑을 따로 배우지 않으면 바둑을 모르는 것과 같다. 그러니 자기가 아는 것만큼만 이야기해야 한다. 지금 문화재청장을 맡고 있는 사람이 몇 년 전에 어떤 신문에 역대 대통령의 글씨를 품평한 적이 있는데, 어떤 학술적인 근거가 있는 것이 아니고, 그저 만담(漫談)에 불과한 것이다.

대부분의 사람들은 추사(秋史) 김정희(金正喜)의 글씨를 보고서 솔직하게 이야기해 보라고 하면, "이상하고 별로 마음에 들지 않는다."라고 할 것이다. 그러나 옛날부터 명필(名筆)이라 하고, 또 글씨 값도 가장 비싸니까, 좋은 글씨인가 보다 하고 생각한다. 대부분이 모르기 때문에 먼저 한 사람이 잘못 이야기하면, 그것이 두고두고 정설(定說)이 되는 것이다.

옛날에는 글씨를 매매하는 일이 없었다. 그러다가 1920년대 후반 일본인 학자 등총린(藤塚鄰)이 경성대학(京城大學) 교수로 와서 추사의 글씨를 돈을 주고 사서 수집한 일이 있었다. 다른 사람들의 글씨는 돈이 안 되는데, 추사의 글씨는 돈이 되니까, 사람들이 그냥 최고 명필(名筆)인 줄로 알게 되었고, 이렇게 형성된 고정관념에 대해서 감히 누구도 이설(異說)을 제기하지 못하고 있다. 이설을 제기했다가는 글씨를 아는 체하는 사람들로부터 무자비한 공격을 받을 것이기 때문이다. 사실 추사의 글씨는 특색은 있지만, 명필이라고 그렇게까지 숭배할 것은 없다. 필자가 잘 아는 중국의 저명한 서예가이자 이론가인 진영룡(秦永龍) 교수는, 추사의 글씨를 보고는 "일부러 손발을 비틀어 놓은 사람 모양 같다."라고 이야기했다.

    문화재 관리의 책임을 맡았다고 해서, 멋대로 글씨를 품평하면서 건물 현판(懸板)을 갈아 치우는 일은, 문화재를 훼손하는 일이 되지 않을까 우려된다.

2005년 1월 31일

書: 글 서　　**者**: 놈 자　　**心**: 마음 심　　**畫**: 그림 화

지이료사
智以料事

지혜로써 일을 처리하다

다섯 체급의 챔피언을 석권(席卷)한 적이 있던 레너드 같은 아주 뛰어난 권투선수가 경기하는 모습을 보면, 자기는 매를 별로 맞지 않으면서 상대를 케이오시킨다. 기량(伎倆)이 뛰어나지 못한 권투선수는 설령 이긴다 해도 자기가 벌써 상처투성이가 되어 있다. 능력 있는 교사는 학생들에게 매질을 하거나 욕설을 하지 않고서도 차분하게 수업을 잘 이끌어 나간다. 조직체에 속한 사람 가운데는, 소리 없이 일을 잘 처리하는 사람이 있는가 하면, 별 업적도 못 남기면서 온갖 요란을 떠는 사람도 있다. 어떤 일을 원만하게 처리하는 사람도 있고, 어렵게 고를 맺는 사람도 있다.

일에는 빨리 해야 될 일이 있고, 처분하게 해야 될 일이 있고, 중요하게 여겨야 될 일이 있고, 가볍게 생각해도 될 일이 있다. 지혜로운 사람은 일의 맥락(脈絡)을 잘 파악하기 때문에 차분하게 별 힘 들이지 않고 일을 처리해 내고, 또 훌륭한 업적도 남긴다. 군대에서 사병들이 자주 하는 말 가운데, "지휘관을 잘못 만나면 고생한다."라는 말이 있는데, 정말 맞는 말이다. 남의 윗자리에 있는 사람은 모름지기 지혜롭게 일을 처리해야만 아랫사람들에게 피해를 주지 않을 수 있다. 대통령이 지혜롭지 못하면, 국가의 장래가 좌우되어, 온 국민이 고생을 하게 되니, 그 영향이란 엄청나다.

조선(朝鮮) 인조(仁祖) 때 김신국(金藎國)이란 인물이 있었는데, 호조판서(戶曹判書)로 있으면서 청(淸)나라에 조공(朝貢)으로 보낼 은을 포장하는 일을 감독한 적이 있었다. 그런데 일을 하던 아전 가운데 한 사람이 변소에 가는 체하고는 들락거리면서 은 몇 덩이를 허리춤에 넣어 나가서 숨겨 놓고 들어왔다. 포장을 다 마치고 나서 수효를 헤아릴 때는 잡아떼면 될 것이라는 생각을 갖고 있었다.

김신국이 당장 그 아전을 끌어내어 족치면 실토하겠지만, 그러면 자칫 한 생명을 죽게 만들 수도 있고, 그 아내와 자식을 굶주리게 만들어 자신을 평생 원수로 여기게 될 것이다. 김신국은 지혜를 써서 그 일을 원만하게 해결(解決)하였다.

그날 은 포장을 다 마치지 못하자, 작업하던 곳을 그대로 둔 채 일하던 아전 한 사람이 야간에 경비를 하게 되었다. 김신국은 특별히 아까 은을 훔쳤던 그 아전을 지명하여 경비를 서도록 명령하였다.

그 아전은 고민에 빠졌다. 훔쳐 둔 은을 도로 내놓기가 싫었지만, 내일 다 포장하고 나면, 수효를 헤아릴 것이고, 은덩이가 모자라면 오로지 경비 서는 자기의 책임으로 돌아올 것이 뻔한 이치다. 그러니 그 아전은 그 은덩이를 원래의 자리에 그대로 갖다 놓지 않을 수 없었던 것이다.

다음 날 다시 일을 시작하여 은 포장을 다 마치고 그 숫자를 헤아려 보니, 장부와 딱 들어맞았다. 김신국은 아무 일도 없었다는 듯이 은 포장하는 일을 완료하였다.

그 아전은 자기가 처벌을 면하게 되어 김신국을 매우 고맙게 여겼고, 그 지혜와 도량에 감복(感服)하여 마지않았다. 이 소문이 아전들 사이에 퍼져 나가 어떤 아전도 김신국을 속이려고 하지 않았다.

2005년 2월 14일

智: 지혜 지　　以: 써 이　　料: 헤아릴 료　　事: 일 사

교각살우
矯角殺牛

뿔을 고치려다 소를 죽인다

옛날에 어떤 사람이 자기 집 소가 뿔이 비뚤어지게 나서 영 보기가 싫었다. 하루는 장정들을 데리고 그 뿔을 잡아당겨 바로잡으려고 하다가 소가 그 고통을 이기지 못하여 그만 죽고 말았다. 당시 소는 아주 중요한 재산이었다. 그 사람은 약간 눈에 거슬리는 것을 참지 못하다가 결국 큰 손해를 보고 말았다.

필자도 어릴 때 소를 먹이러 다니다가, 우리 소가 남의 소하고 싸워서 지면, 집에 돌아와 '다음번에는 이길 수 있도록 해야지.'라고 생각하며, 어른들 몰래 낫을 가지고 소뿔을 깎아 뾰족하게 만들어 놓고는, 혹시 잘못되어 가지고 소가 죽으면 어쩌나 하고 밤새도록 남몰래 걱정한 적이 있었다.

기원전 3세기경에 진(秦)나라에 반기를 들어, 마침내 항우(項羽)와 싸워 이겨 한(漢)나라를 세운 한고조(漢高祖) 유방(劉邦)은, 신하들에게 진나라가 멸망한 이유를 분석해 보도록 했다. 그 결과 신하들의 답변은 이러했다. 진나라는 완전한 중앙집권제(中央集權制)를 실시한 결과, 중앙정부가 공격을 받았을 때 구원병을 보내올 제후국(諸侯國: 각 지역에 봉해진 왕국)이 없었던 것이 큰 문제라는 것이었다.

그래서 고조는 한나라 개국공신(開國功臣)들과 자신의 친척들을 왕(王) 혹은 후(侯)로 각 지역의 제후로 봉하였다. 그러자 그들은 궁궐을 짓고 세금을 많이 거두어 중앙정부 못지않은 권력을 향유하다가 더 욕심이 생겨 황제의 자리를 넘보고 곳곳에서 반란을 일으켰다. 그래서 그 반란을 진압하느라고 많은 고초를 겪은 한고조는 친척만 남기고 공신들을 제후에 봉하는 제도를 없애 버렸다.

얼마 뒤 제후로 봉해진 친척들도 황제 자리를 넘보고 계속 반란을 일으켰으므로 제후에 봉하는 제도 자체를 없애 버렸다. 결국 많은 시행착오를 거친 뒤 진나라처럼 중앙집권제로 돌아갈 수밖에 없었다.

과거에 나라를 통치하던 정권을 군사정부(軍事政府)라고 매도하던 소위 민주화세력이 정권을 잡자 처음에 국민들은 잘할 것이라고 많은 기대를 하였다. '신한국건설'이니, '제이건국'이니 하면서 새 출발을 하였다. 입만 벌리면 '개혁(改革)', '개혁' 하며 우리나라의 과거의 전통이나 제도는 깡그리 부정하려고 들었다. '신한국'이라는 말은 과거의 한국은 한국답지 못하다는 말이고, '제이건국'이라는 말은 마치 우리나라가 독립도 못 한 상태에 있으니 새로 세워야 한다는 것이다. 자기들만의 독선(獨善)에 최면이 걸려 있었다. 그러나 결과적으로 부정부패는 더 심해지고, 경제는 추락하고 말았다.

지금 정권도 마찬가지다. 우리 주변의 중국, 일본, 동남아 각국이 경제상황이 좋은데, 우리만 지금 경제가 날로 나빠지고 있다. 정부 통계상의 실업률(失業率)은 3.5퍼센트이지만, 실제 체감 실업률은 14.8퍼센트에 이른다고 한다. '졸업즉실업(卒業卽失業)'이라는 암담한 현실이 대학 졸업생들을 기다리고 있을 뿐이다. 경제를 회생(回生)시킬 정책을 쓰는 것이 제일 시급하다. 그런데도 날만 새면 '과거사 청산', '의문사 규명', '친일행위자 조사' 등의 논란으로 세월을 보내고 있다.

박정희 대통령 시절 급속한 경제성장이 가능했던 것은, 여러 가지 요소가 있겠지만, 우리와 경쟁대상이 될 수 있는 중국이 10년간 문화대혁명으로 국제경제에 관심이 없었던 것이 우리의 경제발전에 큰 도움을 주었다. 오늘날은 세계 각국이 모두 전력을 다하여 경제성장에 집중하기 때문에 국제사회에서 한번 낙오하면 다시 따라잡기 어렵다.

소가 죽고 나면 뿔이 아무리 바르고 보기 좋아도 아무 소용이 없는 것이다.

2005년 2월 21일

矯: 바로잡을 교　　角: 뿔 각　　殺: 죽일 살　　牛: 소 우

습여성성
習與性成
습관도 천성처럼 될 수 있다

 1492년 콜럼버스가 아메리카 대륙에서 담배를 가져와 유럽에 퍼뜨렸고, 곧이어 중국, 일본을 거쳐 백 년 뒤인 1592년 임진왜란 때 우리나라에 들어왔다. 광해군(光海君) 때는 조정회의 때 신하들이 담뱃대를 물고 담배를 하도 많이 피워 연기가 자욱하자 광해군이 자기 앞에서는 담배를 피우지 말라고 했다고 하는데, 담배가 우리나라에 급속도로 퍼져 나갔음을 알 수 있다. 마치 아득한 옛날부터 우리나라에 담배가 있었던 것처럼 여겨져, 전설을 이야기할 때면 으레 첫머리에 "호랑이 담배 피우던 시절"이라는 말을 끼울 정도까지 되었다.
 영국에서는 한때 담배가 몸에 좋다 하여, 학교에서 정기적으로 학생들을 단체로 줄 세워 담배를 피우게 하는 시간이 있었다고도 한다. 우리나라에서도 학자(學者)나 시인(詩人)이 담배 파이프를 물고 다니는 것이 아주 멋스럽다고 여겨지던 시절이 있었다. 그러나 담배는 그 속에 수백 가지의 발암물질이 들어 있다고 하여, 박재갑 암센터 소장 같은 분은 어떤 이유로도 피워서는 안 된다는 점을 강조하고 있다.
 그러나 애연가(愛煙家)들 가운데는 끊기로 결심하고서 몇 차례 금연을 하다가 다시 피우고 다시 결심했다가 또 피우고 한다. 담배뿐만 아니라 술이나 마약, 좋지 않은 습관 등을 끊으려고 결심했다가 그대로 의지대로 밀고 나가는 사람도 있지만, 실패하는 경우를 우리는 주변에서 많이 본다. 화투노름으로 재산을 다 날리고 노름을 하지 않겠다고 자기 손가락을 끊은 사람이 다시 노름에 손을 대는 경우도 있다.

이렇게 되는 이유는, 정신적(精神的)으로는 끊겠다고 결심이 되었지만, 육체가 이전에 하던 것에 관성(慣性)이 붙어서 쉽사리 끊을 수 없기 때문이다. 노인들이 하는 말 가운데 "담배에 인이 박였다.", "술에 인이 박였다." 등등의 말이 있는데, 이 '인'이란 것은 바로 '숨은 병 은(癮)' 자의 발음이 전설모음화되어 바뀐 것이다. 자기도 의식하지 못하는 중에 그런 짓을 하는 것을 '은(癮)'이라 한다. 오랫동안 즐기거나 행하다 보니 갑자기 그만둘 수 없는 상태를 말하니, 일종의 중독(中毒)이다.

담배나 술만 관성이 있는 것이 아니라, 사람의 언행(言行)에도 관성이 있다. 좋은 말을 하고 좋은 행동을 하는 것에 관성이 붙으면, 좋은 말이나 좋은 행동을 하지 않으면 마음이 영 편하지 못하다. 나쁜 말을 하고 나쁜 행동을 하는 것도 관성이 붙어, 남을 나쁘게 헐뜯는 사람은 헐뜯어 말하지 않으면 직성이 풀리지 않고, 나쁜 일을 하는 사람은 나쁜 일을 하지 않으면 기분이 통쾌하지가 않다. 책을 보는 것에 관성이 붙은 사람은 하루라도 책을 보지 않으면 마음이 영 즐겁지가 않고, 물건 사는 것에 관성이 붙은 사람은 며칠만 백화점이나 상점에 가지 않으면 짜증이 난다.

지난해 봄 총선이 끝나고 나서 국회의원 당선자들이 17대 국회는 싸우지 않는 상생(相生)의 국회가 되겠다고 다짐했을 때, 대다수 국민들은 "이제는 달라지겠구나." 하고 믿었다. 그러나 몇 달 지나지 않아

이전의 국회보다도 더 치졸(稚拙)하게 싸우는 국회가 되어 국민들을 실망시키고 있다. 평생 싸우는 데 관성이 붙은 국회의원인데, 어떻게 싸우지 않을 수가 있겠는가?

『서경(書經)』에 "습관은 천성과 더불어 이루어진다.[習與性成.]"라는 말이 있다. 관성에 의한 행동을 습관(習慣)이라고 하는데, 습관이 오래되면 자신도 모르게 타고난 천성처럼 된다. 좋은 습관으로 관성이 붙으면 얼마간의 세월이 지나고 나면 훌륭한 사람으로 발전하지만, 좋지 않은 습관으로 관성이 붙으면 결국 타락한 하등(下等)의 사람이 되고 말 것이다.

2005년 3월 7일

習: 익힐 습　　與: 더불 여　　性: 성품 성　　成: 이룰 성

연목구어
緣木求魚

나무에 올라가 물고기를 잡으려 한다

맹자(孟子)가 젊은 시절 열심히 공부하여 학문(學問)을 이룬 뒤 현실정치에서 자기의 경륜(經綸)을 펼쳐 보려고 여러 나라의 제후(諸侯: 각 지역 나라의 임금)들을 찾아다니며 유세(遊說)를 하였다. 그리하여 제(齊)나라에 가서 선왕(宣王)을 만났다.

당시 각 나라의 왕들은 이웃의 다른 나라를 침략하여 항복을 받아 그 땅을 합병(合倂)하고 강대국이 되어 종국에는 천하를 호령하는 황제(皇帝)가 되고 싶어 했다. 제나라 왕도 그런 뜻을 강하게 갖고 있었다. 그러나 맹자는 제나라 왕에게 "현재 임금님께서 하는 짓으로써 임금님의 목적을 달성하기란 나무에 올라가서 물고기를 구하는 것과 같습니다."라고 비웃었다. 전쟁을 하기 위해서 백성들을 전쟁터로 내보내고 무거운 세금을 거두니, 민심이 이반되어 강대국이 될 수 없다는 것이다.

자기가 하는 바가 자기가 목적하는 바와 서로 어긋날 때 하는 말이다. 흔히 우스개로 하는 말 가운데 이런 말이 있다. 부자와 거지와의 차이(差異)는, 부자 되는 사람은 마음먹은 그 순간부터 돈을 아끼지만, 거지가 될 사람은 오늘까지는 쓰고 내일부터 저축(貯蓄)하려고 한다는 것이다. 내일이 되면 또 오늘까지만 하다 보면, 평생 저축은 못 한다. 공부 잘하는 학생과 못하는 학생의 차이도 마찬가지인데, 공부 잘하는 학생은 공부하겠다고 마음먹는 그 순간부터 공부를 하지만, 공부를 못하는 학생은 오늘까지만 놀고 내일부터 공부한다고 한다는 것이다. 그러니 영원히 공부를 못한다는 것이다. 자기가 하는 짓이 목적한 바를 실천하지 못하기 때문이다.

참여정부가 출범하면서 대통령이 우리나라를 '동북아(東北亞)의 물류중심(物流中心)'으로 만들겠다고 다짐했다. 그 당시는 부산항(釜山港)이 상해항(上海港)보다 월등하게 앞서 있었다. 그러나 2년이 지난 지금은 부산항이 상해항에 완전히 밀리게 되었다.

상해 앞바다는 원래 양자강(揚子江)에서 쏟아 낸 토사로 인하여 항구로서의 조건에 맞지 않았기 때문에 항구를 확장하기가 어려웠다. 그래서 상해 앞바다에 있는 양산(洋山)이라는 섬까지 31킬로미터에 달하는 6차선 도로로 된 다리를 건설하였다. 실로 어마어마한 공사였다. 그 결과 지금은 부산항의 두 배에 달하는 규모를 자랑하게 되었다. 부산항으로 오던 물류를 앞으로 상해항에게 많이 빼앗기게 될 것이다.

대통령이나 수출입을 담당하는 관료들은 지금은 동북아 물류중심이라는 말을 꺼내지도 않는 분위기이다. 그동안 정부나 몇몇 방송이나 언론에서 대기업에 대해서 아주 부정적인 시각을 갖고서 나쁘게 보도하니, 많은 기업들이 해외로 옮겨 가지 않을 수 없는 형편이다. 우리나라 기업이 외국에 나가면 이름만 우리나라 기업이지 실제로는 외국 기업과 다를 바 없다.

동북아 물류중심이 되겠다고 호언장담(豪言壯談)을 해 놓고는 정부

자체에서 반기업정서를 부추겨 왔으니, 나무에 올라가 물고기를 잡으려 하는 짓과 다를 바가 없다고 하겠다.

2005년 3월 21일

緣: 인연 연, 의지할 연   木: 나무 목   求: 구할 구   魚: 물고기 어

생어우환, 사어안락
生於憂患, 死於安樂

걱정 속에서 살아나고, 안락 속에서 죽어 간다

대개 일반적으로 집권여당(執權與黨)이 인기가 내려가면 그 반대급부(反對給付)로 야당(野黨)은 저절로 인기가 올라가게 마련이다. 그러나 지금 집권여당인 열린우리당이 별 인기가 없는데도, 야당인 한나라당의 인기는 올라가지 않고 점점 더 내려가고 있다. 참 이상한 일이다.

한나라당은 그 구성원(構成員) 한 사람 한 사람을 보면, 대체로 학벌(學閥)이 좋은 편이고 경력(經歷)도 찬란하다. 그런데도 일관된 정책도 결집된 힘도 없고, 날이 갈수록 분열상이 더욱 격화되어 가고 있다. 진정한 건전한 야당이 자생력(自生力)을 가졌으면 하고 기대하는 많은 사람들을 실망시키고 있다.

한나라당 소속 의원들을 보면, 거의 대부분이 어릴 때 살 만한 집안에서 태어나 대학까지 세칭 일류학교를 나와 고시(考試)에 합격하여 장관, 차관을 지냈거나, 판사, 검사를 지냈거나, 아니면 언론사에 투신하여 필봉(筆鋒)을 날리면서 고급간부를 지내다가 총선을 앞두고 발탁(拔擢)되어 국회에 진출한 사람들이다.

이들은 순조롭게 출세가도를 달려온 사람으로 이 세상을 살아오면서 어려운 시련(試鍊)을 겪을 기회가 별로 없었다. 경제적 여유 속에서 학업성적이 우수한 것만으로 이 세상의 특권을 많이 향유(享有)해 왔다. 자기 수준의 사람들과 주로 어울리다 보니 일반 백성들의 어려운 현실을 이해할 기회도 거의 없었다. 그러니 자기 힘으로 문제(問題)를 해결할 필요가 별로 없었으므로 현실적인 능력을 키울 기회가 별로 없었다. 필요한 일은 다른 사람이 다 해 주고 자신은 이름만 내면 되었다. 한나라당은 그 전신이 오랫동안 집권여당의 위치에 있었던 당으로서 어려운 문제가 있으면 절대적 권력을 쥔 그 당시의 대통령이 다 해결해 주었으므로 별 고민 없이 지낼 수가 있었다.

그러나 지금은 한나라당을 위해서 대신 문제를 해결해 줄 절대권력은 존재하지 않고, 한나라당을 괴롭히는 절대권력만 존재한다. 그러니 한나라당이 점점 인기를 잃고 세력이 약화되어 가는 것은 당연한 귀결(歸結)이다. 이제 한나라당으로서는 당의 세력을 확장하려고 한다면 더욱더 철저한 자기성찰을 통해서 자기 손으로 문제를 해결할 능력을 키우려고 노력해야 할 것이다.

맹자(孟子)는 이런 이야기를 했다. "하늘이 장차 어떤 사람에게 큰 임무를 맡기려고 할 때는, 반드시 먼저 그 사람의 마음을 괴롭게 만들고, 그의 뼈와 힘살을 수고롭게 하고, 그의 몸을 굶주리게 만들고, 그의 몸을 궁핍하게 만들고, 그가 하려고 하는 일이 그가 마음먹은 대로 안 되게 한다. 이렇게 하는 이유는, 그의 마음을 움직이고 그의 성질을 참게 해서 그가 전에 할 수 없었던 일을 할 수 있게 만들기 위해서다. 사람은 잘못을 한 뒤에 고치게 되고, 마음으로 곤란을 느끼고 생각대로 안 되어야 분발하게 된다. 사람은 걱정 속에서 살아남고 안락(安樂) 속에서 죽어 간다는 것을 알게 될 것이다."

많은 시련을 겪고 자기 손으로 어떤 일을 할 수 있는 정도로 탄탄한 힘을 가져야만 난관을 헤쳐 나갈 수 있을 것이다. 누가 문제를 해결해 주기를 기다리고 자기는 그 과일만 따 먹으려 하면 결국 망하고 만다. 고민과 걱정 속에서 능력이 향상되고 안락함 속에서 능력이 쇠퇴해 가는 것이다.

2005년 3월 28일

生: 날 생   於: 어조사 어, ~에서 어   憂: 근심 우   患: 근심 환

死: 죽을 사   安: 편안할 안   樂: 즐거울 락, 풍악 악

알묘조장
揠苗助長

벼 싹을 뽑아 올려 크는 것을 도와준다

옛날 중국 춘추시대(春秋時代) 송(宋)나라에 멍청한 사람이 있었다. 하루는 그가 자기 집 논의 벼를 빨리 크도록 해야겠다는 엉뚱한 생각을 하고서는 들로 나가서 논에 들어가 벼 싹을 손으로 하나하나 뽑아 올렸다. 일을 다 마치고는 허둥지둥 집으로 돌아와 집안사람들에게, "내가 오늘은 몹시 피로하다. 들에 나가서 벼가 자라는 것을 도와주었기 때문이야."라고 했다. 그 아들이 이상해서 급히 들로 달려가 보니 벼 싹이 이미 다 말라 있었다.

오늘날 이 이야기를 듣는 사람들은 다 그 사람을 바보라고 여겨 혀를 찰 것이다. 그러나 현재 우리들이 하고 있는 일 중에서 이 멍청한 사람과 비슷하거나 오히려 정도가 더 심한 경우가 비일비재(非一非再)하다.

그 가운데서 한 가지 예를 들면, 어린 학생들의 영어(英語) 조기교육(早期敎育)이다. 많은 초등학생들이 영어를 잘하기 위해서 조기 유학을 가 있고, 심지어는 젊은 어머니들이 자기 아들이 영어를 잘할 수 있도록 하기 위해서 태어난 지 얼마 안 되는 아이들의 혀와 목을 수술까지

한다고 한다. 그 어린 학생이 앞으로 한국과 완전히 인연을 끊고 미국에 이민 가서 미국 사람이 되려고 하면 모르되, 한국에서 살려고 한다면, 우리말을 완전하게 구사(驅使)할 수 있은 뒤에 영어를 배워야 한다고 한다. 왜냐하면 어린애가 사고의 틀이 다 크기도 전에 외국어를 배운다고 모국어(母國語)를 하지 않으면 사고의 틀이 더 이상 클 수가 없기 때문이다. 미국에 조기 유학 가서 영어를 배운다면 영어는 잘할 수 있을지 모르지만 한국을 잘 모르게 되고 올바른 우리말 구사와 한글 맞춤법의 정확한 표기에 평생 애로를 겪게 된다.

외국에 조기 유학 가면 처음에는 영어를 잘할 수 있지만, 얼마간의 시기가 지나면 자기 모국어 수준을 넘어서지 못한다고 한다. 모국어의 수준이 높지 않으면 외국어의 수준이 더 이상 진척(進陟)이 없다고 한다.

어떤 언어학자 한 분이, 자기 나라말을 확실하게 배운 북경(北京) 사람 가운데서 영어를 잘하는 사람 천 명과 어릴 때부터 영어와 중국어로 이중언어생활을 하고 있는 홍콩 사람 가운데서 영어를 잘하는 사람 천 명을 뽑아서, 어느 쪽의 영어 수준이 높은가를 실험한 적이 있었다. 대부분의 사람들은 태어나면서부터 영어를 사용해 온 홍콩 사람들의 영어 실력이 훨씬 높을 것으로 예상했었다. 그러나 결과는 정반대였다. 북경 사람들의 영어 수준이 훨씬 높았다. 자기 나라말을 확실하게 배워 사고의 틀이 높은 수준에 이른 사람만이 외국어의 수준을 높게 올릴 수 있다는 것이 증명되었다.

어릴 때 조기 유학 해 봐야 결국 일상생활에 쓰이는 간단한 생활어(生活語)를 배울 뿐이고, 학문이나 사상이 담긴 수준 높은 문화어(文化語)는 배울 수가 없는 것이다.

벼 싹을 뽑아 올리면 벼가 빨리 크는 것이 아니고, 벼 싹이 말라 죽는다는 점을 명심해야 하겠다. 조기 유학을 너무 선호(選好)하다가 한 번 잘못되면 돌이킬 수 없이 자식의 인생을 망칠 수도 있다.

2005년 4월 11일

揠: 뽑아 올릴 알   苗: 싹 묘   助: 도울 조   長: 자랄 장, 길 장

선입위주
先入爲主

먼저 들어간 것이 주인이 된다

중국 북송(北宋) 때의 개혁정치가이자 당송팔대가(唐宋八大家)의 한 사람인 반산(半山) 왕안석(王安石)이 젊었을 때, 어린 자기 아들의 글을 가르칠 선생을 구했는데, 여러 가지 조건(條件)을 달아 아주 까탈스럽게 굴었다. 옆에서 보다 못한 친구들이, "여보게, 어린애 가르칠 것인데, 뭘 그리도 까탈스럽게 구는가? 글줄이나 좀 읽는 사람 구해다 가르치게 하면 될 것 아닌가?"라고 핀잔을 주었다. 그러자 왕안석은 정색을 하고 반대의견(反對意見)을 말했다. "그런 게 아닐세. 어린애의 머리는 하얀 종이와 같기 때문에 먼저 들어간 것이 주인이 된다네. 그래서 처음 시작할 때가 아주 중요해. 그러니 어린애 가르치는 선생이 제일 중요하지. 좀 큰 애들은 자기가 판단(判斷)해서 취사선택을 할 수 있기 때문에 좀 낫지."라고 대답했다.

우리가 살아가면서 경험(經驗)한 것이지만, 어릴 때 들은 것이나 배운 것은 어제 듣고 배운 것처럼 생생하게 기억되는 것은, 아무것도 없는 상태에서 맨 먼저 머리에 들어와 자리 잡았기 때문에 그런 것이다.

그래서 유치원(幼稚園)이나 초등학교(初等學校)에서의 교육이 매우 중요하다. 만약 초등학교 교사 가운데서 한 반 담임선생은, "글씨는 자기의 뜻을 나타내는 수단이니, 정성을 다해서 잘 써야 한다."라고 가르치고, 다른 한 반 담임선생은, "글씨는 뜻만 통하면 되니까, 잘 쓰려고 시간 낭비할 것 없다."라고 가르친다면, 그 두 반의 학생들의 글씨가 그 담임선생의 가르침에 따라서 평생 좌우되는 것이다. 그러니 교육자는 그 책임이 아주 크므로 말 한 마디 행동 하나 할 때 아주 신중(愼重)을 기해야 한다. 더구나 실력 없는 엉터리 교사는 청소년들의 장래를 망칠 수도 있다.

조선말기(朝鮮末期) 경남지방에 두 뛰어난 한학자(漢學者)가 계셨는데, 한 분은 진주(晋州)에 사시던 회봉(晦峯) 하겸진(河謙鎭) 선생이고, 다른 한 분은 창녕(昌寧)에 사시던 심재(深齋) 조긍섭(曺兢燮) 선생이었다. 두 분은 학문이나 문장이 다 대단했다. 그런데 회봉 선생은 아주 행동이 조심스러웠고, 심재 선생은 풍류(風流)가 있어 봄날 꽃이 피고 새가 울면 가끔 술에 거나하게 취하기도 했다. 그런데 그 제자들은 하나같이 스승을 닮아, 회봉 선생의 제자들은 술에 취하여 비틀거리는 사람이 단 한 사람도 없었는데, 심재 선생의 제자들은 거의 대부분 술이 과했다고 한다. 제자에 대한 스승의 영향이 이처럼 큰 것이다.

교육계에 종사하는 사람이나 한 집안의 어른 된 사람들은, 일거수일투족(一擧手一投足)을 삼가지 않아서는 안 되겠다.

교육만 그런 것이 아니라, 모든 방면에 있어서 먼저 들어온 것이 다 주인 노릇 한다. 그러므로 처음 시작할 때 잘해야 하는 것이다. 대학을 시작할 때 창설멤버들이 좋지 못하면 그 대학은 영원히 삼류 사류 대학 신세를 벗어나지 못한다. 기득권(旣得權)을 유지하기 위해서 지연, 학연 등에 얽매여 계속 삼류 사류의 교수만 채용하기 때문이다. 많은 대학에서 총장이 새로 취임할 때 비약적인 발전을 이룩하겠노라고 맹세하지만, 임기를 끝낼 때까지 별 발전이 없는 것은 다 이런 이유 때문이다. 포항공대(浦項工大)는 개교한 지 얼마 되지 않았지만, 최우수 대학이 된 것은 맨 처음 들어온 사람들이 잘했기 때문이다.

2005년 4월 18일

先: 먼저 선　　入: 들어갈 입　　爲: 할 위, 될 위　　主: 주인 주

대증투제
對症投劑

병 증세에 맞추어 약을 투여해야 한다

가끔 사람들 가운데서 한약(韓藥) 하면 풀뿌리나 나무껍질 말려서 달여 먹는 것인 양 아주 무시(無視)하는 발언을 하는 이가 없지 않다. 특히 서양의학(西洋醫學)을 공부한 사람 가운데 그런 사람이 많다. 한약은 몇천 년 동안 인류가 경험을 축적(蓄積)하여 이루어 낸 의학체계이므로 한마디로 경솔하게 매도(罵倒)해서는 곤란하다. 중국에서는 모든 병원이 한방과 양방이 함께 있으면서 상보적(相補的)인 조화(調和) 속에서 환자를 다룬다.

필자도 전에는 한약을 달여 먹으면서도 무슨 효과가 있을까 하면서 의아해한 적이 있었다. 그러나 약 20년 전 호된 고생을 하고 난 뒤로 한약의 약효(藥效)를 단단히 믿고 있다. 목젖이 내렸기에 한의원에 가서 약을 지어 왔는데, 집에서 한꺼번에 두 끼분을 달여 사발에 담아 둔 것을 모르고, 밤에 집에 돌아와 물어보지도 않고 그냥 한 사발 다 마셔 버렸다. 그랬더니 이튿날 새벽부터 코피가 나기 시작하여 그치지를 않았다. 병원 응급실에 가서 의사가 나올 때까지 솜으로 콧구멍이 찢어질 정도로 세게 틀어막아도 세 시간 이상 계속 피가 막아 놓은 솜에 배어서 펑펑 쏟아졌다. 한순간의 부주의로 죽음 바로 직전까지 갔다 왔다. 그 일이 있고부터는 아무리 하찮은 약이라도 성분과 용량을 반드시 살펴서 복용한다.

병에 맞지 않는 약은 사람의 생명을 앗아 가거나 신체를 불구로 만들 수도 있다. 옛날에는 약을 함부로 사 먹었지만, 지금은 대부분 병원에 가서 진찰(診察)을 받은 뒤에 약 처방(處方)을 받으므로 증세(症勢)에 맞지 않는 약을 투여하는 경우는 아주 드물다.

그러나 국가에서나 지방정부에서 내놓은 정책(政策) 등을 보면, 마치 증세에 맞지 않는 약을 쓰는 것과 같은 경우가 허다(許多)하다.

예를 들면 우리 정부에서 통일정책을 추진함에 있어서 중국 정부를 통해서 북한을 설득시켜 육자회담(六者會談)에 나오게 하려고 하고 있다. 그러나 정부의 이런 생각은, 너무나 중국을 허수히 생각하는 안이(安易)한 발상이다. 중국은 우리와 수교(修交)를 맺고서 친선관계를 유지하고 있지만, 그 속셈은 절대로 우리를 도와주려고 하지 않고, 더구나 한반도가 통일(統一)되는 것은 바라지 않는다. 오히려 실제로는 통일이 되지 않는 것을 바라고 있고, 남북관계를 더 멀어지게 하려고 고도의 전술을 쓰고 있다. 남북한을 더욱 이간(離間)시킨 뒤 만약 북한 김정일 정권이 무너지고 나면, 북한 정부에 대한 자기들의 영향력을 더욱더 강화하여 북한을 중국의 자치주(自治州) 비슷한 상태로 만들려고 하고 있다. 그러면 우리와 논쟁이 되고 있는 고구려(高句麗)의 역사 문제도 자연히 해결되는 것이다. 최근 중국 정부의 고위인사들의 북한 방문이 빈번한 것을 한번 눈여겨보아야 할 것이다.

이런 속셈을 가진 중국이 우리나라 통일을 위해서 크게 역할을 할 것이라고 생각하고서 중국을 믿고 통일정책을 추진하는 것이, 병 증세와 관계없는 약을 투여하는 것과 무엇이 다르겠는가? 감정적으로 외교를 하려고 하지 말고 국제정치의 역학관계(力學關係)를 좀 더 치밀하게 검토해야 하지 않을는지?

2005년 5월 8일

對: 대할 대   症: 증세 증   投: 던질 투, 줄 투   劑: 약 제, 약 지을 제

어목혼주
魚目混珠

물고기 눈알이 구슬과 섞여 있다

사람이란 정말 다양하고 복잡하여 일률적으로 말하기 어렵다. 유학(儒學) 가운데서 사람의 심성(心性)을 연구하는 학문을 성리학(性理學)이라 하는데, 주자(朱子) 같은 분이 한평생 연구하였고, 우리나라의 퇴계(退溪) 이황(李滉) 선생이나 율곡(栗谷) 이이(李珥) 선생 등 많은 분들이 평생 동안 연구하였다. 그러나 마음의 본체(本體)가 '이(理)'냐, '기(氣)'냐 하는 문제는 아직까지도 완전히 결론이 나지 않았다.

지금도 심리학자들이 사람의 심리작용에 대해서 계속 연구하고 있지만, 명쾌하게 밝히지 못하고 있다. 교육학자들의 이론은 다양하지만, 교육을 받는 학생들은 일률적으로 그 이론에 따라 반응하지 않는다. 그만큼 사람은 다양하고 개인적인 차이가 있는 것이다.

지금 화성에까지 탐사선이 도달할 정도로 과학이 발전했지만, 사람이 어떻게 생겨났는지조차 아직 모른다. 부모와 자식 사이의 유전(遺傳)관계도 명확하게 밝히지 못하여, 같은 부모에게서 태어난 형제간의 갖가지 차이에 대해서도 밝히지 못하고 있다.

사람의 능력은 다양하다. 학교 다닐 때 다 같이 축구부에 들어가 거의 같은 양의 연습을 했는데도, 어떤 학생은 국가대표 선수로 성장하는가 하면, 어떤 학생은 자기 학교의 후보선수 정도도 되기 힘들어 중도에서 포기하고 만다. 다른 방면도 마찬가지다. 기억력(記憶力)만 해도 영어(英語)는 잘 외우면서 한문(漢文)을 잘 못 외우는 사람이 있다. 그림은 뛰어나게 잘 그리면서도 글씨는 전혀 안 되는 사람도 있다. 정말 사람에 대해서는 한마디로 말할 수 없다.

그래서 사람은, 남의 뛰어난 능력에 대해서 대단한 줄 알고 존중(尊重)할 줄 알아야 한다. 이순신(李舜臣) 장군의 거북선 발명이 일본(日本)의 침략(侵掠)으로부터 나라를 구출하는 데 결정적인 역할을 했다. 지금도 휴대전화(携帶電話) 기술자 몇 명이 대한민국(大韓民國) 전 국민의 소득을 올려 주고 있다. 회사의 뛰어난 경영자 한 사람의 경영전략(經營戰略)이 종업원 수만 명과 그 가족을 먹여 살리고 있다. 김호길(金浩吉) 박사 같은 과학자 한 분이 포항공대(浦項工大)를 세계적인 대학으로 만들었다.

그런데 문제는 능력 없는 사람들이 능력 있는 사람을 대할 때, '니나 내나' 하는 마음으로 대하는 데 있다. 그 방면에 대해서 자기가 모르거나 능력이 없으면, 잘 아는 사람이나 능력이 있는 사람에게 승복하고 배워야 한다. 더욱 한심한 일은 능력 없는 사람이 윗자리에 올라앉아 능력 있는 사람들이 일하려는 것을 도와주기는커녕 도리어 방해하는 것이다. 특히 국가에서 설립한 연구소 등의 책임자 자리를, 대부분 낙하산인사식으로 정당인(政黨人)으로서 각종 선거에서 떨어진 사람들의 보상용으로 인사권자가 악용하고 있다. 그런 사람이 연구기관을 장악하고서는 정말 국가적으로 귀중한 능력 있는 인재를 필요 없다고 하루아침에 잘라 버린다. 최근 아깝게 직장을 잃고 국가민족(國家民

族)을 위해서 아무 일도 못 하고 울분에 찬 나날을 보내는 국가적인 인재가 한둘이 아니다.

물고기의 눈알을 뽑아서 멀리서 보면, 꼭 구슬처럼 보인다. 구슬에 섞어 놓으면 구슬과 구별이 쉽지 않다. 그러나 구슬은 아니다. 정말 사이비(似而非)일 뿐이다. 그런데 구슬로 행세하고서 도리어 진짜 구슬을 몰아낸다.

김영삼(金泳三) 전 대통령은 취임 초부터 늘, "인사(人事)가 만사(萬事)다."라고 주문처럼 외고 다녔다. 정말 맞는 말이다. 그러나 인재를 알아보는 눈이 있어야 말이지. 물고기 눈알을 구슬이라고 단단히 믿었으니, 경제의 추락이 오지 않을 수 없었던 것이다. "지금 통치권자는 그보다 낫다."고 말할 수 있을까?

2005년 5월 15일

魚: 물고기 어   目: 눈 목   混: 섞을 혼   珠: 구슬 주

작사도방
作舍道傍

길가 집 짓기

오늘날은 누가 국정(國政)을 맡는다 해도 다스려 나가기 어렵게 되어 있다. 모든 국민의 지식수준이 옛날에 비하여 월등하게 높아져 있고, 또 각종 시민단체, 이익단체 등이 생겨나 상당한 전문지식을 갖추고서 정부를 감시하고 견제하기 때문에 정부라고 하여 일방적으로 명령하고 지시하여 밀고 나가는 방식으로는 어떤 일을 할 수가 없다.

각종 시민단체는, 본래 순수한 목적에서 그 방면에 관심 있는 사람들이 모여 구성한 것으로, 서로 의견을 교환하고 정부나 행정당국에 대해서 의견을 제시하여, 많은 순기능(順機能)을 하여 왔다. 그러나 최근 몇몇 시민단체들 가운데는 어떤 저의(底意)를 갖고 정부나 특정 정당이나 단체를 편파적으로 지지하는 부정적 활동을 하고 있는 경우가 없지 않다. 또 정부로부터 거액의 지원금을 받음으로써, 그 순수성을 상실하고 있다. 또 시민단체의 책임자들은 여당의 국회의원 공천을 받거나, 정부기관의 고위관료로 영입됨으로써 순수한 시민단체를 자신의 출세의 징검다리로 이용하고 있는 경우도 있다. 그러고서는 대다수 국민들의 지지를 받기는 어려울 것이다.

전국의 각종 공장에 전력을 공급하기 위해서는 발전소를 지어야 한다. 그런데 발전소는 수력, 화력, 원자력 할 것 없이 다 문제를 안고 있다. 수력발전소를 건설하려면, 먼저 많은 실향민(失鄕民)을 발생시켜야 한다. 조상 대대로 수백 년 살아오던 고향을 누가 떠나고 싶겠는가? 또 기후 등 생태계(生態系)에 많은 영향을 준다. 화력발전소는 공기를 오염시킨다. 원자력발전소는 핵폐기물을 발생시켜 방사능의 위험이 있다. 그래서 각종 환경운동단체에서는 발전소 짓는 것을 결사적으로 반대하고 있다. 환경단체의 주장에 의할 것 같으면 어떤 발전소도 지어서는 안 된다. 그러니 발전소를 짓지 말아야 하는가? 원시인처럼 살 결심이 되어 있지 않는 한, 발전소는 지어야 한다. 발전소를 지어야 공장을 돌리고, 가정에서는 난방을 하고 각종 가전제품도 쓸 수 있는 것이다.

또 각 지방자치단체에서는 지역이기주의의 극치를 달려 "국가에서 짓기는 짓되, 자기 지역에는 안 된다."는 주장을 한다. 그러니 정부 시책을 시행할 수가 없다. 집행하는 정부가 일관성이 없어, 강하게 버티면 당초의 계획을 변경하거나 다른 곳으로 옮겨 가니, 각종 시민단체나 지방자치단체의 저항은 날이 갈수록 강성으로 변해 가고 있다.

결국 거의 마무리 단계에 있는 공사를 중단하거나 변경하거나 아니면 무한정 시간을 지연하니, 국가경쟁력은 떨어질 대로 떨어지고 국민의 혈세(血稅)는 곳곳에서 낭비되고 있다.

정부에서는 어떤 사업을 시작하기 전에 충분히 전문가들의 의견을 들어 사업계획을 수립하되, 한번 정해진 사업은 끝까지 관철시키는 정책이 필요하다. 일부 단체에서 반대한다고 바꾸고 중지한다면, 무슨 일을 할 수 있겠는가? 지율이라는 스님 한 사람이 단식하며 반대한다고 국책공사(國策工事)가 중단되어 몇조 원의 손실을 본 일이 있는데, 국민마다 다 단식한다면 장차 어떻게 하겠는가? 반대하는 사람들의 말을 다 들으면 국가를 다스려 나갈 수가 없는 것이다. 그리고 정부는, 국가의 말을 잘 듣는 사람들을 보호하고 혜택을 누리게 해 주어야 할 것이다.

옛날 어떤 사람이 길가에다 집을 짓고 있었다. 본래 집을 어떻게 짓겠다는 자기 생각을 갖고 있었지만, 길 가는 사람들이 집 짓는 것을 보고는 한마디씩 다 했다. "기둥이 너무 길다오.", "서까래가 너무 굵은데요." 등등. 수많은 길 가는 사람들의 말을 듣고 주인은 기둥감을 자르고, 서까래를 깎는 등 그들의 의견을 수렴하다 보니, 결국 재목만 다 버리고 집이 되지 않았다. 그래서 "길가에서 집을 지으면, 삼 년이 되어도 완성하지 못한다.[作舍道傍, 三年不成.]"라는 말이 있게 되었다.

2005년 5월 22일

作: 지을 작　　舍: 집 사　　道: 길 도　　傍: 가 방

기호난하
騎虎難下

호랑이 등에 타면 뛰어내리기 어렵다

거짓말이라는 것은 그 기준(基準)이 꼭 정해진 것은 아니다. 있는 그대로 말하지 않는다고 다 거짓말은 아니다. 가까운 예로 버스에서 발이 밟혔을 때 상대방이 "아프시지요? 죄송합니다."라고 사과할 때, "괜찮습니다."라고 대답해야지, "그렇소. 정말 아파요."라고 한다면 대인관계의 예의가 아니다. 일본 헌병대에 잡혀간 독립투사가 일본 형사가 동지(同志)들이 숨어 있는 곳을 이야기하라고 고문(拷問)을 가해 올 때, 알면서도, "나는 모른다."라고 해야지, "누구는 어디에 숨어 있고, 누구는 어디에 숨어 있다."라고 사실대로 이야기한다면, 배신자(背信者)가 될 뿐만 아니라, 독립운동(獨立運動)에 막대한 지장을 초래할 수 있다.

비록 하는 말이 사실과 다를지라도, 그 말이 국가 민족이나 공공의 이익을 위할 때는 사실과 달라도 거짓말이라고 하지 않는다. 사실과 다르게 이야기하면서 자기의 사리사욕(私利私慾)을 위해서 국가 민족이나 공공에게 손해를 끼칠 때는 거짓말이 되는 것이다. 그것도 질 나쁜 거짓말이 되는 것이다.

거짓말을 하지 않고 살기는 정말 어렵다. 거짓말을 하느냐 안 하느냐에 따라서, 또는 많이 하느냐 적게 하느냐에 따라서 그 사람의 인격이 결정된다. 거짓말을 적게 하는 집단이, 여론조사를 해 보면, 그래도 존경을 받는다. 오늘날 거짓말을 많이 하는 사람을 들라면, 단연코 정치인들을 꼽을 것이다. "본인은 대권에 전혀 뜻이 없다."라고 해 놓고는 금방 대통령 선거에 출마한다. "그 사건에 대해서는 전혀 모른다."라고 기자회견을 자청하여 자신의 결백을 주장하다가 얼마 뒤에는 쇠고랑을 차는 사례가 비일비재하다.

말은 될 수 있는 대로 사실 그대로 이야기하는 것이 가장 편하다. 사실대로 이야기하면, 아무리 시간이 지나도 있었던 그대로 이야기하면 되기 때문이다. 그러나 사실 아닌 거짓말을 하게 되면, 뒷날 들통이 나지 않기 위해서는 앞에서 한 거짓말을 다 외워 있어야 하고, 앞에 한 말을 맞추기 위해서 또 거짓말을 하면, 그 거짓말까지 다 외워야 한다. 날이 갈수록 정신적 부담이 커져서, 자신의 머리로 감당을 못 하게 된다. 그래서 언젠가는 전모가 탄로 나게 마련이다.

지금 386세대라 하여 신선한 바람을 일으킬 것으로 기대되던 국회의원 한 사람이 권력남용의 혐의를 받으며 수사망의 포위 속에 갇혀 있는데, 그가 하는 말이 날마다 달라지고 있다. 한번 사실 아닌 이야기를 해 놓으면, 중간에서 궤도를 수정하지 못하고 계속 밀고 나가야 한다. 그러다가 앞에 한 말과 앞뒤가 맞지 않아 결국 거짓말임이 탄로가 나고 만다.

옛날에 어떤 사람이 호랑인 줄 모르고 잠자는 호랑이 등에 올라탔는데, 호랑이가 깨어 달리기 시작하였다. 그대로 호랑이 등에 붙어 있으려 해도 떨어져 죽을까 겁나고, 뛰어내리면 호랑이에게 물려 죽을까 겁났다. 그래서 이럴 수도 없고 저럴 수도 없이 불안한 상태로 호랑이 등에 붙어 있었다.

  지금 이 국회의원의 사정이 호랑이 등에 타고 그대로 있자 해도 불안하고, 뛰어내리려 해도 뛰어내리지 못하는 사람과 같은 형편이다.

2005년 5월 29일

騎: 탈 기   虎: 범 호   難: 어려울 난   下: 내릴 하

노안비슬
奴顔婢膝

남자 종의 얼굴빛과 여자 종의 무릎. 비굴한 자세

몇십 년 전에는 대학을 두고 '상아탑(象牙塔)'이니, '지성(知性)의 광장(廣場)'이니 하는 고상한 말로 표현하였다. 그러나 지금은 대학이 많아져 사회로부터 별 인기가 없다. 대학의 숫자가 많아져 그렇게 되기도 했겠지만, 대학을 구성하는 교수나 학생들의 책임이 크다고 하지 않을 수가 없다. 당당한 선비의 자세가 없기 때문이다.

현실적으로 대학의 발전과 그 권위는 재정과 무관할 수가 없다. 재정적으로 아쉬움이 없으면 무한한 발전을 할 수 있지만, 사정은 그렇지 못하다. 대한민국 교육부에서 1년 동안 지급하는 연구비 총액이 삼성에서 설립한 연구소 연구비의 10분의 1도 되지 않는 형편이다.

사립대학의 경우 설립자가 교육의 중요성을 인식하고 사명감을 갖고서 자신이 설립한 대학에 대대적인 지원을 하면 다행이지만, 설립한 대학을 통해서 이익을 취하려고 한다면 그런 대학은 재정상황이 뻔하다.

국립대학의 경우 교육부의 관리들이 늘 예산이나 연구비를 가지고 대학을 길들이고 있다. 이러이러한 정책을 시행하려고 하는데, "잘 따라오면 예산지원에 우선권을 주겠다.", "잘 따르지 않으면 예산상의 불이익을 주겠다."라고 협박 비슷한 명령을 시달하고 있다. 그러니 마치 손에 닭 모이를 들고 닭을 부르는 모양과 비슷하다.

현재 어느 국립대학을 막론하고 흡족할 정도의 예산을 얻는 대학이 없다. 그러니 각 대학의 총장들은 '발전기금'을 거두기 위하여, 연고 있는 기업가나 출향인사(出鄕人士) 등에게 기부금을 얻기 위하여 동분서주하고 있다. 그러나 기업가들도 기업을 경영하여 돈 벌기가 어려운데 쉽게 돈을 내놓을 리가 없다. 그러면 대학 총장들은 기업가에게 매달리게 마련이다. 매달리다 보면, 온갖 비굴한 짓도 마다하지 않는다. 학교 발전을 위해서. 그러니 대학의 권위나 학문의 권위는 찾아보기 어렵다.

전에 서울대학교 조완규(趙完圭) 총장이 취임 직후부터 우리나라에서 제일 큰 그룹의 정주영(鄭周永) 회장을 만나려고 노력했으나, 총장 임기가 끝날 때까지 정 회장이 만나 주지 않았다고 한다. 만나면 나올 이야기가 뻔하기 때문에 피하는 것이다. 서울대학교 총장이 기업인에게 이런 대접을 받는데, 여타 대학 총장이 받는 대접은 어떠한지 짐작할 수 있으리라.

최근 고려대학교가 삼성그룹의 총수로부터 거액의 기부금을 받게 되었고, 그 답례로 명예철학박사학위를 수여하기로 했다. 그 과정에서 학생들의 소요가 있었는데, 고려대학교 총장이나 학교 보직자, 교수, 심지어 학생들까지도 삼성그룹 총수의 심기를 건드린 것에 대해서 지나칠 정도로 사과하는 비굴한 자세를 보이고 있다.

대학이 기부금 앞에 너무나 맥을 못 추는 것 같다. 학문의 권위, 대학의 권위를 상실하고는 학문이 발전할 수 없다. 옛날 추상같이 엄한 주인

앞에서 절절매는 노비의 얼굴빛과 걸음걸이가 연상되는 것은 어째서일까?

2005년 6월 6일

奴: 사내종 노   顔: 얼굴 안   婢: 계집종 비   膝: 무릎 슬

용의살인
庸醫殺人

엉터리 의원이 사람 죽인다

50여 년 전에 진주(晉州)에 아주 용한 의원(醫員)이 있었다. 어떤 청년이 몸에 힘이 없어져 그 의원을 찾아갔다. 맥을 짚어 보더니, "자네, 폐병인데, 지금 오른쪽 폐에 엽전만 한 구멍이 나 있네."라고 말했다. 그 청년은, '이 의원이 비록 이름이 있다지만, 팔뚝 한번 짚어 보고, 이렇게 자신 있게 말할 수 있나?'라고 생각하고는, 정말인가 한번 보자 싶어, 큰돈을 들여 부산대학병원에 가서 엑스레이를 찍어 봤다. 과연 오른쪽 폐에 동전만 한 구멍이 나 있다고 판독 결과가 나왔다. 정확한 진단에 너무나 탄복(歎服)이 되어 다시 찾아갔더니, 약을 6개월 동안 먹도록 했다. 약을 다 먹고 다시 부산에 가서 엑스레이를 찍어 봤더니, 완전히 정상으로 돌아와 있었다.

세상에는 정말 허준(許浚) 같은 명의(名醫)가 없는 것은 아니다. 그러나 엉터리 의원도 많다. 죽을병을 실은 중환자(重患者)를 보면, 명의는 깜짝 놀란다. "이런 병을 왜 지금까지 그냥 두었느냐?"고. 그러나 엉터리 의원은 놀라지 않는다. 왜냐하면 죽을병인지 고칠 수 있는 병인지 전혀 진맥(診脈)이 되지 않기 때문이다. 명의는 찾아가는 환자에 따라 진맥의 결과가 다르고 처방하는 약이 다르지만, 엉터리 의원은 어떤 환자가 찾아가도 진맥 결과가 똑같다. "기(氣)가 허(虛)하군요.", "오장육부가 조화를 잃었소.", "속에 울기(鬱氣)가 가득 차 있소." 등등 몇 가지 상투적인 말을 환자에게 해 준다. 처방도 대충 몇 가지를 가지고 이 병 저 병에 다 쓴다. 그런 식으로 그럭저럭 지나다가, 정말로 크게 실수하여 남의 생명을 앗거나 평생 장애인으로 만드는 경우가 있다. 침을 잘못 놓아 즉사하게 한 사건도 있었고, 약을 잘못 써서 장님을 만든 경우도 있었다. 그러면 엉터리 의원은 둘러댄다. "연때가 맞지 않아서 그렇소." "죽고 사는 것은 다 그 사람 운명이지요." 별로 심각하게 자기반성을 하지도 않는다. 자기가 자신이 없으면 자기가 맡지 말고, 자기보다 나은 의원에게 환자를 보내야 생명을 구할 수 있다.

엉터리 의원 같은 사람이 우리나라 곳곳에 수없이 많이 존재한다. 나라의 경제상황이 아주 나빠 금년 경제성장률이 1퍼센트밖에 되지 않을 전망이다. 여러 가지 물가 등을 감안하면, 1퍼센트 성장은 실제로 3퍼센트 정도의 마이너스 성장이다. 아주 심각한 일이다. 그런데도 총리를 맡은 사람은 경제가 좋아질 것이라고 말하고 다닌다. 경제에 대해서 모르기 때문에 경제 위기가 와 있지만, 어느 정도 위기인지 진단이 안 되는 것이다. 자기의 전문분야하고 관계없는 인사들이, 낙선에 대한 보상용으로 국가기관 등의 책임자에 임명되어, 일을 망치는 경우도 한둘이 아니다. 전혀 진단이 안 되니, 어떤 처방으로 국가기관을 살려야 할지 방법을 알 수 없기 때문이다.

2005년 6월 12일

庸: 못날 용, 떳떳할 용   醫: 의원 의   殺: 죽일 살   人: 사람 인

문장화국
文章華國

문장으로 나라를 빛낸다

바르셀로나 올림픽 마라톤에서 우승한 황영조 선수는, 마라톤하기에 천부적으로 좋은 신체조건을 타고났다. 보통의 성인들은 1분에 맥박이 70 내지 80회 뛰는데, 황영조 선수는 42회 정도밖에 뛰지 않는다고 한다. 그래서 힘들이지 않고 같은 시간 내에 많은 양의 산소를 혈관에 공급할 수 있다. 그 밖에도 머리가 작고 상체가 작고 다리가 길기 때문에 달리기에 훨씬 힘이 덜 든다. 그래서 올림픽에서 앞으로 2연패, 3연패도 할 수 있겠다고 방송이나 언론에서 기대를 하였다. 그러나 황영조 선수는 우승하고 얼마 있지 않아, 은퇴를 선언해 버렸다. 많은 국민들이 실망하고 분노했다.

그러나 황영조 선수로서는 은퇴하지 않을 수 없었다. 왜냐하면 다음 올림픽에서 우승하지 못하여 국민들을 실망시킬 것이 불을 보듯 뻔하기 때문이었다. 올림픽에서 우승할 정도의 실력을 가진 마라톤선수라면 하루에 평균 20킬로미터 정도는 달리기 연습을 해야 한다. 그리고 근력운동도 몇 시간 해야 한다. 필수적으로 하루 다섯 시간 정도는 꾸준히 운동에 투자해야 한다.

국가적 영웅이 되어 돌아오자, 각종 방송의 인터뷰 요청, 방송 출연 요청, 각종 단체의 환영행사, 특강 요청 등으로 바쁜 나날을 보내게 되었다. 그러니 연습을 할 시간이 없었다. 그리고 이름도 나고 환영도 받고 돈도 생기는 모임에 가고 싶지, 혼자 땀 흘리며 고된 연습을 하기가 싫어졌다. 운동은 관성이 붙도록 빠지지 않고 해야지, 한번 빠지기 시작하면 그만 리듬이 깨져 하기가 싫은 것이다.

요즈음 줄기세포 연구로 황우석 교수가 방송이나 언론의 각광을 받는다. 그분이 혼자서 꾸준히 연구하고 있는 동안에는 그냥 수의과대학의 돼지 난자 연구하는 교수 정도로 생각하고 별로 눈여겨보지도 않다가, 요 근래 들어와서 양을 복제(複製)해 내는 등 주목할 만한 업적을 내자, 방송이나 언론에서 조명을 하기 시작했고, 요즈음 줄기세포 연구로 세계의 주목을 받자, 황 교수에 관한 기사가 연일 방송이나 언론을 장식하고 있다. 앞으로 노벨상 가능성도 충분하다고.

그러나 황영조 선수 못지않게 방송이나 언론, 각종 단체에서 황 교수를 불러내고 있다. 그 연구의 수준을 유지하기 위해서는 하루에 연구에 들여야 할 일정한 시간이 필요하다. 그러나 각종 인터뷰, 환영회, 외부 특강 등에 빼앗기다 보면, 연구에 들일 시간이 줄어들 수밖에 없다. 하루는 누구에게나 24시간뿐이다. 황영조 선수의 전철(前轍)을 밟아서는 안 되겠다.

또 대한민국에는 현재 황 교수 못지않은 위대한 과학자가 말없이 자기 연구실에서 연구를 계속하고 있다. 과학자뿐만 아니라, 다른 분야의 학자들도 자기 분야의 연구를 계속하고 있다.

과학자가 위대한 업적을 내면 우리나라가 전 세계에 이름이 나듯이, 문학자 한 사람이 좋은 글을 쓰면, 전 세계에 퍼져 우리나라를 빛낼 수 있다. 타고르를 이야기하면 반드시 인도가 이야기되는 것처럼.

    국민들이나, 방송이나 언론들은, 화제가 된 인물에만 너무 관심을 갖지 말고, 평소에 학자들을 우대하는 태도를 가지는 것이 좋겠다.

2005년 6월 19일

文: 글월 문　　章: 문장 장　　華: 빛날 화　　國: 나라 국

인지위덕
忍之爲德

참는 것이 덕이 된다

남자 세 명만 만나면 군대 이야기로 꽃을 피운다. 여자들은 그 세계를 이해하지 못하기 때문에 별 관심이 없고, 싫어하는 사람도 많다. 그래서 요즈음 우스갯말로, 여자들이 싫어하는 두 가지 이야기가 '군대 이야기', '축구 이야기'인데, 가장 싫어하는 것은 남자들의 '군대서 축구한 이야기'란다.

남자들은 군대서 겪은 온갖 고생에 대해서 어떤 보상도 받지 못했기 때문에, 자신의 무용담을 이야기함으로써 심리적 보상을 받으려는 잠재의식(潛在意識)이 있어 군대 이야기만 나오면 열을 낸다. 자기가 겪은 경험담(經驗談)은 물론이고, 자기 인근 부대에서 있었던 일, 혹은 전설적으로 전해 오는 군대 이야기까지 모두 자기가 직접 경험한 양 이야기한다.

사실 군대는 전쟁을 수행하는 특수집단이기 때문에, 병사들 개개인의 인격을 존중하고 개인사정을 다 참작할 수가 절대 없다. 그러나 병사들 한 사람의 입장에서 보면 답답하기도 하고 억울하기도 하다. 장교들이 보면, 병사들의 사기(士氣)가 충천(衝天)한 것 같지만, 사실은 병사들 가운데는 마지못해서 군대생활을 하고 있는 경우가 상당히 많다. 제대 6개월 전부터 달력에서 날짜 하나하나를 지워 나가는 병사도 있다.

군대 내면을 들여다보면, 병사들이 사기가 오를 이유가 별로 존재하지 않는다. 자기 또래의 동년배가 모두 다 군대에 오는 것도 아니다. 여자들은 다 빠지고, 아버지가 장관이라고 면제받고, 아버지가 장성이라고 좋은 자리에 배치받고, 눈 나쁘다고, 다리가 굽었다고 빠진다. 이러다 보니, 최전방 전투부대에서 열심히 근무하는 병사는, 하소연할 데 없는 집안 사람의 아들인 경우가 대부분이다. 군대에서는 장교들이나 하사관들이 공공연하게, "돈 있고 백 있으면 면제받든지 방위로 빠질 것이지, 누가 군대 끌려오라 했나?" 등등의 말로 군대에서 사명감(使命感)을 갖고 국토방위의 임무를 다하려는 병사의 사기를 송두리째 빼앗아 가 버린다. 또 제대해서 보면, 몸이 약해서 군대생활도 못 한다는 사람들이, 군대생활보다 더 복잡한 판사, 검사, 국회의원 등의 직업에 더 많이 종사한다.

또 군생활 중 답답하고 억울한 마음에 병사들 자기들끼리 무척 괴롭힌다. 한 달만 먼저 군대 들어왔으면, 자기보다 한 달 늦게 군대 들어온 병사에 대해서 생명을 빼앗거나 불구로 만들지 않는 범위 내에서 얼마든지 괴롭힐 수 있다. 그러니 괴로움을 당하는 하급자의 정신적, 육체적 고통은 어떠하겠는가? 억울한 일을 당해도 하소연할 데가 없다. 그러니 '너 죽고 나 죽자.' 식의 격앙된 감정이 드는 순간이 한두 번이 아닐 것이다. 이런 감정이 잦다 보면 결국 사고로 이어지게 된다. 순간적인 감정을 못 이겨 사고를 치게 되면, 그 병사는 자기 평생을 망치고 만다. 나아가 자기 집안, 자기 출신 학교, 자기 출신 지역까지도

다 더럽히게 된다.

결국 병사는 현재의 생활을 참고 지내는 것이 자기를 위하는 가장 좋은 길이다. 사람의 인격은 참는 정도에 따라 결정된다. 훌륭한 사람이라는 것도 결국 잘 참는 사람이다. 조그마한 것을 참지 못하면, 큰일을 그르치게 된다. 군대생활이 힘들다지만, 군대생활 정도를 참고 못하는 사람은 사회생활도 잘할 수 없고, 공부도 잘할 수 없다.

소위 민주화 세력들이 집권한 이래로 군대문화라 하면 무조건 나쁜 것으로 매도하여, 군대에 대해서 너무 관심이 없고 처우개선도 전혀 되지 않는다. 군대의 사고방지를 위해서 국가적 차원에서 새롭게 근본적인 해결책을 강구해야겠다.

2005년 6월 26일

忍: 참을 인   之: 갈 지, 이것 지   爲: 할 위   德: 큰 덕

106

적덕유후
積德裕後

덕을 쌓으면 후세가 번성해진다

조선 말기에 하동(河東)지방에 영일정씨(迎日鄭氏) 만석군(萬石君)이 두 집 있었다. 두 집 사이가 서로 일가로서 별로 멀지 않았다. 만석군이라고 하면 엄밀하게 말하면, 주인집 창고에 들어오는 나락 수확이 만 섬이 되어야겠지만, 보통 천 마지기 정도 넘으면, 정확하게 셀 수가 없기에 그냥 만석군이라고 부른다.

두 만석군 가운데서 한 집은, 자기 식구들끼리는 아주 근검절약(勤儉節約)하면서 소작인들에게 아주 관대했고, 다른 한 집은 호사스럽게 살면서 소작인들에게는 아주 가혹했다. 한 집에서는, 지리산 골짝 골짝에서 소작인들이 가을에 농사지어 소작료를 싣고 오면 다시 되어 보지도 않고 믿고 받아들이면서 뜨뜻한 국과 밥을 대접해서 보냈다. 다른 한 집에서는 소작인들이 등에 지거나 혹은 달구지에 싣고 온 소작료를 꾹꾹 눌러서 다시 되어 보아서 부족하면 더 가져오게 했고, 혹 덜 말랐으면 퇴짜를 놓아 다시 말려 오도록 했다. 그러면 소작인들은 온 동네서 멍석을 빌려서 이틀이고 사흘이고 다시 말려서 바쳐야 했다. 그러는 동안에도 찬물 한 그릇 대접하는 법이 없었다. 그러고는 갖고 온 곡식에 대해서 품평을 하면서, "이런 식으로 농사를 짓는다면, 내년에는 논을 떼어 다른 사람한테 주어야겠다."는 등등의 말을 하여 소작인들을 위협했다. 그러니 약자인 소작인들이 말은 못 하지만, 속으로 두 집을 비교하면서, 관대한 부자에 대해서는 은인(恩人)처럼 생각했고, 인색한 부자에 대해서는 원수처럼 생각했다. 그리고 온 고을에 두 부자에 대한 그런 소문이 쫙 퍼져 나갔다.

　세월이 흐른 뒤, 그 관대하던 부자의 아들이나 손자들은 부지런하고 공부도 잘하고 남을 생각할 줄 아는 사람이 되었고, 재산도 더 불어나 지금도 서울에서 기업을 운영하며 사람답게 살고 있다. 그리고 고향 사람들을 만났을 때, "제가 아무 집 손자입니다."라고 하면, 사람들이 다 좋은 인상을 갖고 대했다. 그러나 인색하던 부자의 아들이나 손자들은 한결같이 사치하고 허랑하고 공부 안 하고, 친구도 꼭 사람 같잖은 무리들하고만 사귀어, 그 부자가 세상을 떠난 지 얼마 되지 않아 재산을 다 팔아먹어 버렸다. 지금은 거지 신세가 되어 있는데, 지나가면 아는 사람들은 다 "저게 아무개 집 손자다."라고 손가락질한다. 필자도 그 손자를 본 적이 있다.

　사람은 무슨 일을 할 때 장기적인 안목으로 대처해야 한다. 옛날 우리 어른들은, "할아버지 어진 것이 손자 밑거름이다."라는 말을 늘 했다. 조상들이 은덕(恩德)을 쌓아 놓으면, 다른 사람들은 좋은 인상을 갖고 대하기 때문에 후손들이 남의 칭찬을 듣고 또 살아가기가 편리하다.

　그런데 요즈음 사람들은 너무 눈앞의 이익만 생각하고서 사람들을 대할 때 일회용 물건 대하듯이 한다. 서로서로 좀 더 느긋하게 상대를 대하도록 해야겠다.

2005년 7월 3일

積: 쌓을 적   德: 큰 덕   裕: 넉넉할 유   後: 뒤 후

107

숭조목족
崇祖睦族

조상을 숭배하고 동족끼리 화목하게 지낸다

일본이 우리나라를 점령하고 나서 강압적인 식민지통치를 하면서도, 한편으로는 학자들을 동원하여 우리나라 역사를 열심히 연구하였다. 언뜻 보면 고마운 일 같지만, 실제로는 우리나라 역사를 연구하여 우리나라의 장점은 말살시키고 결점만 부각시키려는 의도였다. 바로 식민지사관(植民地史觀)에 의하여 우리나라 사람들의 민족혼(民族魂)을 없애 버리려는 고도의 음모가 깃든 작업이었다.

우리나라의 후손 된 사람들이 우리의 역사를 알게 되면, 조상이 원망스럽고, 한민족으로 태어난 것이 수치스럽게 만들어 자기 민족인 한민족은 깔보고, 자기도 모르게 일본민족으로 태어났으면 하는 부러워하는 마음이 들도록 하려는 의도였다. 그렇게 되면, 한민족은 와해되고, 한민족의 문화는 파괴되어 사라지고, 결국 한민족은 다시 독립하지 못하고 영원히 일본의 식민지가 된다고 본 것이다.

이러한 일본의 한민족 말살의 수법 가운데 하나가, 세대간(世代間)을 이간(離間)시키는 작전이었다. 우리 민족은 효(孝)를 바탕으로 조상을 잘 섬기고, 손자는 할아버지를, 아들은 아버지를 잘 받들며 살아왔다. 그런데 일본이 통치를 하면서 신식학교를 만들어 이른바 신학문을 가르쳤다. 학생들의 학적부에 학부모의 학력을 적는 난이 있는데, 전통학문인 한문(漢文)만 익힌 할아버지나 아버지는 '무학(無學)'으로 적히게 되었다. 신식학교를 졸업했거나 일본 유학을 갔다 온 학부모들의 자녀들은 당당하게 '중졸', '대졸' 등으로 학력을 적어 넣을 수 있었다.

그러니 학교를 다닌 대부분의 젊은이들은 마음속으로 자기 할아버지나 아버지를 무시하는 마음을 갖게 되었다. 그들은 '우리 할아버지나 우리 아버지는 비합리적이고, 비생산적이고, 시대에 뒤떨어졌다.'라고 생각했다. 그래서 그 할아버지나 아버지들이 족보 편찬하고, 조상 문집 간행하고, 조상 산소에 비석 세우는 일 등에 정성을 다하는 것을 보고, 아무런 가치도 없는 일을 한다고 비웃었다.

이런 사고방식이 그 아들 손자에게 계승되어 현재 우리나라의 지식인들 상당수는 족보 만들고 비석 세우는 일 등을 아주 못마땅하게 생각한다. 시험 삼아 대한민국의 대학교수들에게 한번 물어본다면, 아마 거의 대부분이 "일고의 가치도 없는 일입니다."라고 답할 것이다.

현재 족보를 만들지 않음으로 해서 가문(家門)이 없어지게 되고, 가문이 없어지니 가문 단위의 문화가 없어졌다. 이에서 더 나가면 가정도 해체되게 되고, 가정이 해체되면 가정교육이 없어진다. 가장 기초적인 교육은 가정에서 이루어지는데, 지금 가정이 해체되고 보니, 그 여파로 사회가 혼란하게 되어 가고 있다. 가정교육이 된 사람은 막가는 행동을 하려다가도 자기가 누구 집 후손이며 누구의 자식인지, 다시 한번 생각하게 된다.

1981년 독일의 유명한 사회학자 보르노 박사가 우리나라를 방문하였을 때, 우리나라 기자들이 "앞으로 어떻게 하면 한국이 더 나은 나라가 될 수 있겠습니까?"라고 질문하자, 그는 "한국 사람들은 지금까지 잘해 왔던 족보를 잘 간행하고, 효(孝)사상을 잘 유지하면 된다."라고 대답했다. 한국의 대부분의 지식인들이 쓸모없는 것으로 여기는 족보의 가치를 대단하게 평가하였다.

오늘날 혼란한 사회문제를 가족문화를 통해서 해결해야 하겠다. 조상을 중심으로 단합하여 일가친척부터 잘 지내고, 더 나아가 타인들과도 잘 지내도록 노력하자.

2005년 7월 10일

崇: 높일 숭   祖: 할아버지 조   睦: 화목할 목   族: 겨레 족

감공형평
鑑空衡平

거울처럼 환하고 저울대처럼 공평하다

사람이 한평생 사물을 분명하게 통찰하여 공정하게 살아가기는 힘든 일이다. 평생을 잘 지내다가도 말년에 가서 자신의 업적을 다 망가뜨리는 사람도 있고, 거의 모든 방면에서 다 잘했으면서도 한 가지를 잘못하여 역사에 오명(汚名)을 남기는 사람도 많다. 모택동(毛澤東) 같은 경우, 중국을 통일하고, 외세를 몰아내고, 부정부패를 추방하고, 백성들의 의식주문제를 해결하여 중국 역사상 전무후무한 위대한 공적(功績)을 쌓았다. 그러나 74세 때부터 10년 동안 자기의 정치적 적을 타도하기 위한 수단으로 문화대혁명이란 이상한 일을 만들어 중국 천지를 암흑의 도가니로 몰아넣었고, 자신의 일생에도 먹칠을 하였다.

매일매일 한 가지 일을 처리할 때마다 신중을 기하지 않으면, 앞에 이룬 업적이 수포로 돌아가고 만다. 책을 보고 공부를 하는 이유는, 결국은 바르게 살기 위한 판단력을 기르기 위한 것이다.

자기 생각이 바르지 못하고 행동이 바르지 못한 사람이, 남을 평가하는 위치에 앉게 되면 많은 사람들에게 피해를 준다. 대학에서 면접하는 교수가 바른 생각을 갖지 못한 사람이면, 우수한 학생은 불합격시키고 그보다 못한 학생을 합격시키는 일이 생길 수 있다. 회사의 면접관이 바른 생각을 갖지 못한 사람이면 그 회사에는 우수한 인재를 선발할 수가 없다. 대통령이 바른 생각을 갖지 못한 사람이면, 형편없는 사람이 요직을 맡게 되고 우수한 인재가 버려질 수 있다.

요즈음 중고등학교 교사들을 평가하는 문제로 찬반이 엇갈린다. 교육부와 언론에서는 교사를 평가하여 부적격한 교사들을 도태시켜야 한다고 주장하고 있고, 교원단체 등에서는 여러 가지 이유를 들어 반대하고 있다.

교사를 평가하여 부적격교사를 도태시키면, 교사의 질이 높아져서 학생들에게 많은 혜택이 돌아간다. 그러나 현실은 그렇지 못하다. 대부분의 학생들은 숙제 덜 내 주고 재미있게 수업하는 교사를 좋아한다. 중고등학교 학생들이 공정하게 평가할 수 있느냐가 문제다. 공정하지 못하고 장난삼아 하는 평가에 의해서 많은 우수한 교사들이 도태된다면, 누가 책임질 것인가?

대학에서는 학생들이 교수의 강의를 평가하는 제도가 시행된 지 이미 오래되었다. 대학생의 수준에서도 공정하게 평가하지 못한다. 숙제 안 내 주고, 휴강 자주 하고, 농담 많이 하는 교수에게 높은 점수를 주고 있는 게 현실이다. 서울의 세칭 일류대학 한문학과의 어떤 원로 교수님은 학계에서 누구나 인정하는 실력과 인격을 갖춘 분이다. 한문학회 등 전국 단위의 학회장을 맡아 이끌어 나간 저명한 분이다. 그런데 그 학교에서 학생들의 수업평가 점수는 거의 꼴찌 수준을 계속 유지하고 있다. 실력이 없어서가 아니다. 강의 시간에 재미있는 농담 할 줄 모르고, 휴강 절대 안 하고, 과제를 많이 내 주기 때문이다.

교육은 오락이 아니고, 훈련이다. 논산훈련소 조교들이, 훈련병들의 평가가 겁나서 훈련병들 하자는 대로 해서야 무슨 훈련이 되겠는가? '수요자 중심의 교육'이라는 시장 논리가 교육을 망치고 있다. 다른 여건이 미비한데 교사평가만 먼저 한다고 교육의 질이 높아지겠는가?

2005년 7월 17일

鑑: 거울 감   空: 빌 공   衡: 저울 형   平: 평평할 평

야용회음
冶容誨淫

요염하게 꾸민 용모는 음란한 마음을 일으킨다

국민소득이라는 것이 별것 아닌 것 같아도, 국민소득의 정도에 따라 그 나라 국민들의 의식수준(意識水準)이 결정되고 국민들의 관심사와 사회적 분위기가 좌우된다. 좋은 일, 나쁜 일 등이 국민소득의 정도에 따라서 나타났다가 사라진다. 우리나라에서 거의 사라진 택시 바가지 요금이나 먼 길로 돌아가기 등이 지금 중국에서 자주 발생하고 있다. 그러다가 중국의 국민소득이 더 높아지면, 자연스럽게 사라질 것이다.

요즈음 중국에서는 남자들 사이에, "보지도 말고,[不看,] 말하지도 말고,[不語,] 접촉하지도 말아라.[不接.]"라는 말이 유행하고 있다. 여자들과 같은 직장에서 어울리다 보면, 남자들이 자주 성희롱 등의 혐의에 휘말려 억울한 일을 당하는 경우가 많기 때문에 자조적(自嘲的)으로 이런 말을 만들어 내게 된 것이다. 몇 년 전에 우리나라에서 성희롱 문제로 소송이 여러 건 제기되었는데, 지금 중국 곳곳에서 성희롱 문제가 사회적 문제가 되고 있다.

사람은 누구든지 어떤 형태로든지 다른 사람으로부터 관심을 끌고 인정(認定)을 받고 싶다. 이 인정을 받고 싶은 욕구가 인류사회를 발전시켜 온 원동력이라 할 수 있다. 그래서 남자는 본능적으로 힘 있어 보이려 하고, 여자는 아름다워 보이려 하는 것이다. 이는 원시인들에게도 마찬가지고, 심지어 동물에게도 이런 본능이 있다.

그러다 보니 온갖 다양한 복장과 화장술이 등장하게 되었다. 극도의 변화를 추구하다 보니, 날로 새로운 양식의 의복이 등장하게 되었다. 패션 전문가들이 등장하여 새로운 미를 추구하는 남녀들을 유혹한다. 새로운 스타일의 복장으로 멋을 내려다 보니, 점점 옷의 본래의 기능인 몸을 보호하고 추위를 막아 주는 기능과 멀어지게 되었다. 그리하여 모양이 기이한 옷, 노출이 심한 옷 등이 다투어 등장하게 되었다. 복장이 변함에 따라서 사람들의 의식도 점점 과감해져서 몇 년 전만 해도 감히 상상도 할 수 없는 옷을 입고 아무렇지도 않게 다닌다.

날씨가 더운 날엔 노출이 심한 옷이 인기가 좋다. 갈수록 노출이 점점 더 심해져 가고 있다. 노출이 심한 옷을 입는 것이야 개인의 자유지만, 어느 정도 장소와 때를 가려야 하겠다. 안동(安東) 하회(河回)마을 같은 데서 그 마을에서 대대로 살아오던 집안에서 제사(祭祀)를 모시려고 하면, 인근에 놀러 와 있던 청춘남녀들이 수영복 차림으로 구경하겠다고 제사상 주변에 둘러선다고 한다. 세상에 남의 집 제사 지내는데, 수영복 차림으로 참여하는 몰지각한 행위를 하는 사람들은, 제사에 어떤 의미가 있는지 한 번도 교육을 받지 못한 사람들일 것이다. 선현(先賢)을 모신 서원(書院) 가운데서 좀 경치 좋은 곳에 있는 경우에는 역시 수영복 차림으로 마루에 올라가 드러눕고 고성방가하는 일도 있다. 최소한의 예절을 지켜야 하겠다.

3천 년 전 『주역(周易)』에서 벌써, "물건을 아무렇게나 간직하는 것은 도적을 가르치는 것이고,[慢藏誨盜,] 요염하게 용모를 꾸미는 것은 음란함을 가르친다.[冶容誨淫.]"라는 말을 남겼다. 때와 장소를 가리지 않고 너무 노출이 심한 옷을 입는 것은, 성희롱의 위험이 없다 할 수 없겠다.

2005년 7월 24일

冶: 야금할 야, 예쁘게 꾸밀 야   容: 얼굴 용   誨: 가르칠 회
淫: 음탕할 음

수불석권
手不釋卷

손에서 책을 놓지 않는다

요즈음 주5일제 근무로 인하여 주말이면 가족단위 혹은 친구끼리 여행을 떠나는 사람들이 많다. 생산의 측면에서 보면 놀지 말고 계속 생산에 종사해야겠지만, 또 삶의 질을 높이기 위해서는 사람이 적당하게 놀아야지 늘 일만 하고 살 수는 없는 것이다.

그냥 먹을 것 많이 준비하여 차에 싣고 여기저기 다니다 보면, 우리나라는 국토면적이 넓은 편이 못 되어 오래지 않아 웬만한 데는 다 가 보게 된다. 그다음부터는 별로 갈 데가 없게 된다. 주5일제가 시작된 지 얼마 안 된 지금 벌써 주말에 갈 데가 없어서 문제라는 사람들이 등장하였다.

그러니 여행을 다니되 그냥 차를 몰고 여기저기를 다니지 말고, 차분하게 주제(主題)를 잡아서 사전 준비를 철저히 해 가지고 다니면, 훨씬 의미 있게 우리나라를 볼 수 있을 것이다. 자기 가족이나 동호인(同好人) 단체를 만들어 주제가 있는 여행을 계속하는 것이다. 예를 들면 전국의 서원(書院)을 다 돌아보고 거기에 모신 선현들의 일생을 연구해 본다든지, 강을 연구하는 여행을 한다든지, 민물고기, 나무, 야생화, 약

초 등등을 다양하게 연구하면서 여행할 수 있다. 이렇게 꾸준히 계속해 나가면 어느새 자기도 모르게 어떤 분야의 전문가가 될 수 있다. 야생화에 관한 한 누구한테 물어보라는 말을 듣게 될 것이다. 그러나 대부분의 사람들은 기분에 따라 즉흥적으로 여행을 나서는 경우가 많은데, 주제를 가지고 하는 여행은 철저한 준비와 계획이 필요하므로, 결코 쉬운 일은 아니다. 그리고 오래도록 지속하기도 쉽지 않다.

주말 2일 동안 매주 여행을 다니면서 보낼 수는 없는 일이다. 그런 식으로 계속 나가서 다니다 보면 휴식이 되지 않을 뿐만 아니라, 경제적으로도 문제가 발생할 수 있고, 또 집안일이 정상으로 돌아갈 수가 없다. 집 안에서 차분히 책을 보는 것이 몸도 마음도 편안하고 수확도 제일 많이 올릴 수 있다.

중국 삼국시대 조조(曹操)의 아들 조비(曹丕)는 책을 워낙 좋아하여 화살이 날아오는 전쟁터의 말 위에서도 책을 손에서 놓지 않았다고 한다. 피서한다고 산이나 들로 찾아다녀 봐야 교통체증에 더 시달릴 수 있다. 냉방이 잘된 도서관이나 독서실 등에서 책을 읽는 것이 가장 좋은 피서이고, 주5일제 시대에 주말을 제일 잘 보내는 방법이지 않을까 생각된다.

2005년 7월 31일

手: 손 수   不: 아니 불   釋: 풀 석, 놓을 석   卷: 책 권

노출마각
露出馬脚

말의 다리를 드러내다. 엉큼한 속셈을 드러내다

우리나라는 이웃 복이 없는 나라라 할 수 있다. 우리나라 주변을 둘러싸고 있는 일본, 중국, 러시아 등이 다 우리나라에 대한 영토(領土) 침탈(侵奪)의 야욕을 갖고 있다.

이 가운데서도 특히 일본은 우리나라를 끊임없이 괴롭혀 왔다. 삼국시대부터 왜구들이 해안지방에서 약탈을 일삼았다. 그러다가 임진왜란(壬辰倭亂) 때는 평화로운 우리 강토(疆土)를 침략하여 우리 조상들을 수없이 죽였고, 또 많은 백성들을 납치해 갔고, 값진 문화재(文化財)를 약탈해 갔다.

근년에 와서는 36년 동안 우리나라를 강점(强占)하여 자유를 빼앗고, 토지를 몰수하고, 독립운동하는 많은 애국지사의 목숨을 빼앗고, 젊은이들을 전쟁터로 끌어내어 죽게 만드는 등, 인간으로서 할 수 없는 잔인한 만행을 무자비하게 저질렀다.

그러다가 우리나라가 한국전쟁에 휩싸여 있는 동안, 미국 군수물자 제조에 힘입어, 경제를 회복하고 미일동맹체재를 맺어 자기 나라의 경제와 국방에 있어 아무런 문제가 없게 만들어 두었다.

지금까지도 우리나라에 대한 자기들의 만행에 대해서 진정한 반성이나 사과는 하지 않고, 일본 수상은 신사참배를 계속하고 있고, 가끔 독도문제(獨島問題)를 들고나와 대한민국 사람들의 심기를 건드린다.

그래도 지금까지는 자기들의 헌법에 의해서 군대를 갖출 수 없었고, 전쟁에 참여할 수 없도록 되어 있었다. 그러나 최근에 와서 자기들 헌법을 고쳐서 군대도 갖출 수 있게 하고 전쟁에도 참여할 수 있도록 만들었다. 그들의 침략적 본색을 드러내고 있다. 일본이 언제 다시 군국주의 국가로 변할지 모른다. 우리가 다시 한번 정신을 차려야 하겠다. 그러나 한편으로는 간교(奸巧)한 일본이 있음으로 해서 우리 국민들을 분발하게 만드는 측면도 없지는 않다.

중국 원(元)나라에서는 연극이 발달하였는데, 사람이 말가죽을 쓰고 말처럼 연기하는 연극이 있었다. 그런데 가죽을 쓴 사람이 걸음을 잘못 걸으면 다리가 밖으로 드러나, 사람 다리인 것이 노출되어 버린다. 그래서 감추고 있던 본색이 드러나는 것을 "마각(馬脚)이 드러난다."라고 하는 것이다.

또 다른 설로는, 중국의 귀족집안에서는 다 딸들을 어릴 때부터 발을 칭칭 동여매어 자라지 못하게 하는 전족(纏足)이라는 것을 해 왔다. 명(明)나라 시조 주원장(朱元璋)의 황후는 마씨(馬氏)였는데, 평민의 집안에서 자라나 전족을 하지 않아 발이 컸다. 황후가 된 후 그 큰 발을 부끄러워하며 감추려고 애를 썼는데, 가끔 실수로 발이 나온 적이 있었다고 한다. 그래서 마씨의 발이란 뜻에서 마각이라 한다.

2005년 8월 7일

露: 이슬 로, 드러낼 로　　出: 날 출　　馬: 말 마　　脚: 다리 각

일실족성천고한
一失足成千古恨

한 번의 실수가 족히 영원한 한이 될 수 있다

오늘날은 세계 각국의 운명을 좌지우지(左之右之)하는 것이 정치가 아니고 경제다. 미국 대통령 부시도 미국을 먹여 살리는 사람은 자기가 아니고 기업하는 사람들이라고 여러 차례 이야기한 적이 있다. 어느 나라를 막론하고 수출을 많이 하는 대기업의 상품이 그 나라 경제에 큰 도움을 주고 있다.

우리나라도 지금, 반도체, 휴대폰, 자동차, 선박, 철강, 에어컨 등 몇몇 상품이 전체 국민들을 먹여 살리고 있다 해도 전혀 과장된 말이 아니다.

국가 홍보(弘報)의 측면에 있어서도 경제의 위력은 대단하다. 예를 들어, 우리나라 국무총리나 장관이 어떤 나라를 방문한다면, 방문하는 그 기간 동안 그 나라 현지에 현수막이 내걸리고 그 나라 언론에서 잠시 보도를 한다. 그러다가 방문이 끝나고 나면 곧 잊어버린다. 몇 년이 지나고 나면 그 나라에서는 우리나라 총리나 장관이 방문했던 사실조차 기억을 못 한다. 우리나라의 유명한 교수가 국제 학회에서 우수한 논문을 발표한다 해도, 관심 갖고 듣는 사람은 그 방면의 전공자 몇몇 사람에 불과하다. 그러나 우리나라 소나타 승용차 한 대가 지나가면, 그 나라 사람들은 한국 제품이라는 것을 곧 알아보고, 차에 관심이 많은 사람들은 그것을 화제로 삼아 한국의 자동차에 대해서 이야기하고 나아가 현대자동차, 더 나아가 한국에 대해서 알려고 노력한다. 정부에서 우리나라를 알리려고 홍보대사라는 것을 임명하는 제도가 있지만, 우리나라를 홍보하는 데는 경제발전만 한 것이 없다.

근년에 우리나라가 기업할 여건이 나쁘다고 판단한 많은 기업인들이 회사를 중국 등지로 옮겼다. 얼마 동안은 이득을 올릴 수 있었다. 그러나 중국도 지금은 자국의 경제가 급속도로 발전하여 기술수준이 우리나라에 거의 접근하였고, 국민정서가 이미 외국 기업이 많은 이윤을 남기도록 두고 보지를 않는다. 우리나라 기업을 자기들의 값싼 노동력을 착취하고 자기들의 경제발전을 가로챈 기업으로 생각하여 가는 경향이 날로 심해지고 있다. 그래서 중국으로 건너간 우리나라 기업이 고전을 면치 못하고 있다.

전 세계는 지금 긴박한 경제적 경쟁을 하고 있다. 이런 때 한 번 실수하면, 다시 일어설 수 없는 함정으로 추락하고 만다. 우리나라만 경제개발에 총력을 기울이던 시절하고는 다르다. 지금은 전 세계 거의 모든 나라가 전력질주하고 있는 상황이다.

중국을 비롯한 동남아 각국의 경제성장은 매우 양호한 편이다. 그런데 유독 우리나라만이 경제가 날로 침체하여 실업률이 날로 높아 간다. 요즈음 대학생들은, '졸업 곧 실업(失業)'이라는 암담한 현실에 직면해 있다.

경제를 방해하는 정치적 혼란만을 야기하는 정치인들은 역사의 죄인이 되지 않으려면, 세계의 흐름을 똑바로 보아야겠다. 한 번의 실수가 천고(千古)의 오랜 세월 동안의 한이 되는 일이 없도록 해야겠다.

2005년 8월 21일

一: 한 일 　　 失: 잃을 실 　　 足: 발 족 　　 成: 이룰 성
千: 일천 천 　　 古: 옛 고 　　 恨: 한탄할 한

무신불립
無信不立

신의가 없으면 어떤 일이 성립될 수 없다

공자(孔子)의 제자인 자공(子貢)이 어느 날 공자에게 "정치란 어떻게 하는 것입니까?"라고 물었다. 그러자 공자는, "백성들의 먹을 것을 풍족(豐足)하게 해 주고, 국방(國防)을 튼튼히 하고, 백성들이 믿게 하는 것이라네."라고 대답해 주었다. 그러자 자공은 마치 스승 공자를 시험이라도 하듯, 다시 "꼭 어쩔 수가 없어서 선생님께서 말씀하신 이 세 가지 가운데서 한 가지를 줄여야 한다면, 무엇부터 먼저 줄여야 하겠습니까?"라고 물었다. 공자가, "국방을 빼야지."라고 답했다. 자공이 다시, "꼭 어쩔 수가 없어서 남은 두 가지 가운데서 한 가지를 줄여야 한다면, 무엇부터 먼저 줄여야 하겠습니까?"라고 묻자, 공자는, "먹을 것을 빼야지. 옛날부터 먹을 것이 없으면, 사람은 모두 죽는다. 그러나 그보다 더 중요한 것이 신의(信義)인데, 정치하는 사람들이 백성들에게 신의가 없으면 그런 나라는 나라가 될 수 없느니라."라고 대답을 했다.

국가를 다스리는 데는, 백성들의 생존과 직결되는 경제(經濟)와 국방이 매우 중요하지마는, 그보다는 신의가 가장 중요하다고 공자는 말했다. 국가를 다스리는 지도층이 신의가 없으면, 몇 번 정도는 백성들을 속여 넘어갈 수 있지만, 계속 거짓말을 하게 되면, 백성들은 국가 지도자들이 하는 말은 참말이라도 믿지 않게 된다. 그런 정권은 국민들의 지지(支持)를 받지 못한다. 국가뿐만 아니라, 학교나 회사도 마찬가지다. 명령에 따라 열심히 일하는 사람이 정당한 대우를 받는 체제가 되어야 한다. 적당하게 요령만 피우면서 목소리만 크게 내는 사람이 대접받는 체제가 되면, 정상이라고 할 수 없다. 그러나 현실은 그렇지 못하다.

예를 들면, 다 같이 국립사범대학에 입학한 두 학생이 있었는데, 군대를 면제받은 학생은 졸업하자마자 바로 교사로 임용되어, 지금 이미 오랜 교단 경력을 쌓아 교감으로 나가려고 준비하고 있다. 그런데 같이 입학해서 군대에 갔다 온 사람은, 아직도 발령을 못 받고 있고, 이제나저제나 발령을 기다리다가 결혼도 하지 못한 채, 인생을 거의 망치게 되었다. 이 사람의 인생을 누가 책임지고 보상해 줄 것인가? 어째서 국가를 위해서 3년간 국방의무를 충실히 한 사람이 도리어 버림을 받아야 하는가? 국가가 그 당시 제도에 따라 임용을 약속했다면, 약속을 지켜야 한다. 이런 식으로 정치를 한다면, 누가 국가를 믿겠는가?

정권이 바뀔 때마다 국민들에게 한 약속이 지켜지지 않는 것이 한둘이 아니다. 목소리 큰 사람들의 요구만 들어주어서는 안 되고, 묵묵히 국가를 믿고 일하는 사람들이 정당한 대우를 받는 신의가 지켜지는 나라가 될 때, 국민화합이 되어 국력이 신장(伸張)될 수 있을 것이다.

2005년 8월 28일

無: 없을 무   信: 믿을 신   不: 아니 불   立: 설 립

114

분형동기
分形同氣

형제란 형체는 나뉘었지만 기운은 같은 관계다

역사상 가장 뛰어난 명필(名筆)로서 서성(書聖)이라 일컬어지는 왕희지(王羲之)는, 빠진 것 없이 두루 갖춘 사람이었는데, 아들이 일곱이나 되었다. 그 아들들의 이름이 아버지처럼 모두 '갈 지(之)' 자로 끝났다. 아들들은 다 뛰어났으며 글씨도 잘 썼다. 그 가운데서 다섯째 아들 왕휘지(王徽之)와 일곱째 아들 왕헌지(王獻之)가 가장 저명하였다.

그런데 어느 해 왕휘지와 왕헌지 둘 다 죽을병에 걸렸다. 술사(術士)가 말하기를, "죽는 것은 다 각자의 운명에 달려 있습니다. 그러나 살 운명인 사람이 죽을 운명인 사람에게 목숨을 양여(讓與)하면 죽을 사람도 살릴 수 있지요."라고 했다. 그러자 형인 왕휘지는, "나는 재주나 지위가 아우만 못하니, 내 목숨을 바쳐 아우를 살리는 데 쓰겠소."라고 했다. 아우를 위해서 하나밖에 없는 자기 목숨을 내놓겠다고 단호하게 말했다. 들으면 별일 아닌 것 같지만, 아우를 위해서 목숨을 바치겠다는 결심은 정말 대단한 것이다.

요즈음은 아들을 한둘밖에 낳지 않기 때문에 형제를 위해서 양자(養子)를 주는 것도 다 꺼린다. 그러나 얼마 전 엘지그룹의 구본무(具本

茂) 회장이 아들을 잃자, 그 아우가 기꺼이 하나밖에 없는 자기 아들을 형 앞으로 양자로 보냈다. 그 아우는, '큰집이 있어야 조상의 세계(世系)가 이어지고 집안이 구심점(求心點)이 생긴다.'고 생각해서였다. 전통(傳統)을 중시하는 많은 사람들이 찬탄(讚歎)해 마지않았다. 이런 정신으로 형제간에 우애 있게 지내기 때문에 엘지그룹은 창업(創業)한 지 60년이 되도록 형제나 사촌 간에 아무런 분쟁이 없이 모범적으로 회사를 경영하여 세계적인 기업이 되었다.

그러나 현재 우리나라의 많은 대기업들이 형제간에 사촌 간에 재산 문제로 소송을 하거나 고발을 하는 경우가 비일비재하여, 사람들의 눈살을 찌푸리게 하고 있다. 연일 방송이나 언론을 통해 상호 간에 비방(誹謗)을 일삼고 있다. 사회지도층 인사라 할 수 있는 대기업 경영자들의 이런 추태(醜態)는 사회에 아주 나쁜 영향을 미치고, 특히 청소년들의 도덕심 형성에 아주 좋지 않다.

형제는 부모로부터 다 같은 피와 살을 물려받은 관계로, 비록 몸뚱이는 둘로 나누어져 있지만, 그 기운은 하나로 연결되어 있다. 그래서 한번 손상되면 다시 회복되기 힘들다.

아우를 위해서 자기 생명을 바치려는 형이 있는데, 그래 부모가 남겨 준 재산을 더 차지하려고 형제간에 서로 난투극을 벌여서 될 일인가?

2005년 9월 4일

分: 나눌 분   形: 모양 형   同: 한가지 동   氣: 기운 기

수주대토
守株待兎

나무의 그루터기를 지키며 토끼를 기다린다

중국 춘추시대(春秋時代) 송(宋)나라의 어떤 농부가 땅을 갈아 열심히 살아가고 있었다. 어느 날 아침에 쟁기를 지고 들로 일하러 가다가, 중간에서 토끼 한 마리가 나무 그루터기에 목이 걸려 죽어 있는 것을 보았다. 즉시 쟁기를 내려놓고 달려가 그 토끼를 주워 집에 들고 와서는 아내에게 시켜 음식으로 만들어 한잔 술과 함께 맛있게 먹었다. 정말 매우 기분이 좋았다. 그러자 그는 이렇게 생각했다. '매일 그 그루터기를 지키고 있다가 토끼가 다시 그 그루터기에 걸려들면 주워 가서 요리해서 먹으면 되겠네. 지금부터는 뼈 빠지게 일할 필요도 없어.'라고 무릎을 탁 쳤다. 그때부터는 땀 흘려 일하지 않고 나무 그루터기 곁에 앉아 토끼가 다시 걸려들기만을 기다렸다.

그러나 달려와 그 나무 그루터기에 걸려 죽는 토끼는 다시는 없었다. 혹시나 달려올 토끼를 기다리느라고 농사일을 팽개쳐 버렸다. 그로 인하여 그 농부의 논밭은 온갖 잡초가 우거져 엉망이 되었다. 같은 마을의 사람들이 "토끼가 우연히 그 그루터기에 걸려 죽은 것으로 다시는 그런 일이 일어나기 어렵소. 그러니 얼른 농사일을 다시 시작하시오."라고 권유해도 그 농부는 듣지를 않았다. 마을 사람들은 노력은 하지 않고 요행(僥倖)만 바라는 농부의 마음 자세를 미워하며, 그의 어리석음을 비웃었다. 결국 그 농부는 주위 사람들의 비웃음거리가 되고 말았다. 시대의 흐름이나 상황의 변화는 고려하지 않고, 지나간 제도나 규칙이나 행동방식을 융통성(融通性) 없게 고수(固守)하는 사람이나, 적극적(積極的)인 노력은 하지 않고 좋은 결과만을 바라는 사람을 풍자(諷刺)하는 이야기다.

노 대통령은, 취임한 지 얼마 안 되어 대통령직을 내걸겠다는 선언을 하여, 백성들에게 상당히 충격(衝擊)을 주었다. 그럼에도 자신의 정치적 목적을 어느 정도 성취하였다. 그러나 그 이후로 너무 자주 대통령직을 내건다는 말을 많이 하였다. 이제 백성들에게 어떤 충격도 주지 못하고, 백성들이 그 말을 들으면 넌더리를 낸다. 정말 그만두지도 않을 것이면서, 교묘한 협박용으로 말로만 계속 내놓겠다 하고 있으면서, 정작 자기가 수행해야 할 대통령으로서 책임은 회피하고 있으니, 나라가 어떻게 되겠는가?

농사꾼이 논밭은 묵혀 놓고 토끼만 기다리는 꼴과 흡사하다 하겠다. 다른 집에서 풍성한 수확을 거둘 때, 그 농부는 아무런 수확도 하지 못했다. 대통령이 아무런 실속 없이 잘못될 방향으로만 가고 있을 때, 중국 등 다른 나라는 고도성장을 하고 있다. 낙후된 경제는 대한민국의 장래에 엄청난 짐이 될 것이다. 대통령이 지금이라도 올바른 충고를 받아들여 국가의 절실한 현안문제 해결을 위해 노력해야 하겠다.

2005년 9월 11일

守: 지킬 수   株: 그루터기 주   待: 기다릴 대   兎: 토끼 토

휘질기의
諱疾忌醫

병을 숨기고 의원을 꺼린다

사람들 가운데는 몸에 이상이 있으면, 여러 다른 사람에게 자신의 증상(症狀)을 이야기하고서, 즉각 병원(病院)에 가서 진찰(診察)을 받는 사람이 있다. 그런 사람은 대개 진찰 결과를 겸허하게 수용하여 의사가 시키는 대로 한다. 이런 유형의 사람들은 큰 병도 미리 다 예방(豫防)한다. 그러나 몸에 이상이 있어도 혼자서만 걱정하고 절대 남에게 이야기를 하지 않고, 겁이 나서 병원에도 가지 못하는 사람이 있다. 그러는 사이에 병이 점점 커져서 손을 쓸 수 없는 지경(地境)에까지 이르러 결국은 목숨을 잃는 사람도 적지 않다. 사람들은 자기가 타고 다니는 자동차에 조금만 이상이 있어도 정비소를 찾아 상당히 비싼 돈이 들어도 당장 고친다. 그러나 몸의 경우에는 웬만해서는 병원에도 잘 가지 않는다.

　몸의 이상은 그래도 관심을 갖고 고치려고 하지만, 마음에 있는 병은 사람들이 더더욱 고치려고 하지 않는다. 자신이 스스로 살피지 않기 때문에 자기 마음에 무슨 병이 있는지도 알지 못할 지경이다. 남을 질투하거나 시기하는 마음, 남을 의심하는 마음, 남을 원망하는 마음,

남을 무시하는 마음, 남을 이간(離間)시키려는 마음, 자기 이익만 챙기려는 마음, 원칙을 어기려는 특권의식 등등, 마음의 병이 심각한 상태인데도 자기는 병이 없다고 생각한다. 누가 옆에서 충고(忠告)해도 자기가 옳다고 고집하여 절대 받아들이려고 하지 않는다.

남의 충고를 받아들임으로 해서 더 큰 인물이 될 수가 있다. 바다는 가장 낮은 위치에서 모든 물을 다 받아들이기 때문에 아주 넓고 깊을 수 있는 것이다. 사람도 자기의 결점을 숨기지 말고 공개하고, 여러 사람들의 올바른 충고를 받아들여 자신의 발전의 지렛대로 삼아야 하겠다.

요즈음 우리 대한민국 사람은 누구나 할 것 없이 너무 교만(驕慢)을 떨고 있다. 단군(檀君)의 개국(開國) 이래로 가장 국민성이 교만하게 되었다고 한다. 대통령부터 일반 서민에 이르기까지 자기 말만 하려 하고 남의 말은 듣지 않고, 자기 뜻대로만 해야 하고, 주변 사람들의 입장은 고려하려고 하지 않는다. 자기만 대접받으려 하고 다른 사람에 대해서는 관심이 없다. 외교적으로도 미래를 생각하려고 하지도 않고, 아무런 실속 없이 미국, 일본, 러시아, 중국 등과 감정적인 외교를 하여, 그들과의 갈등(葛藤)만 증폭시켜 놓았다. 앞으로 좋아질 것이라고 전망하기도 어렵다. 국익을 생각하여 아주 신중하게 대처해야 할 것이 외교전략이다. 한 번의 회담의 실패가 나라 전체의 운명을 결정할 수도 있다.

겸허(謙虛)하고 근면(勤勉)하고 인간미 있는 우리의 미풍양속(美風良俗)이 다시 회복되도록 다 같이 노력해야겠다. 백성들 상호 간에 스트레스를 주지 않을 때 국력(國力)이 진정으로 강화될 수 있을 것이다.

2005년 10월 9일

諱: 꺼릴 휘   疾: 병 질   忌: 꺼릴 기   醫: 의원 의

인미언경
人微言輕

사람이 미미하면 말도 무게가 없다

줄기세포 연구로 세계적인 권위를 가진 황우석(黃禹錫) 교수가 지난봄에 서울대학교 수의과대학 학장에 출마 의사를 표시하여 만장일치로 추대된 적이 있다. 많은 사람들은, '그는 자기 분야에서 세계적인 업적을 이룬 사람인데, 왜 하찮은 단과대학의 학장에 취임하여 시간을 빼앗기려고 할까? 그냥 연구에만 충실하면 될 텐데.'라고 의아하게 생각하였다.

그러나 대학에서 근무해 본 사람이라면 황 교수의 결심에 대해서 이해할 수 있을 것이다. 대학교수는 전문직으로서, 그래도 우리나라에서 많은 사람의 존경을 받는 직업이라 할 수 있다. 자기 분야의 연구만 하고 강의만 한다면, 별로 큰 문제는 없다. 그러나 불합리한 교육제도나 학교의 운영에 관하여 자신의 의견을 개진하거나 건의를 해 보려고 하면, 전혀 먹혀들지 않는다. 갓 부임해서는 선임 교수들을 무기력하고 안일한 사람들로 생각하고, 무언가 참신한 일을 해 보겠다고 의욕적으로 활동하지만, 얼마 지나지 않아 대학교수의 힘으로는 되는 일이 없다는 것을 절감하고서는 무력감을 느끼며 선임 교수들처럼 학교의 일이나 교육정책에 대해서는 전혀 개의치 않는 태도를 취하게 된다. 그래서 좀 뜻이 있는 교수들은 총장이나 학장에 나서지마는, 학장이나 총장이 된다 해도 학교 안의 조그마한 규정이나 손질할 수 있을지 몰라도, 교육부의 명령이나 지시에 대해서는 따르지 않을 수가 없다. 당장 그 학교에 불이익이 떨어지기 때문이다.

현실은 교육부의 과장 한 사람 정도면, 전국 2백여 개 대학을 거의 좌지우지할 수 있다. 그래도 대학은 불이익을 받을까 봐 불만을 가지고 있으면서도 따르지 않을 수 없는 것이다.

지금 현재 전국의 모든 대학교수와 직원, 학생들이 반대하는 국립대학 법인화(法人化)를 교육부에서는 추진하고 있다. 그 이유는 일본에서 시행했기 때문에 한다는 것이다. 국가에서는 국립대학을 책임지지 않고, 국립대학 자체적으로 법인을 만들어서 운영하라는 것이다. 이렇게 되면 국립대학은 재정을 확보할 수가 없으므로 학생등록금을 엄청나게 인상해야만 한다. 지금 현재 그나마 국립대학이 버티는 것은 등록금이 사립대학에 비하여 싸기 때문인데, 등록금을 사립대학 이상으로 인상한다면, 국립대학은 다 문을 닫아야 할 것이다.

독일이나 불란서 같은 나라는 모든 대학이 다 국립으로서 국가에서 책임을 지고 있고, 국민소득이 우리의 10분의 1도 안 되는 중국도 대학은 다 국립이다. 그런데 우리는 국가에서 대학교육은 책임 안 지고 손을 뗄 테니까, 대학 자체에서 알아서 생존하라는 억지를 교육부에서 쓰고 있다.

사라져 가는 인기 없지만 꼭 필요한 학문은, 국립대학에서 보호를 해야만 우리나라가 학문적 후진국이 되는 것을 면할 수 있다. 그리고 가난한 학생들이 국립대학을 다니면서 경제적 혜택을 보도록 하는 것은 사회복지나 균등분배의 하나라고 할 수 있다.

대학교수들이 계속 법인화가 옳지 않다고 이야기를 해도 교육부에서는 들으려고 하지 않는다. 그래서 집회를 통하여 그 부당성을 사회에 알리면, 자기들 밥그릇 지키려 한다고 언론에서는 잘못 알고 매도한다. 권력을 잡지 못하면, 그 말도 힘이 없는 것인가?

2005년 10월 16일

人: 사람 인   微: 미미할 미   言: 말씀 언   輕: 가벼울 경

노민상재
勞民傷財

백성을 괴롭히고 재물을 손상한다

미국의 대사업가 록펠러는 많은 재산을 축적(蓄積)했지만, 호텔에 투숙할 때마다 늘 가장 값싼 방을 요구했다. 같은 호텔을 찾아온 그 아들은 언제나 가장 값비싼 방에서 유숙하였다.

호텔의 지배인이 한번은 아버지 록펠러에게 물었다. "회장님의 아들은 우리 호텔에 오면 제일 비싼 방에서 유숙하고 가는데, 회장님께서는 어째서 가장 값싼 방만 찾으십니까?"라고 하자, 록펠러는 웃으면서, "우리 아들이야 자기 아버지가 큰 부자니까 그렇게 하겠지만, 나는 그렇지 못하오."라고 대답했다.

현대그룹의 창시자 정주영 회장도 자기 돈으로는 맥주 세 병 이상 못 시킨다는 말이 있다. 자기 손으로 돈을 벌어 본 사람은 돈 벌기가 얼마나 어려운지를 잘 알기 때문에 함부로 쓰지 못하는 법이다. "삼대 부자 없고, 삼대 거지 없다."라는 흔히 하는 말이 있다. 가난이 뼈에 사무친 사람이 근검절약하여 집안을 일으키게 되면, 그 실정을 아는 그 아들은 집안에 재산이 좀 있어도 함부로 써서는 안 된다는 것을 안다. 그러나 손자 대에 가면 그냥 부자가 된 줄 알고 흥청망청 쓴다. 그러다 보면 결국 집안이 망하여 도로 거지가 되고 만다. 그러나 자손들 교육을 잘 시킨 집안인 경우에는 '10대 만석군 집안', '10대 천석군 집안' 등, 오래도록 재산을 유지해 나가기도 한다.

국가도 마찬가지다. 앞 시대 통치자들이 국가를 잘 경영하여 부를 축적하였을 경우, 후대의 통치자는 비교적 여유 있게 국가를 통치할 수 있다. 그러나 축적된 재산이 좀 있다 하여 흥청망청 써 버리면, 국가 재정이 곧 바닥이 날 수밖에 없다.

선거라는 것이 매우 민주적인 것 같지만, 소모적인 요소가 너무 많고, 당선되기 위해서는 집권만 하면 국민에게 인기를 얻을 수 있는 일에만 신경을 쏟는다. 그러다 보면, 국가 재정은 파탄 나지 않을 수 없다.

지방자치단체도 사정은 마찬가지다. 옛날에는 어떤 시에서 시장을 하다가 다른 직책으로 옮겨 가도 계속 공무원 신분에 있음으로 해서, 신분 처벌을 받을 수 있고, 자기의 승진에도 영향을 미치기 때문에 신중하게 재정을 집행했다. 그러나 지금이야 한 번이나 두 번 시장 하고 나서 물러나면 그만이기 때문에, 예산을 멋대로 집행해 버린다. 빚이 산더미 같아도 조금도 개의치 않는다.

이 정권 들어와서 국토균형발전이나 대북지원사업 등등 국가 재정을 마음대로 집행하고 있다. 수조 원을 들인 국책사업도 몇몇 사람의 반대로 방치하여 국민의 혈세(血稅)를 낭비하고 있다. 그러는 사이에 나라의 빚은 계속 불어나고, 국민들 세금 부담도 날로 가중되고 있다. 다음 대의 국가통치자는 정말 나라를 다스리기 어렵게 되지 않을까 우려된다.

당장 생색나는 눈앞의 현상만 보지 말고 좀 더 국가 장래를 생각하는 정책이 시행되어야 하겠다. 정권이야 임기가 있지만, 대한민국은 영구히 존속해야 하기 때문이다.

2005년 10월 31일

勞: 수고로울 로   民: 백성 민   傷: 상할 상   財: 재물 재

119

엄이도령
掩耳盜鈴

자기 귀를 가리고 방울을 훔친다

어떤 절간에 있는 방울이 소리도 맑고 모양도 좋았다. 그것이 탐이 나는 도적이 방울을 훔쳐야 되겠다고 결심(決心)을 하고 훔칠 기회를 엿보고 있었다. 그런데 그 방울은 들고 나오자면 소리가 나는 것이 문제였다. 그래서 생각해 낸 좋은 방법이, 자기 귀를 가리면 소리가 나지 않으리라는 것이었다.

어느 날 자신의 계획(計劃)을 실행에 옮기게 되었다. 방울을 훔쳐 들고 나오면서 자기 귀를 막고 있었다. 자기 딴에는 슬기롭게 꾀를 쓴다고 했지만, 다른 사람들이 보고는 그의 낮은 수에 웃음이 절로 나왔다.

무슨 일을 하면서 남이 모를 줄 알고 잔머리 굴리는 사람을 비유(譬喩)한 말이다. 우리나라 속담(俗談)에 "눈 가리고 아옹 한다."는 말이 있다. 자기가 고양이가 아닌 것을 쥐들은 다 아는데, 자기만 눈 감고 '야옹' 한다고 해서 쥐들이 자기를 고양이로 생각할 턱이 없다. 그러나 세상에는 자기 주변의 사람들을 너무 낮추어 보고 얕은 술수(術數)를 써서 속이려는 경우가 많다.

요즈음 실물경제(實物經濟)를 국민이면 누구나 다 체감(體感)할 수 있다. 40대, 혹은 50대에 직장에서 퇴출당하여 다시 취직할 데는 없고 하니, 퇴직금 등으로 비교적 손쉬운 식당을 차린다. 그러다 보니 지금 우리나라엔 식당이 70만 개나 된다고 한다. 주변을 보면 매주 개업행사를 하고 있는 실정이다. 국민 65명당 식당이 하나라고 한다. 이러다 보니 적자 나지 않는 식당은 열에 하나도 되지 않는다고 한다.

또 요즈음은 대학생들도 졸업하고 취직하는 학생이 아주 드물고, 대부분은 '졸업생 곧 실업자(失業者)'로 전락해 버린다. 몇 년 전과는 비교가 되지 않을 정도로 심각하다.

그런데도 대통령과 정부 여당은, 그 심각성을 이해하지 못하고, "계속 경제는 좋아지고 있고, 우리는 정치 잘하고 있다.", "대통령은 앞서가는데, 국민들이 아직 덜 깨어 있다."는 등 현실과 너무나 동떨어진 이야기를 날마다 하고 있다. 지난번 보궐선거(補闕選擧)에서 대통령과 정부 여당의 점수가 몇 점인지를 국민들이 확실히 가르쳐 주었는데도, 여전히 정신을 못 차리고 있는 것 같다.

현재 대통령은, 앞으로 나가야 할 정확한 방향을 모르고 멋대로 배를 모는 선장(船長)과 같다. 『순자(荀子)』라는 책에 "백성은 물이고, 임금은 배다. 물은 평소에 배를 띄워 주지만, 때로는 배를 뒤엎기도 한다."라는 말이 있다. 남명(南冥) 조식(曹植) 선생의 「민암부(民巖賦)」에도 이런 말이 나온다. 백성이 살 수 있게 정치를 하면, 임금을 받들지만, 백성을 못살게 굴면 성난 파도가 배를 뒤엎듯이, 백성들은 왕을 갈아치워 버린다. 자신의 잘못을 다른 사람들은 보고 다 아는데, 자기만은 모를 줄 알고 행동한다면, 귀를 가리고 절간의 방울을 훔쳐 가는 도적과 무엇이 다르겠는가?

2005년 11월 6일

掩: 가릴 엄   耳: 귀 이   盜: 훔칠 도   鈴: 방울 령

보본반시
報本反始

근원에 보답하고 처음으로 돌아간다

각종 제사(祭祀)가 많이 존재하는데, 그 제사의 근본 되는 취지는 '은혜에 보답한다'는 뜻이다. 우리 주변에서 흔히 접할 수 있는 제사로는, 조상이 돌아가신 날 밤에 지내는 기제(忌祭), 설·추석 등 명절에 지내는 절사(節祀), 음력 10월에 지내는 묘사(墓祀)가 대표적인 것이다. 그 밖에도 하늘에 지내는 제사, 땅의 신에게 지내는 제사, 해에게 지내는 제사, 달에게 지내는 제사, 산에 지내는 제사, 강에 지내는 제사, 길의 신에게 지내는 제사 등등 그 종류는 헤아릴 수 없이 많지만, 그 근본 취지는 모두 다 보답하는 뜻이다.

조상에게는 사람으로 태어나 살게 해 준 은혜에 보답하려는 조그마한 정성을 표시하는 것이다. 하늘에게는 이 세상 만물을 낳아 길러 주는 은혜에 보답하겠다는 뜻이고, 해에게 제사 지내는 것은 해가 아무런 대가 없이 빛과 열을 주는 은혜에 보답하려는 뜻이다.

그러나 오늘날 많은 사람들은 먹고살기에 바쁘다는 핑계로 제사를 소홀히 한다. 제사를 모시는 큰집과 좀 떨어져 살면 그만 제사에 참석하지 않는다. 음식을 장만하고 집 안 청소를 해야 하는 일이 다 여성들에게 몰리다 보니, 여성들 가운데는 제사를 달가워하지 않는 사람들이 점점 늘어나고 있는 추세다.

최근 어떤 유림(儒林) 단체에 조사를 해 보니, 부모님 제사를 이전의 예법(禮法)을 그대로 지키면서 지내는 집이 전체 국민의 3분의 1, 제사 시간을 앞당겨서 초저녁에 지내는 집이 3분의 1, 필요 없다고 아예 제사를 지내지 않는 집이 3분의 1이었다. 부모 제사를 지내지 않는다는 것은 몇 년 전에는 상상도 못 할 일이었는데, 그 숫자가 점점 늘어 이제 3분의 1에까지 도달하게 되었다. 자기를 낳아 준 부모의 제사도 지낼 정성이 없는 사람이 다른 무슨 일에 정성을 다할 수 있겠는가?

지금은 바야흐로 묘사 철이다. 자주 만날 수 없던 일가들과 일 년에 한 차례 한자리에 모여서 조상의 은혜에 보답하는 정성을 표할 수 있는 행사다. 그러나 어느 집안 할 것 없이 근년에 와서는 묘사에 참여하는 사람의 숫자가 점점 줄어들고 있다. 묘사 날이 평일에 들면 직장 때문에 참석할 수가 없다고 말한다. 그래서 어떤 문중에서 문중회의를 거쳐 일요일로 변경했더니, 참여하는 사람들의 숫자가 더 적더라는 이야기를 들었다. 왜냐하면 일요일에는 친목회, 동창회, 등산모임, 낚시모임 등 모임이 더 많아 묘사에 참석할 수 없기 때문이다. 여러 가지 모임을 묘사보다 더 중요하다고 생각하기 때문에 이런 결과가 나오는 것이다.

은혜를 모르는 사람을 배은망덕(背恩忘德)한 사람이라고 사람들은 경멸한다. 조상의 은혜를 모르는 사람은 배은망덕한 사람의 범위에서 벗어날 수가 있을까?

2005년 11월 21일

報: 갚을 보   本: 근본 본   反: 돌이킬 반   始: 처음 시

유비무환
有備無患

준비한 것이 있으면 걱정이 없다

어제 마라톤대회에 참가했다가 준비를 잘하지 않으면 심각(深刻)한 문제에 봉착한다는 교훈을 절감하게 되었다.

필자는 기록은 별로 좋지 않지만 그동안 마라톤 풀코스를 수십 번 완주한 경험이 있다. 초기에는 준비도 철저히 하고 긴장도 하고 하였기 때문에 출전해서 별문제 없이 완주를 했다. 그러나 점점 참가 횟수가 늘어나면서 긴장이 풀리고 자만심(自慢心)이 생겨 준비를 철저히 하지 않게 되었다. 그러니 기록이 향상될 리가 없었다. 그러다가 어제는 정말 준비를 잘하지 않는 것이 이렇게 사람을 고생시키는구나 하는 교훈(敎訓)을 뼈저리게 느끼게 되었다.

풀코스에 참가하려면 발바닥과 발가락 사이에 바셀린 연고를 잔뜩 발라 여간한 마찰에도 아무런 상처가 나지 않도록 해야 하는데, 아침에 급히 나서는 바람에 연고를 대충 바르고 대회 장소로 갔다. 게다가 새 신발을 사서 별로 그 특징과 성능을 시험해 보지 않고 바로 신고 갔다. 한 25킬로미터 지점부터 발가락을 조여 오기 시작하는데 점점 그 통증이 더해 갔다. 가다가 양말을 벗었다 다시 신어도 별 소용이 없었다. 다시 신끈을 느슨하게 매었지만, 여전히 별 소용이 없었다. 남은 10여 킬로미터가 그렇게도 멀게 느껴지기는 처음이었다. 후회를 하면서 억지로 통증을 참고 겨우 완주를 했지만, 기분이 좋지 않았다.

그러나 사전에 준비를 철저히 하지 않으면 반드시 낭패(狼狽)를 당한다는 교훈을 몸으로 터득하였다. 그러나 얼마나 오랫동안 이 교훈을 간직할지 모르겠다.

우리 세상에도 이 같은 이치가 작용한다. 사전에 대비하지 않으면 일을 당하여서 해결방법이 없고, 경비도 몇 배로 더 든다. 개인의 건강 문제도 마찬가지다. 미리미리 건강진단을 받아 보면 생명도 건질 수 있고, 비용도 절감되지만, 그대로 방치하면 손쓸 수 없는 큰 병으로 될 수도 있다. 강가의 제방이 문제가 있을 때 바로 손을 보아 보강을 해야지, 만약 홍수를 만나 둑이 터지게 되면 그 피해는 이만저만한 것이 아니다.

지금 우리나라가 경기침체 속에서도, 그나마 반도체, 선박, 자동차, 통신기기, 전자제품 등의 수출이 호조인 것은, 20, 30년 전에 지도자들이 미래를 내다보고 경제를 계획했기 때문이다. 앞으로 50년, 100년 뒤 우리 후손들을 위한 경제계획을 지금의 위정자들이 세워야만 한다. 그런데 지금 여당이나 야당을 막론하고 국가의 백년대계(百年大計)를 위해서 고심하는 지도자가 누가 있는가? 대부분이 당리당략에 관한 일과 자기 선거를 위한 작전만 생각하고 있는 것 같다.

2005년 11월 28일

有: 있을 유　　備: 갖출 비　　無: 없을 무　　患: 근심 환

승영구구
蠅營狗苟

파리처럼 윙윙거리며 달려들고 개처럼 구차하게 군다

차표를 사거나 관청에 가서 일 볼 때 줄을 설 필요가 있을 때 옆에 있는 줄이 더 빠르겠다 싶어 줄을 바꾸는 사람이 가끔 있는데, 줄을 바꾸어서 이로운 경우는, 통계 전문가에 의하면 전혀 없다고 한다.

그러나 우리 주변에는 재빠르게 어느 곳이 더 이로운가 이리저리 자기의 입장을 바꾸는 사람을 많이 본다. 그러나 결국은 그 사람은 어느 누구로부터도 버림을 받는다.

20여 년 전에 어떤 공립 전문대학이 없어질 운명에 처하게 되었다. 없어진다는 정보(情報)가 있게 되자, 그 학교 학장은 이리저리 알아보아 어떤 사립 고등학교 교장으로 가게 내정(內定)이 되었다. 그러자 교수들 가운데서 눈치 빠른 서너 사람은 학장을 찾아가 선물을 하고 사정을 하여 그 학교의 교사로 채용되게 되었다. 그들은 학장을 따라 학교의 운명이 결정되기 전에 학교를 버리고 떠났다. 득의양양(得意揚揚)하게. 남아 있는 교수들 가운데는 직장을 얻지 못할까 두려워하며 그들을 부러워하는 사람이 적지 않았다.

그러나 얼마 뒤 그 전문대학은 인근의 국립 종합대학인 경상대학교(慶尙大學校)에 통합되게 되어, 남아 있는 교수들은 4년제 대학의 정식 교수로 발령이 났다. 교장과 교장을 따라간 똑똑하다고 자부한 사람들은 후회막급(後悔莫及)이었다.

기회주의자가 모든 방면에서 우위를 점할 것 같지만, 결과는 지조(志操)를 지키는 사람이 더 나은 사례가 많다. 일본인들이 강압통치를 하던 시절에 민족을 배반하고 일본에 붙어서 민족을 해친 사람들은 두고두고 많은 사람들로부터 매도(罵倒)를 당한다. 지조를 지킨 광복운동가는 역사에 훌륭한 이름을 남기고 있다.

'정치(政治)'란 본래 잘못된 것을 바로잡아 정상적으로 되게 하는 통치수단이다. 그래서 성인(聖人) 공자(孔子)는, "정치는 바로잡는 것이다.[政者, 正也.]"라고 했다. '정(政)' 자는 '정(正)' 자와 '복(攴: 때리다)' 자가 합쳐져 된 글자인데, "바르게 되라고 통제를 가하는 것"이 정치다. 그런데 오늘날은 '정치적(政治的)'이라고 하면, '우물우물하여 대충 처리하는 것'으로 생각하고, '정치가(政治家)'라고 하면, 먼저 떠오르는 이미지는, '겉과 속이 다르고', '약속 안 지키고', '지조 없고', '기회주의적이고', '거짓말 잘하고' 등등이다. 지금까지 정치에 종사하는 분들이 그런 식으로 처신(處身)을 해 왔기 때문이다.

지방선거가 얼마 남지 않았다. 평소에 얼굴도 안 보이던 사람들이 나타나 여기저기 인사를 하며 친절을 베푼다. 야당 후보로 당선되었다가, 여당이 유리하다 싶어 탈당하고 여당에 들어갔던 사람이 다시 야당이 유리하겠다 싶어 여당을 탈당하고 야당에 다시 들어가려고 하고 있다.

음식 냄새를 맡고 달려드는 파리 떼와 개처럼 파렴치하게 구는 무리들의 숫자가 줄어들 때, 우리나라는 나라의 격(格)이 한 단계 더 높아질 것이다.

중국어로는 '승(蠅)' 자와 '영(營)' 자, '구(狗)' 자와 '구(苟)' 자의 발음이 똑같아 '잉잉꺼우꺼우'라고 발음한다.

2005년 12월 5일

蠅: 파리 승   營: 도모할 영, 파리 윙윙거리는 소리 영
狗: 개 구   苟: 구차할 구

사면초가
四面楚歌

사방에서 초나라 노래가 들리다. 고립무원(孤立無援)의 처지가 되다

기원전 206년 진(秦)나라 말기에 이르러 학정(虐政)에 시달리던 농민들이 각지에서 다투어 반란을 일으켰다. 이 세력들을 규합하여 마침내 초(楚)나라의 항우(項羽)와 한(漢)나라의 유방(劉邦)이 천하를 차지하기 위해서 5년간의 전쟁을 하게 되었다.

전쟁 초기에는 항우가 우세하였으나, 시간이 갈수록 유방이 세력을 만회해 나갔다. 유방은 부하들을 신임하여 그들의 장점을 잘 파악하여 전문분야의 일을 맡겼다. 그러나 항우는 의심이 많아 부하들을 신임하지 못했고, 부하들의 건의를 받아들이지 않았다. 그리고 부하들에게 아주 잔인하게 굴었다. 그 결과 항우의 핵심 참모 가운데서 유방에게로 옮겨 간 사람도 적지 않았다.

기원전 202년 마침내 해하(垓下)라는 곳에서 항우의 군대는 유방의 군대에 포위를 당하여 있었다. 그때 항우의 군대는 이미 지칠 대로 지쳐 있었고, 군량도 거의 다 떨어진 상황이었다. 반면에 유방의 군대는 사기가 충천하고 군량도 충분하였다.

이때 유방은 심리전을 활용하여 사방을 포위하고 있는 군인들에

게 초나라 노래를 부르도록 했다. 항우의 부하들은 그 노래를 듣고 이렇게 여기게 되었다. 자기들의 고향 나라인 초나라는 이미 한나라 군대에 점령당하여 그 지역의 청년들이 한나라 군대에 많이 입대해 있는 것으로 생각하여 더 이상 싸워 봐야 아무 소용 없다는 생각이 들었다. 또 고향 초나라를 떠나 전쟁터를 전전해 왔던 항우의 부하들은 고향 생각이 간절하여 돌아가고자 하여 무기를 버리고 탈영을 하기 시작했다. 순식간에 항우의 군대는 무너져 내렸다. 항우는 겨우 포위를 뚫고 나갔으나, 결국 오강(烏江)이라는 나루에 이르러 자결하고 말았다.

그 뒤부터 사방이 적이나 다른 세력에 둘러싸여 아무 도움을 받지 못하는 고립된 처지를 '사면초가(四面楚歌)'라는 말로 비유하게 되었다.

문화방송이 황우석(黃禹錫) 교수 등의 줄기세포 연구를 검사하겠다고 나섰다가 여론의 매서운 질타(叱打)를 당하고 있다. 설령 문제가 있을 가능성이 있다 해도 좀 더 기다리면 결과가 판명될 것이다. 그런데 아직 끝나지도 않은 전문학자들의 연구를, 프로듀서 몇 명이 검증하는 프로를 만들려고 나선 것 자체가 문제다.

문화방송은 그 이전에도 상주 공연 압사 사건, 알몸 노출 사건 등 금년 들어 일곱 번이나 문제를 계속 일으켜 왔다. 그때마다 정중하게 사과를 했지만, 실천이 따르지 않는 말로만 사과를 해 오다가, 마침내 오늘의 이런 지경에 이르게 되었다.

2005년 12월 12일

四: 넉 사   面: 얼굴 면   楚: 초나라 초   歌: 노래 가

124

행불유경
行不由徑

길 갈 때 지름길을 경유하지 않는다

공자(孔子)의 제자 자유(子游)가 무성(武城) 고을의 원이 되어 나갔다. 얼마 지나 공자를 뵈러 왔다. 공자가 "자네 거기 가서 근무하면서 괜찮은 사람을 만나 보았는가?"라고 물었다. 자유가 "예! 그 고을에 담대멸명(澹臺滅明)이란 사람이 살고 있는데, 길을 갈 때 지름길로 다니지 않고, 공적인 일이 아니면 저의 집무실에 오지 않습니다."라고 대답했다.

이 말을 들으면 사람들은, '길 가면서 지름길로 다니지 않는 것이 무슨 대단한 덕목(德目)이라고, 스승에게 이야기했을까?'라고 의아해할 것이다. 그러나 길 가면서 지름길로 경유하지 않는 일은, 사소한 일 같으면서도 대단히 의미 있는 일이다. 사람은 본능적으로 쉽고 편리한 방법을 좋아하게 마련이다. 그러나 모든 일을 쉽게, 대충대충, 편하게, 빨리빨리 처리하고 나면, 나중에 반드시 문제가 생긴다. 원칙에 따라서 규정(規程)에 맞추어 차근차근 일을 해 나가면, 큰 문제가 생길 수가 없다.

지름길로 가려는 마음은 아주 사소한 것이지만, 그로 인해서 야기되는 문제는 심각한 경우가 많다. 성수대교가 내려앉고, 삼풍백화점이 무너지고, 철도가 끊어지고 하는 등등의 대형사고가, 대충 해치우려는 마음에서 비롯된 것이다. 얼마나 많은 인명과 재산상의 피해를 가져왔는가?

　아는 분 가운데 어떤 연세 드신 분의 이야기를 들어 보니, 운전면허를 따려고 운전학원에 등록을 했는데, 그 학원의 간부 가운데 자기 제자가 있어 연습을 면제받고 손쉽게 운전면허를 땄다고 했다. 거의 같은 사례인데 군대서 고된 고공낙하(高空落下)훈련 등 위험하고 어려운 훈련을 받아야 할 경우, 훈련 주관 부대에 근무하는 군인 가운데 아는 사람을 만나게 되면, 그 훈련병을 심부름을 시키거나 아픈 병사로 취급해 그 훈련을 빼 주는 경우가 있다.

　이런 경우 당장은 그 사람을 아주 편하고 안전하게 해 주는 것 같지만, 장기적으로 볼 때 그 사람의 평생을 위험하게 만들고 자칫하면 엄청난 불행을 안겨 줄 수도 있다. 그런 사람이 자동차를 몰고 다니다가는 언제 대형사고를 낼지 모른다. 훈련을 면제받은 군인은 두고두고 어려운 일에 봉착되게 될 수 있다. 그러니 정해진 과정에 따라 거기에 해당되는 교육훈련을 반드시 받아야만 한다.

　정보화시대가 되면서 모든 것이 속도(速度)를 요하게 되다 보니, 신속하게 일을 처리하는 사람이 대우받는 세상이 되었다. 규정에 따라서 성실하게 일하는 사람은 무능하게 보이고, 얼렁뚱땅 눈가림하는 사람이 대우받는 경우를 자주 볼 수 있다.

　속도를 요하는 시대에 살수록 더욱더 지름길로 가지 않으려는 마음가짐이 필요하다.

2005년 12월 19일

行: 다닐 행　　不: 아니 불　　由: 말미암을 유　　徑=逕: 지름길 경

계주생면
契酒生面

곗술로 낯내기

우리나라에는 전통적으로 계(契)라는 모임이 많았다. 이 계 모임은 친목을 다지기 위한 것, 상부상조하기 위한 것, 공동의 목적을 달성하기 위한 것 등등 그 종류도 다양하였다. 오늘날은 대부분 명칭이 회(會)로 바뀌었지만, 아직도 그대로 남아 있는 것도 많다.

계 모임에서는 보통 음식과 술을 장만하여 하루 즐겁게 논다. 평소에 남에게 술 한 잔 대접 안 하다가 이날 계에서 준비한 술을 떠 가지고 와서 마치 자기 술인 양 생색을 내며 권하는 사람을 두고 "곗술로 낯낸다."라고 비웃었다.

우리나라 역사상 학자로서 최고의 대접을 받던 황우석(黃禹錫) 교수가 연구 결과 조작이라는 사실이 밝혀져 낭패를 보게 될 것 같다. 그가 그동안 쌓아 온 업적이 적지 않겠지만, 세계 최초를 유지해야겠다는 강박관념으로 실제 이상으로 연구 결과를 부풀려 발표한 것이 그동안의 모든 연구 업적마저도 다 의심받게 하고 말았다. 안타까운 일이지만, 언제나 진실을 떠나서는 아무것도 될 수 없다는 진리를 다시 한번 확인시켜 준 사건이다.

황우석 교수는 그렇다 치고, 황 교수 논문의 공동연구자로 되어 있는 24명의 교수들은, 더 문제가 있는 사람들이다. 황 교수가 주도하는 논문이 조작된 줄을 몰랐다면 그들의 수준이 낮은 것이요, 알고도 논문 공동집필자로 참여했다면 양심불량인 것이다. 문제가 발생하기 전에는 세계적으로 권위 있는 학술지 『사이언스』에 내 논문이 게재되었다고 자랑하고 다녔을 사람들이, 지금은 자신은 그 논문과 관계가 없는 양 발뺌을 하고 있다. 심지어 논문의 내용도 전혀 모르는 것 같다.

의학이나 자연과학 계통의 논문 한 편에 공동집필자가 보통 20명 내지 30명이나 되는데, 이번 사태에서 보듯이 실제 그 연구에 관계없는 사람들의 이름이 많이 실리는 것은 공공연한 비밀이다. 본래 창의적인 발상은 한두 사람에게서 나왔지만, 자기 지도교수라서, 선배라서, 자기에게 영향력이 있어서, 연구비 얻는 데 도움을 주어서, 논문 없는 교수 구제하기 위해서 등등의 이유로 한 편의 논문이 완성되면 공동연구자가 무더기로 불어난다. 시정되어야 할 잘못된 관행이다.

교육부 장차관, 총장, 대학원장, 학장, 처장 등등 갖가지 연구와 관계없는 일에 세월을 보낸 교수가 정년퇴임할 때 보면, 논문 편수가 수백 편이 되니, 도저히 있을 수 없는 일이다. 3백 편의 논문을 쓰려면 30년 동안 매달 거의 평균 한 편씩 논문을 써야 한다. 연구에만 전념한다 해도 도저히 불가능한 일인데, 더구나 이런저런 보직을 하면서 어떻게 가능하겠는가? 자기의 영향력 아래 있는 사람의 연구에 자기 이름만 올린 것임은 삼척동자라도 다 알 수 있는 일이다.

이런 교수들은 곗술을 떠 와서 자기 얼굴 내는 사람과 무엇이 다르겠는가?

2005년 12월 26일

契: 맺을 계, 모임 계   酒: 술 주   生: 날 생   面: 얼굴 면

욕속부달
欲速不達

빨리 하려고 하면 목적을 달성할 수 없다

연구를 하여 그 성과를 논문으로 발표하거나 교육을 하는 것을 업(業)으로 삼는 교수들은, 자기 연구실을 지키며 연구하는 것이 가장 정상적인 모습이다.

그러나 현실은 그렇지 못하고, 연구실만 지키며 연구에 몰두하는 교수는, 사회적으로는 물론이고 학교 안에서조차 능력 없는 교수로 취급당하고 있다. 여론이나 사회적 분위기가 그렇게 몰고 가고 있다. 많은 교수들이, 그동안 황우석 교수처럼 한번 영향력 있는 인물이 되어 봤으면 하고, 부러워해 왔다.

웬만한 대학 안에는 연구소가 수십 개씩 설립되어 있다. 그래서 그 대학 자체의 예산으로는 특정한 연구소에만 특별하게 지원할 수가 없으므로, 외부에서 연구비를 얻어 와서 연구하라고 권유하고 있다. 외부라야 연구지원기관, 기업체 혹은 개인 독지가이다. 그런데 외부의 지원자들은 다 자기들의 이익과 직간접으로 연관이 되어야 지원하지, 그냥 순수하게 지원하는 기관은 거의 없다. 그러니 순수학문은 외면당하고, 주로 당장 효과가 보일 만한 응용과학이나 기술분야만 지원하고 있다.

황우석 교수의 연구에 근 7백억 원가량의 연구비가 몰린 것도, 당장 불치병 치료에 획기적으로 쓰여 엄청난 경제적 효과를 거둘 수 있다는 기대 때문이었다. 그래서 다투어 황 교수와 관계를 맺으려고 애를 쓰고, 연구비 지원을 약속한 것이다.

교수가 실험실 하나 운영하는 데 일 년에 최소 2억 원 정도의 경비가 든다고 한다. 그 정도의 경비도 마련하지 못하면, 그 교수는 조교나 대학원생들로부터 경멸당하여 지도받으려는 학생이 아무도 없어지고 만다. 그 교수 밑에서 지도를 받아 봐야 장학금, 연구비, 취업 등 모든 방면에서 희망이 없으니까.

교수가 일 년에 2억 원 정도의 지원금을 얻으려면 연구실에 앉아서 연구하고 있을 시간이 없다. 각종 학연, 지연, 혈연을 동원하여 여기저기 로비를 하고 다녀야 하고, 돈을 낼 가능성이 있는 사람들의 행사에 얼굴을 내밀어야 한다. 대개 사람 만나 인사하고 로비하는 일 등이 체질에 맞지 않아 교수가 된 사람들인데, 교수가 되고 나면, 이런 일로 대부분의 시간을 보내야 하니, 연구는 언제 하고, 강의는 언제 하겠는가? 한심한 일이다. 그런데 대학교수가 만나 지원을 얻으려는 인사들은, 일반적으로 대학교수가 만나려고 연계를 하면, 만나려고 하지 않는다. 대학교수가 자기에게 무엇을 요청할지를 잘 알기 때문이다.

평범한 교수가 지방자치행정단위의 과장 만나기도 힘든 판에, 대통령부터 과기부장관, 교육부장관 등을 마음대로 만나는 황우석 교수가 부럽지 않겠는가?

교육부나 학술진흥재단 등의 연구비는, 모두 사전에 응모를 받아 심사를 하는 방식을 취하다 보니, 경쟁이 치열하다. 그렇다 보니, 로비가 통하여 정상적으로 실력으로 평가받을 거라고 믿고 있는 교수는 당연히 연구비 혜택에서 멀어지고 만다. 눈앞에 성과를 내겠다 싶은 연구과제가 아니면, 채택이 되지 않는다. 장기적인 안목이 필요하다. 그래서 "교육부 등 연구지원기관의 지원을 받아 연구된 논문은, 단 한 건도 쓸 만한 것이 없다."는 말이 나도는 것이다. 유독 황우석 교수 연구과제만 그런 것이 아니다.

10년, 20년 장기적인 연구가 가능하도록 정부정책이나 사회적 분위기가 바뀌어야 하겠다. 공자(孔子)의 말씀인, "빨리 하려면 목표가 이루어지지 않는다."라는 말을 새삼 명심해야겠다.

2006년 1월 2일

欲: 하고자 할 욕   **速**: 빠를 속   **不**: 아니 불(부)   **達**: 이를 달

거수거자
擧讐擧子

원수를 추천할 수도 있고 아들을 추천할 수도 있다

춘추시대(春秋時代) 진(晉)나라의 기해(祁奚)가 나이가 들어 물러가기를 요청하자, 임금은 그 뒤를 이을 사람을 추천(推薦)하라고 했다. 그러자 기해는 해호(解狐)라는 사람을 추천했다. 해호는 기해의 원수였다. 또 한 사람을 추천했는데, 자기 아들인 기오(祁午)를 추천했다. 그러나 당시 여론은 기해가 추천을 잘했다고 칭찬했다. 원수를 추천한 것은 사사로운 감정을 개입시키지 않은 것이라 생각했고, 그 아들을 추천했다 해서 당파를 짓는다고 생각하지 않았다. 추천받은 그 사람들은 다 그 자리에 알맞은 인물이라고 백성들이 인정하고 있었기 때문이었다.

당(唐)나라에 제영(齊映)이라는 정승이 있었는데, 그 아우 제호(齊皞)가 과거시험에 응시하자, 시험관들이 그 형의 권세를 보고 봐주었다는 혐의를 뒤집어쓰지 않기 위하여 미리 겁을 먹고 일부러 떨어뜨려 버렸다. 당시의 문학가 한유(韓愈)는 이것도 사사로움에 얽매인 것이라고 비판하였다.

나라를 다스리는 사람은 나라를 위해서 훌륭한 인재를 등용하여 적재적소(適材適所)에 배치하여야 할 임무가 있다. 그래서 옛날부터 훌륭한 인재를 등용하기 위해서 임금이 자신의 권위도 버리고 인재를 초빙하기 위해서 지극정성을 다 바쳤다. 좋은 인재 한 사람을 잘 등용하면 나라가 번영하기도 하고, 잘못된 사람을 등용하여 나라를 망친 경우도 많다. 그러므로 나라를 맡은 통치권자는 인재 등용 때문에 늘 고민을 하게 마련이다.

그러나 후대로 와서는 나라를 위해서 인재를 등용하려는 것이 아니라, 인재 등용을 자신의 권한으로 생각하여 어떤 자리에 누구를 앉히든 다른 사람이 간섭할 바가 아니라고 생각하였다. 장관을 임명할 때는 헌법에 정해진 원칙에 의하면 국무총리가 제청을 해야만 대통령이 임명할 수 있게 되어 있다. 그러나 실제로 그렇게 집행된 적은 거의 없었다.

그러나 가장 먼저 고려해야 할 사항은, 그 임명된 사람이 그 자리에 적합한 전문가냐 아니냐 하는 것이다. 정말 그 사람이 대한민국에서 그 자리에 가장 적합한 사람이라면, 대통령의 친형제나 자식이라도 상관없다. 지연, 학연, 혈연이 관계되어도 상관없다. 장관 임명할 때, 지역 안배, 남녀 안배, 연령 안배 등등은 실제로 여론을 너무 의식한 행위로서 국가를 위해서 도움될 것이 아무것도 없다. 국민들도 자기 지역 출신이 장관이나 요직에 발탁되지 않았다고 불만을 가질 필요가 없다.

문제는 임명되는 사람이 그 자리와 전혀 관계없다는 데 있다. 요즈음은 대통령부터 지방자치단체 장관, 심지어는 대학 총장까지도 선거를 통해서 선출하다 보니, 선거 끝나고 나서 선거 공신들에게 공을 세운 만큼 반드시 한자리씩 주어야 한다.

그러다 보니, 날이 갈수록 전문가들은 설 자리가 없어지고 직업적인 정치꾼들만이 요직을 차지하게 된다. 이러고서도 나라가 잘될 수 있을지 걱정을 하지 않을 수가 없다.

2006년 1월 9일

擧: 들 거   **讐**=**讎**: 원수 수   **子**: 아들 자

시재망작
恃才妄作

재주를 믿고서 아무렇게나 행동한다

중국 전국시대(戰國時代) 제(齊)나라에 분성괄(盆成括)이란 사람이 있었다. 이 사람이 제나라의 관직에 임명되자, 맹자(孟子)가 그 소식을 듣고서, "죽겠구나! 분성괄이여."라고 했다. 그 얼마 뒤 과연 분성괄이 살해되었다.

맹자의 제자들이 맹자의 예언이 들어맞은 것을 신통하게 생각하여 맹자에게, "선생님께서는 분성괄이 살해되리란 것을 어떻게 아셨습니까?"라고 질문하였다. 맹자가 대답하기를, "내가 무슨 예언하는 능력이 있는 것이 아니다. 그 사람 사람됨을 보면, 재주는 조금 있지만, 군자(君子)의 큰 도리를 듣지는 못했지. 그렇게 처신(處身)하면 충분히 그 자신을 죽일 수 있지."라고 했다.

군자의 도리라는 것은, 우리 생활과 관계없는 저 높은 곳에 있는 특별한 것이 아니다. 그저 사람으로서 정상적으로 살아가는 방법일 뿐이다. 부모를 잘 섬기고, 어른을 공경하고, 친구들과 신의(信義) 있게 지내고, 다른 사람에게 친절하게 하고, 사물을 사랑하고, 국가사회를 생각하고, 공중도덕(公衆道德)을 잘 지키고, 검소하고, 겸손하고, 근면한 일 등등이 바로 군자의 도리다.

그러나 조금 자기가 재주 있는 것을 믿고서 교만(驕慢)을 떨고 자기보다 못한 사람들을 무시하고, 어디 사람 모인 장소에 가면 자기 얼굴이나 이름 내기 위해서 설치는 사람들이 있다. 이런 사람들은 군자의 도리를 모르는 사람들이다.

어리석은 사람들이야 남을 속이려 해도 자기의 머리가 모자라기 때문에 한계가 있고, 그 피해도 크지 않지만, 좀 재주 있는 사람들이 남을 속이려고 마음먹고, 교묘하게 지혜를 짜내면, 많은 사람들을 속일 수 있고, 그 피해는 매우 심각하게 된다. 마치 사나운 호랑이에게 날개까지 달린 격이다.

사람이 세상을 살아가는 데 재주는 필요한 것이다. 인류문명이 발전하는 것도 다 개인의 재주에서 출발한다. 재주 자체가 나쁜 것이 아니다. 재주는 무시하고 도덕만 강조해도 이 세상은 움직여질 수 없다. 그러나 재주는 도덕이 뒷받침되어야만 정상적으로 쓰일 수가 있는 것이다. 도덕이 뒷받침되면, 재주를 믿고 함부로 날뛸 수가 없는 것이다.

재주만 있고 도리를 모르는 사람은 분성괄처럼 자기 몸도 보전(保全)할 수 없는데, 이런 사람이 나라 정치를 맡으면 나라가 잘될 수 있겠는가? 여러 명의 분성괄 같은 사람이 나라 정치를 맡으면 머잖아 그런 나라는 망하게 되어 있다.

지금 우리나라에도 정계나 학계에는 재주를 믿고 멋대로 설쳐 대는 사람들이 너무나도 많다. 이런 사람들은 대중을 속이는 데 능하기 때문에 선거에서 득표(得票)하거나 자기의 목표를 달성하는 데 유리하다. 인격을 갖춘 사람이 정계, 학계뿐만 아니라 사회 각계각층에서 점점 발언권을 잃어 가는 것은 안타까운 일이다. 우리나라가 도덕적 수준이 날로 저하되어 간다는 증거이다.

2006년 1월 16일

恃: 믿을 시　才: 재주 재　妄: 망령될 망, 아무렇게나 망　作: 지을 작

선정후독
先貞後黷

처음에는 곧게 살다가 나중에는 더럽게 된다

고려(高麗) 말 공민왕(恭愍王)이 이런 말을 한 적이 있다. "우리나라 선비들은 이상하다. 벼슬에 등용(登用)되기 전에는 온갖 바른말을 하다가 벼슬에 등용되고 나서는 이미 벼슬하고 있는 사람들을 그대로 닮아 가니." 기대를 걸고서 초야(草野)의 선비를 등용했을 때, 그들이 초야의 선비로 있을 때는 이상적(理想的)인 건의를 담은 상소(上疏)를 하다가, 일단 등용되고부터는 벼슬아치들이 걷던 길을 그대로 걸어가는 당시 지식인들의 행태(行態)를 개탄한 것이다.

대학생 때는, 이상을 갖고서 정의(正義)를 부르짖으며, 독재정권에 저항하여 시위에 참여하고, 자기의 그런 뜻을 담은 글을 발표하기도 하여 사람들로부터 정의의 투사로 추앙을 받게 된다. 독재정권이 물러나고 이른바 민주화 인사들이 정권을 잡았을 때, 그 투쟁의 경력이 인정되어 요직에 발탁된 사람들이 많다.

그러나 이들 가운데 거의 대부분은, 어떤 일을 맡아 진지하게 처리해 본 경험이 없이, 그저 마이크 들고 군중 선동하는 데만 능하기 때문에, 어떤 요직에 발탁되었을 때 일을 잘 처리하는 사람은 찾기 어렵다.

마치 모택동(毛澤東)을 따르던 공산당 혁명가들은, 대부분 가난한 농촌 출신들로서 체계적인 교육을 받은 사람이 드물었기에, 국민당(國民黨) 정부에 달려들고 전쟁하는 데는 능했지만, 막상 중국을 차지하자 행정능력이 있는 사람은 주은래(周恩來), 등소평(鄧小平) 등을 빼고는 거의 없었던 것과 같은 결과다.

일을 잘 처리하지 못하는 것은 본인의 능력 문제니까 그래도 이해할 수 있다고 하지만, 이상을 갖고 정의를 부르짖던 사람들이, 결국에는 자기들이 그렇게 타도의 대상으로 삼던 이전 정권의 부정부패마저 그대로 따라 한다는 데, 많은 백성들은 아예 말문이 막힌다. 지연(地緣), 학연(學緣)에 따른 인사, 낙하산 인사, 뇌물수수(賂物授受), 이권개입 등등 좋지 않은 일을 그대로 답습한다. 진정으로 국가민족의 장래를 생각하는 정치가는 찾기 힘들다.

그래서 국민들은 날이 갈수록 정치에 관심이 없다. '이 당이나 저 당이나, 이 사람이나 저 사람이나 결국은 패거리 지어 정권을 자기 손에 넣어 권력을 부리려고 할 뿐이다.'라고 생각하기 때문이다.

1919년 독립선언서(獨立宣言書)에 서명한 민족대표 33인 가운데 나중에 변절(變節)하여 일본의 앞잡이나 밀정(密偵)이 된 사람이 있고, 파리장서(巴里長書)에 서명한 유림대표(儒林代表) 137인 가운데도 일본에 항복하여 창씨개명(創氏改名) 등을 한 사람도 있다.

처음에는 잘하다가 나중에 변절하여 역사에 더러운 이름을 남기는 사람이 적지 않다. 처음에 잘못하다가 나중에 잘하는 사람보다 훨씬 못하다. 처음의 곧은 마음을 계속 유지해 나가는 것이 사람으로서 갖추어야 할 중요한 덕목(德目)이다.

2006년 1월 23일

先: 앞 선　　貞: 곧을 정　　後: 뒤 후　　黷≒瀆: 더럽힐 독

음수사원
飮水思源

물을 마시면서 그 근원을 생각한다

아무리 능력이 출중(出衆)한 사람이라 할지라도 혼자 힘으로 살아갈 수는 없다. 누구를 막론하고 거의 모든 방면에서 다른 사람의 도움을 받으며 살아가지 않을 수가 없다. 혼자서 모든 것을 다 생산하고 모든 문제를 다 해결하려고 하면, 도저히 될 수도 없을 뿐만 아니라, 엄청난 시간을 필요로 하기 때문에 인생을 별 가치 없이 보내고 만다.

우리가 먹는 밥은 농민(農民)들이 생산한 것이고, 농민들이 쓰는 경운기(耕耘機)는 공장의 기술자들이 생산한 것이다. 시인은 시로써, 스님은 설법(說法)으로, 교육자는 교육으로 다른 사람에게 직접 혹은 간접으로 기여를 하는 것이다.

자동차, 컴퓨터, 텔레비전, 휴대전화, 시계, 볼펜 모든 것이 개인이 자기 능력으로 만들 수는 없지만, 다른 사람의 도움으로 편리한 생활을 할 수 있는 것이다.

우리 몸은 부모님들이 낳아서 길러 주었고, 우리들 지식은 초등학교에서부터 그 이상의 학교에 이르기까지 가르침을 받았던 여러 선생님들로부터 배운 것이다. 부모님은 또 부모님의 부모님으로부터 몸을 받았고, 선생님들은 또 선생님의 선생님으로부터 가르침을 받았기 때문에, 결국 자기 한 사람이 존재하게 되는 데 도움을 주지 않은 사람은 거의 없다.

거슬러 올라가면, 아주 먼 조상도 결국은 부모님의 부모님의 부모님으로서 자기와 그렇게 멀지 않은 존재이다. 그런데 조상을 존경하고 숭모(崇慕)하지 않을 수 있겠는가?

1970년대 후반기부터 우리나라의 경제수준이 좀 나아지자, 시골 곳곳에 조상의 재실(齋室)을 짓고, 시조나 조상 가운데 좀 유명한 분들의 비석(碑石) 세우는 일이 하나의 유행처럼 성행한 적이 있었다. 비생산적인 일에 많은 재산을 허비한다고 이를 비웃는 사람도 많이 있었지만, 재실 짓고 비석 세우는 분들은 조상에 대해서 후손 된 도리를 해야지 하는 마음은 오랫동안 가졌지만, 그동안 경제적으로 힘이 미치지 못하여 착수하지 못하다가 여건이 되니까, 오랫동안 품어 왔던 소원을 달성한 것이다.

우리나라에는 유교, 불교, 도교, 기독교 등 많은 종교들이 들어와 있지만, 어느 종교를 믿든 상관없이 우리나라 사람들은 조상의 은덕을 잊지 않는 효성(孝誠)이 핏속에 흐르고 있다. 대부분은 조상의 제사를 챙기고 부모님들의 생신 잔치를 해 드리고 있다.

설, 추석 때 국민의 반 이상이 조상이 살던 고향을 찾아서 이동한다. 도시에서 태어난 아들딸들을 데리고 선물을 손에 들고, 자기 차를 몰고서 혹은 기차나 버스를 타고서 즐거운 마음을 갖고 찾아간다. 가다가 길이 막혀 열 시간 이상을 길에서 지체해도 조금도 지루해하거나 원망하는 마음이 없다.

뿌리를 중시하고 근본에 감사할 줄 아는 우리나라의 좋은 전통이라 할 수 있다. 물을 마시면서 그 물이 솟아 나오는 근원을 생각해야 하고, 우물물을 마시면서 우물 판 사람의 공덕(功德)을 생각해야 한다.

뿌리를 찾고 감사할 줄 아는 민족은, 화합하며 살 수 있을 것이고, 더 이상 도덕적으로 타락하지 않을 것이다.

2006년 1월 30일

飮: 마실 음   水: 물 수   思: 생각할 사   源: 근원 원

개관사정
蓋棺事定

관 뚜껑을 닫아야 일이 확정된다

민주주의라는 제도를 실시하다 보니, 각종 선거가 너무 많다. 대부분의 독자들도 이런 느낌을 갖고 계실 것이다. 대통령 선거, 국회의원 선거, 도지사·시장·군수·도의원·시의원, 심지어 총장·학장, 각종 조합장·병원장 선거 등등 선거로 날을 지새운다고 해도 과언이 아닐 것이다.

투표하는 유권자들은 대개 방송이나 신문을 통해서나, 주변 사람의 말을 듣고서 자신의 의사를 결정한다. 후보자를 정확하게 잘 알고 찍는 경우는 드물고, 적당한 감(感)으로 찍는 경우가 대부분이다. 그러니 말재주를 갖추어 대중을 선동하는 사람이 절대적으로 유리하다.

선거에서 당선된 사람이 꼭 가장 훌륭한 인물이 아닌 경우가 상당히 많다. 그래서 민주주의를 중우정치(衆愚政治)라 하는 것이다. 지킬 수 있는 공약(公約)만 내놓는 사람보다는, 지키지 못할 줄 후보자 자신이 뻔히 알면서도 공약을 마구 남발하는 사람이 당선되는 사례가 더 많다. 그래서 정치가라 하면 대중들은 마음속으로는 존경하지 않는다.

지방자치제의 실시 이후 지방행정단위의 장들이 행정을 할 적에 선거를 의식하는 경향이 많다. 주로 주민들의 환심(歡心)을 살 수 있는 눈에 보이는 사업에 신경을 많이 쓴다. 장래를 위해서 꼭 필요한 사업인데도, 대중에게 인기가 없거나 대중의 관심이 별로 집중되지 않는 일은 그냥 방치하는 경우가 많다. 그러다가 몇 번 임기를 마치고 나서 자기는 그냥 물러나면 된다. 많은 예산을 적절하지 않게 집행해도 별로 책임을 지지 않아도 된다.

과거 지방장관을 공무원으로 임명할 때는 시장, 군수로 재직하다가 중앙정부나 도청 등으로 전근을 가기 때문에, 그 사람이 공직에 근무하는 동안 계속 책임이 따르고 승진 등에 영향을 미쳤다. 그래서 예산 집행이나 사업 추진 등을 신중히 하였다. 이런 관점에서 본다면, 지방자치제 실시한다고 좋은 점만 있는 것이 아니고, 많은 폐단도 따른다.

지방선거가 얼마 남지 않아 요즈음은 더욱더 유권자들의 선심을 살 수 있는 일을 선거법에 저촉되지 않는 범위에서 열심히 하고 있다. 그 가운데 하나가 현재 재직하고 있는 지방장관의 업적을 모아 책자로 발간하는 일이다.

동서양을 막론하고 역사를 편찬할 때, 살아 있는 사람에 관계되는 일은 역사에 올리지 않는 것이 원칙이다. 왜냐하면 지금은 설령 훌륭한 사람이라 할지라도 앞으로 어떻게 변할 줄 예측할 수 없기 때문이다. 그 사람에 대한 정확한 평가는 죽고 난 뒤에 나는 것이다. 그래서 "관 뚜껑을 덮고 나야 일이 확정된다."라는 말이 있게 되었다. 이 말은 원래 당(唐)나라 시인 두보(杜甫)의 "장부의 일은 관 뚜껑을 덮고 나야 비로소 확정된다.[丈夫蓋棺事始定.]"라는 시에서 나왔다.

시장, 군수의 자리에 있으면서 부하직원에게 업적을 실은 책자를 내라고 하면 칭찬일변도가 될 수밖에 없다. 우리나라에, "동헌(東軒: 원님의 집무실)에서 원님 칭찬하는 말 누가 믿을까?"라는 속담이 있다. 그런 업적집을 누가 믿겠는가? 진실하게 묵묵히 일하는 것이 역사에 영원히 남을 수 있는 방법이다.

2006년 2월 6일

蓋=盖: 덮을 개 　　 棺: 널 관 　　 事: 일 사 　　 定: 정할 정

입법인민
立法因民

법을 제정할 때는 백성들의 형편에 바탕을 두어야

국가를 운영하려면 행정, 교육, 산업, 국방, 외교 등 각 분야에서 국가를 유지하는 데 필요로 하는 기본경비가 들기 때문에 세금을 거두지 않을 수 없고, 국민이라면 누구나 세금을 내야 할 의무(義務)가 있다. 백성들의 인기를 얻기 위해서 세금을 너무 적게 거두면 나라를 유지해 나갈 수가 없다. 국가는 법을 제정하여 백성들에게 세금을 징수할 수 있는 권한이 있다 하여, 너무 지나치게 많은 세금을 거두면 국민들이 가만있지 않는다. 세금을 거두되 적절(適切)한 선을 유지하는 것이 매우 중요하다.

요즈음 봉급(俸給)을 받으면서 살아가는 대다수의 사람들은, 매달 월급의 10퍼센트를 차지하는 근로세를 비롯하여 주민세, 교육세 등 각종 세금을 월급에서 공제당한다. 이 밖에 자동차가 있으면 자동차세, 유류세, 면허세 등을 내고, 생활에 필요한 물건을 사거나 술이나 커피를 마시거나 하면 거기에 어김없이 부가세가 붙는다. 4백만 원 정도의 봉급생활자 가정에서 월급에서 공제당하는 직접세 이외에, 한 달에 백만 원 가량의 간접세를 모르는 사이에 납부하고 있다고 한다. 그래서 매년 3월까지의 월급은 자기 월급이 아니라고 하는 말이 있다.

그런데도 정부 당국은 우리나라는 아직도 몇몇 선진국에 비해서 세금률(稅金率)이 높지 않으니 세금을 더 올리겠다고 한다. 그러나 우리나라보다 세금률이 높은 나라는 복지시설이 잘되어 있어 각종 문화시설이나 병원 등이 다 무료로 제공되어 백성들이 살아가는 데 돈이 필요 없을 정도의 환경이 되어 있다. 우리는 병원에 가면 싸지 않은 의료비를 내야 하고, 공원이나 관광지 등에서는 입장료를 철저히 받는다. 단순히 세금률만 비교해서는 곤란하다.

국가를 이끌어 나가는 정부로서는, 각계각층의 백성들의 다양한 요구 사항을 다 들어주려고 하면 천문학적인 돈이 필요할 것이다. 그래서 세금을 더 걷겠다는 입법을 하겠다고 하는 모양이다. 세금을 더 거두는 방법이 얼른 보기에는 국가가 필요한 재원(財源)을 확보하는 가장 손쉬운 방법이기 때문이다. 그러나 세금을 많이 거두면 그에 따른 부작용도 동시에 따라온다. 그중 한 가지가 봉급생활자 가정의 소비가 줄어들어, 경기가 얼어붙을 수 있다는 것이다. 또 대부분의 사람들이 정부에 대해서 강한 불만을 갖고 등을 돌릴 수 있다.

옛날 전제군주제도에서는 제왕은 마음만 먹으면 무슨 일이든지 할 수 있었다. 그러나 나라를 잘 다스린 성군(聖君)들은 세금을 함부로 무겁게 거두지 않았다. 백성들이 사람답게 살 수 있는 데 더 마음을 썼다. 그러나 부국강병(富國强兵)을 꾀하는 임금이나 사치와 향락을 일삼는 임금들은 끝도 없이 각종 세금을 거두었다. 그러면 백성들은 집에 살 수가 없어서 떠돌아다니게 되고, 떠돌아다니던 사람들이 결집하여 반란을 일으켜 나라를 무너뜨린다.

역사적으로 볼 때 동서양을 막론하고, 세금을 많이 거두는 나라는 오래가지 못하고 금방 망해 버렸다. 진시황(秦始皇)의 진(秦)나라가 그렇고, 수(隋)나라가 그 좋은 예이다.

국가에서 하나의 법을 제정할 때는 반드시 일반 백성들의 형편을 고려해야 한다. 백성들의 형편과 동떨어진 법을 만들 때는 반드시 저항이 일어나기 마련이다.

2006년 2월 13일

立: 세울 립　　法: 법 법　　因: 인할 인　　民: 백성 민

풍수지탄
風樹之歎

부모에게 효도하고 싶어도 할 수 없는 한탄

『한시외전(韓詩外傳)』이라는 중국의 고전에, "나무는 고요하고자 하나 바람이 그치지 않고, 자식은 효도를 하고 싶으나 어버이는 기다리지 않는다.[樹欲靜而風不止, 子欲養而親不待.]"라는 구절이 있다.

옛날에 공자(孔子)가 수레를 타고 제자들을 거느리고 어디를 가고 있는데, 통곡(痛哭) 소리가 났다. 그 통곡 소리를 듣고 공자가 "좀 더 빨리 가 보자. 저 앞에 어진 사람이 있다."라고 했다. 가서 보니, 고어(皐魚)란 사람이 거친 베옷을 입고 길가에서 통곡하고 있었다. 공자가 묻기를, "당신은 지금 상주(喪主)가 된 것도 아닌데 왜 이렇게 통곡을 하고 있소?"라고 하자, 고어가 말하기를, "저는 평생 세 가지 잘못한 것이 있습니다. 젊을 때 각 나라를 다니면서 공부한답시고 부모님을 돌보지 않은 것, 제 뜻을 고상하게 유지하기 위하여 벼슬하지 않은 것, 친구와 잘 지내다가 중간에 절교(絶交)한 것 등입니다. 한번 지나가면 다시 쫓아갈 수 없는 것이 세월(歲月)이요, 돌아가시고 나면 다시 만나 볼 수 없는 것이 부모님입니다."라고 했다. 얼마 뒤 그 사람은 그대로 서서 말라 죽고 말았다. 공자는 제자들에게 "이 일을 잘 기억할지어다."

라고 훈계했다. 이에 공자 제자 가운데서 자기 부모 모시기 위해서 돌아간 사람이 열세 명이나 되었다 한다.

　옛날 분들은 상당히 부모의 말을 안 듣던 사람이라도 부모가 돌아가시고 나면, 부모를 잘 모시지 못한 것을 후회하면서 자신을 불효자(不孝子)라고 책망했고, 오늘날도 연세 든 분들 가운데는 그런 분들이 많다.

　그러나 오늘날은 점점 효(孝)사상이 붕괴되어, 효라고 하면, 젊은 사람들 가운데는 '고리타분한 낡은 관념'이라고 생각하는 사람이 적지 않다. 그래서 노인들은 점점 소외되어 편안히 지낼 곳이 없어져 간다. 평균수명은 늘어나는데, 가정에서는 노인을 귀찮은 존재로 취급하고, 국가에서도 뾰족한 대책을 세우지 않고 있다. 우리나라가 독립하고 발전하는 데 일조를 한 노인들이 처량한 만년을 지내는 것을 보면 안타깝다.

　각자가 자기를 낳아 길러 준 부모를 잘 봉양하고 그런 마음을 미루어 남의 부모에 대해서도 공경하고 보호하는 마음을 가져야겠다. 젊은 사람들은 자기는 노인하고 아무런 관계가 없다고 생각하기 쉬운데, 마흔 살 된 장년의 사람도 20년만 지나면 노인이 되고, 거기서 또 20년 더 지나면 상노인이 된다. 자기가 노인을 잘 대해야만이 자기도 나중에 젊은이들로부터 대우를 받을 수 있다.

　부모가 돌아가시기 전에 살아 계실 때 효도를 하도록 하자. 부모가 돌아가시고 나서 아무리 효도하려고 해도 어떻게 할 수가 없다. 고어처럼 눈물만 흘릴 뿐이다.

2006년 2월 20일

風: 바람 풍　　樹: 나무 수　　之: ~의 지　　欸=嘆: 탄식할 탄

곡불재등
穀不再登

곡식은 두 번 익지 않는다

농사를 지어 본 경험이 있는 사람은 잘 알겠지만, 벼 종자를 심어 싹이 잘 나서 잘 자라다가, 중간에 병이 들거나 벌레가 먹거나 한 포기는 끝내 충실(充實)하게 여물지를 못한다. 곡식 한 알이 완전하게 충실하게 익는 데도 어떤 운명(運命) 같은 것이 있는 것 같다. 싹이 잘 터서 자라다가 이삭이 패지 못하는 경우도 있고, 이삭이 패어 거의 알이 들려고 하다가, 멸구가 먹거나 태풍이 불어 쭉정이가 되어 버리는 수도 있다. 마지막까지 아무 탈이 없어야 한 톨의 곡식이 완성되는 것이다.

사람의 일생도 마찬가지다. 한순간의 실수가 평생을 망치는 수가 있다. 공부를 잘하던 시골 초등학교 졸업생이 여러 사람들의 부러움을 한 몸에 받으면서 혼자 도시 명문 중학교로 갔다가, 못된 친구들의 유혹으로 나쁜 짓을 배워 시시한 고등학교에 들어갔다가 문제아로 퇴학 당하는 경우도 있었다.

필자는 군소재지의 중학교를 다녔는데, 그 시절에 두 가지 큰 착각을 하며 지냈다. 첫째는 학교 공부에 별로 힘쓰지 않았는데도 성적이 좋기에, '내가 머리가 좋구나.' 하는 착각을 계속한 것이고, 둘째는 중학교에서 공부하는 목적은, 오로지 자기가 원하는 고등학교에 들어가는 것일 뿐이라는 착각이었다.

나중에 도시에 있는 고등학교에 가서도 학교 공부에 별로 힘을 쓰지 않으면서도 성적은 좋겠지 생각하고 지냈는데, 여름 방학 때 집에 가서 성적표를 보니까 형편이 없었다. 중학교 때 성적이 좋았던 것은 필자가 머리가 좋아서가 아니었고, 그 중학교 선생님들이 시골 학교 학생들이라는 것을 감안하여 늘 시험문제를 쉽게 냈기 때문이었다. 그리고 중학교 때 공부가 자기 일생의 공부의 기초가 된다는 사실을 그때는 전혀 모르고 지냈다.

누가 있어 이 두 가지를 일깨워 주었더라면 하는 아쉬움이 그 뒤 계속 따라다녔다. 필자가 전공하는 한문학(漢文學) 가운데서도 천체(天體)나 기상(氣像) 관계 등에 관한 기록을 보려고 하면 수학이나 지구과학 등의 기초가 튼튼해야 하는데, 지금 보면 깊이 있게 이해가 되지 않는다. 수학이나 과학을 열심히 하지 못한 것이 두고두고 후회가 된다.

사람은 나중에 나이가 들면 사리를 깨쳐 후회하는 일이 많으나, 어린 나이에는 사리를 깨친 어른들의 충고를 듣고서도 설마 그러랴 하면서 따르지 않는 경우가 많다. 인생은 한 번밖에 공연되지 않는 일회성이다. 인류가 만든 발명품 가운데서 가장 큰 실패작이 시계라고 한다. 하루에 두 번씩 계속 반복해서 돌기 때문에, 사람들이 한번 가면 다시 오지 않는 시간을 무한히 반복되는 것으로 착각하게 만들었기 때문이라고 한다.

인생에서는 그때그때 해야 할 일을 놓치면, 다시는 할 수가 없는 것이 많다. 충실한 인생을 살기 위해서 그 과정에서 최선을 다해야 한다.

2006년 2월 27일

穀: 곡식 곡 不: 아니 불(부) 再: 다시 재 登: 오를 등, 익을 등

주능성사, 주능패사
酒能成事, 酒能敗事

술이 능히 일을 이루기도 하고, 일을 실패시키기도 한다

두강(杜康)이란 사람이 처음으로 술을 만들었을 때 하(夏)나라의 우(禹) 임금이 그 맛을 보고서, "맛은 괜찮은데, 많은 사람에게 해를 끼치겠구나!"라고 했다. 서양에서는 노아가 처음으로 술을 만든 사람으로 알려져 있다.

인간세상에 술이 등장한 이후 술은 여러 가지 용도에 쓰여 왔다. 기쁠 때나 슬플 때, 즐거울 때나 괴로울 때, 일 시작할 때나 끝맺을 때, 싸울 때나 화해할 때 다 술을 필요로 한다. 돌잔치, 생신잔치, 환갑잔치, 장례, 제사 등에도 다 술이 필요하다.

술은 적당히 마시면 혈액순환에 좋고, 신경을 이완시켜 약간의 건강효과가 있다. 또 사람들끼리 처음 만나 서먹서먹할 때 술을 몇 잔 마시면, 분위기를 부드럽게 만드는 윤활유 역할을 하기도 한다. 사기를 당하거나 실연을 당하거나 해서 괴로워서 도저히 참을 수 없을 때 술은 다소나마 그 괴로움을 잊게 해 준다. 가슴속에 있는 이야기를 좀처럼 하기 힘든데, 술을 몇 잔 마시게 되면 상당히 은밀한 자신의 사연까지도 털어놓는다. 그래서 술을 사람들이 가까이하게 되어 인류사회의

필수 식품이 되었던 것이다.

그러나 지나치게 술을 마시면, 첫째 건강을 잃게 된다. 젊은 시절에는 술을 아무리 마셔도 괜찮다 싶지만, 과음의 타격은 서서히 건강을 해쳐 50, 60대가 되면, 여러 가지 부작용이 몸에 나타난다. 그때 가서 후회해도 아무런 소용이 없다. 우선 당장 아무런 신체적 증상이 없다고 해서 계속 과음하는 것은, 스스로 자신의 몸을 파괴하는 짓이다.

둘째는 패가망신(敗家亡身)하게 된다. 술을 자기 주량 이상으로 많이 마시면, 의식을 잃게 되어 자제가 되지 않는다. 그러니 무슨 행동을 했는지 무슨 말을 했는지 자신이 모른다. 평소에 하고 싶었던 행동, 쌓였던 불만 등이 마구 튀어나온다. 마치 브레이크가 고장 난 차가 마구 질주하는 것과 같다. 주변 사람들이 보면 미친 사람처럼 보인다. 더구나 사회적 지위가 있는 경우 신문이나 방송의 기삿거리가 될 수 있고, 많은 사람들의 손가락질을 당하게 된다.

우리나라 사람들은 옛날부터 술에 대해서 아주 관대하였다. 그 이유는 우리 한민족(韓民族)은 원래부터 술에 맞지 않는 체질이기 때문이다. 간(肝)의 알코올 분해능력이 약한 편이다. 그러나 술을 좋아한다. 그래서 술을 마시면 빨리 취한다. 이 빨리 취하는 것을 발산하여 정신적, 육체적으로 문제를 없게 하기 위해서 옛날부터 음주가무(飮酒歌舞)를 즐겼던 것이다.

술을 많이 마시고 난동을 부려도, 다음 날 "술을 많이 먹어 정신이 나가서 그랬습니다."라고 사과하면 대부분의 사람들은, "그럴 수 있지요. 나도 술을 먹으면 그런데요."라고 관대하게 넘긴다. 우리나라에만 통용되는 관습이다.

우리와 용모가 비슷하게 생긴 중국 사람들은 술에 관한 한 우리와 전혀 다르다. 서양 사람처럼 간의 알코올 분해능력이 탁월하다. 그래서 웬만큼 마셔도 의식을 잃거나 난동을 부리는 일이 없다. 그래서 술 먹고 실수한 사람을 다시는 사람으로 여기지 않는다. "사람이 술을 먹었다고 어떻게 그럴 수가 있느냐?"라고 반문한다. 중국 사람들과 거래하는 사업가들은 주의해야 할 것이다.

개인의 자유를 극도로 중시하는 미국에서도, 술 마시고 거리에서 비틀거리며 고함을 지르면 바로 구속해 버린다.

술에 관해서 관대한 우리나라도 앞으로는 술로 인한 실수를 용납하지 않을 추세이다. 술 마신 이후의 행동에 대해서 "술을 마셔 정신이 없었다."라고 해명해도 사회적 책임이 면제가 되지 않는다.

자동차가 편리하지만 과속이 사고를 부르듯, 술도 적절하게 마실 때 술의 의미가 살아 있게 된다.

2006년 3월 6일

酒: 술 주　　　能: 능할 능　　　成: 이룰 성　　　事: 일 사
敗: 실패할 패

과전불납리, 이하부정관
瓜田不納履, 李下不整冠

외밭에서 신을 고쳐 신지 말고, 오얏나무 아래서 갓을 바로잡지 말라

중국 고대의 악부시(樂府詩) 「군자행(君子行)」에, "군자다운 사람은 그렇게 되기 전에 방지하여, 혐의(嫌疑)를 받을 곳에는 있지 않는다네.[君子防未然, 不處嫌疑間.]"라는 구절이 있다. 남의 집 외밭을 지나가다가 허리를 구부려 신발을 고쳐 신는다면, 멀리서 볼 때 꼭 외를 따고 있는 것처럼 보여 의심을 받을 수 있다. 자두가 주렁주렁 달린 나무 밑을 지나가면서 손을 올려 갓끈을 고쳐 맨다면 멀리서 볼 때 손을 뻗어 자두를 따고 있는 것처럼 보여 의심을 받을 수 있다.

그러므로 의심받을 짓은 미리 하지 않는 것이 좋다. 오늘날처럼 사실 확인도 하지 않은 채 인터넷에 올려 유포시켜 버리고 난 뒤에는 다시 해명(解明)을 한다 해도 혐의를 벗어나기가 매우 어렵게 되어 있다.

조선(朝鮮) 중기의 대학자이자 정치가인 율곡(栗谷) 이이(李珥) 선생이 병조판서(兵曹判書)로 있을 때, 말단 무관인 충무공(忠武公) 이순신(李舜臣) 장군의 이름을 듣고 한번 오라고 전갈을 보냈다. 그러나 이순신 장군은 "율곡이 병조판서에서 물러난 뒤 가도 늦지 않다."라고 하고는 가지 않았다. 둘 다 본관이 덕수이씨(德水李氏)로 서로 19촌쯤 되었

는데, 남들로부터 친척이라 봐준다는 혐의를 받게 될까 이순신 장군이 꺼려 했기 때문이었다.

조선시대에는 상피제(相避制)라 하여 부자간이나 형제간에는 같은 직장이나 상하관계가 형성되는 관직에는 같이 근무하지 못하도록 하는 제도가 있었다. 퇴계(退溪) 선생이 충청도 단양(丹陽)군수로 근무하고 있는데, 형인 온계(溫溪) 이해(李瀣)가 충청도 관찰사로 부임하게 되었다. 퇴계 선생은 즉각 경상도 풍기(豊基)군수로 전직되었다.

오늘날 사람들은 조선시대보다 모든 것이 발전했다고 생각하면서도, 혐의를 받을 일을 공공연히 더 많이 자행하고 있다. 어떤 특정 학교 출신이 고위직을 차지하게 되면, 곳곳에 그 학교 출신들이 포진한다. 능력이 있어서 발탁되면 괜찮겠지만, 능력도 없는데 학연(學緣) 덕분에 그 자리에 앉는다면, 많은 국민들에게 피해를 주고 국가의 장래를 망칠 수도 있다. 그리고 실제로 능력 있는 사람마저도 학연 덕분에 발탁되었다고 많은 사람들의 오해를 살 수가 있다.

사람을 사귀거나 관계를 맺을 때도 남의 혐의를 살 짓을 미리 하지 않아야 한다. 어떤 사람이 돈 많은 사람과 자주 어울리면, 다른 사람들은 그 사람을 지목하여 돈 많은 사람의 덕을 보려고 한다라고 생각하게 마련이다.

특히 공직자(公職者)들은 처신에 각별히 주의해야 한다. 최근 국무총리가 브로커나 부정한 기업가와 자주 골프를 쳐 말썽이 되고 있다. 총리에게 접근한 사람들이 어떤 저의가 없었다고 누구도 믿지 않는다. 그런데 그 사태를 해명하는 사람들의 말이 각각 다 다르니, 더욱더 혐의가 불어난다.

애초에 혐의를 받을 짓을 하지 않는 것이 좋고, 이미 혐의를 받았다면, 솔직하게 사실대로 이야기하여, 용서를 구하는 것이 올바른 길이다. 공자(孔子)께서 말씀하시기를, "잘못을 하고서도 고치지 않는 것을 잘못이라 한다.[過而不改, 是謂過矣.]"라고 했다.

2006년 3월 13일

瓜: 외 과   田: 밭 전   不: 아니 불(부)   納: 들일 납

履: 신 리, 밟을 리   李: 오얏 리   下: 아래 하

整: 정리할 정   冠: 갓 관

가정맹어호
苛政猛於虎

가혹한 정치는 호랑이보다 더 사납다

공자(孔子)가 어느 날 태산(泰山)을 지나가는데, 어떤 부인이 무덤 앞에서 슬피 울고 있었다. 그 울음소리 속에는 겹겹의 슬픔이 쌓인 듯했다. 공자가 제자 자로(子路)로 하여금 그 사유를 물어보게 했다. 그 부인이 답하기를, "이전에 저의 시아버님이 호랑이에게 물려 죽었습니다. 그 뒤 남편이 또 물려 죽었습니다. 이번에는 저의 아들이 또 물려 죽었습니다."라고 했다. 공자가 "그런데도 어째서 이곳을 떠나 다른 곳으로 이사를 가지 않소?"라고 물었더니, "여기는 가혹(苛酷)한 정치가 없기 때문입니다."라고 그 여인이 대답했다.

이 말을 듣고 공자가 제자들에게 이렇게 말했다. "자네들, 백성들에게 가혹하게 하는 정치는 호랑이보다 더 무섭다네."

사람을 물어 죽이는 호랑이 몇 마리가 어떤 고을에 나타나면, 사람들은 벌벌 떤다. 그러나 그보다 더 무서운 것이 백성을 괴롭혀 못살게 하는 나쁜 정치다.

필자는 얼마 전에, "가혹한 정치가 호랑이보다 더 사납다."는 말을 눈으로 직접 목도(目睹)하였다. 지난 3월 1일 북관대첩비(北關大捷碑)를 북한 당국에 넘겨주는 인도식에 참석하는 단원의 한 사람으로 개성(開城)을 방문한 적이 있었다.

도착하는 순간 맨 처음으로 느낀 것은 체제(體制)고 이념(理念)이고 할 것 없이 가장 중요한 것이 경제(經濟)라는 것이었다.

인도인수식 행사를 개성 성균관(成均館)에서 했는데, 성균관의 대성전(大成殿), 명륜당(明倫堂) 등 옛날의 현액(懸額: 집 이름을 써서 단 현판)은 다 없애 버렸고, 건물 내부에도 본래 있어야 할 기문(記文) 등 성균관의 역사를 알려 주는 글 하나 붙어 있지 않았다. 정문에 '고려박물관'이라고 해 놓았는데, 진열된 유물도 초라하지만, 유물 설명서 첫머리는 "위대한 김일성 주석이 관람하시고 ……", "영명하신 김정일 장군께서 가치를 인정하시고 ……" 등등의 문구로 시작되었다. 앞마당에 큰 은행나무와 느티나무가 있었는데, 표지판은 역시 김일성, 김정일 부자가 다녀갔다는 소개였다. 그동안 전통문화의 교육이 단절되었던지, 여자 안내원이 나와서 성균관에 대해서 설명해 주었는데, 성균관과 사찰도 구분 못 했다.

행사장에 설치한 탁자, 의자, 마이크, 난로 등도 남한에서 화물차로 운송해 간 것이었고, 나중에 북관대첩비를 실은 차도 달라고 해서 북한에 주고 왔다.

그날 날씨가 매우 추웠는데도 개성 시민들은 모두 밖에 나와서 서성거리고 있었다. 낮 동안은 집 안에 난방이 안 되기 때문이었다. 주민들이 사는 집은 40, 50년 동안 손 한번 안 봤는지 폐허 같았다.

점심 식사한 호텔이라는 곳도 식사하는 공간만 난방이 되고, 나머지 기념품 파는 상점 등에는 난방시설이 보이지 않았고, 전력시설이 부족한지 전등도 켜지 않은 채 물건을 팔고 있었다.

주민들은 못 먹어서 얼굴이 황갈색에 마르지 않은 사람이 없었고, 군인들도 키가 겨우 160센티미터 남짓했다.

거리에는 차 한 대 안 다니고, 간혹 자전거를 탄 사람이 오갈 뿐이었다. 길은 언제 포장을 했는지 흙길과 다를 바 없었다. 텔레비전에서 보던 평양 거리와는 완전히 달랐다.

늘 한번 봤으면 했던 송악산(松岳山)은 나무 한 그루, 풀 한 포기 없는 하얀 민둥산이었고, 그 밖의 모든 산이나 들판에 나무는커녕 풀 한 포기 없는 황량한 상태였다.

농토는 경지 정리가 안 되어 있었고, 낮은 산 꼭대기까지 밭을 일구었다. 비닐하우스 등의 영농기술이 보급이 안 되었는지, 겨울철 영농하는 모습은 전혀 없었다.

돌아와서도 못사는 친척집에 갔다 온 것처럼 오랫동안 기분이 좋지 않았다. 머릿속에 남은 인상은 '비참', '암울', '황량'뿐이었다. 북한 제2의 도시가 이 모양이니, 농촌은 어떠하겠는가? 북한 주민들이 목숨을 걸고 탈출하는 이유를 알 만했다. 김일성 부자가 부르짖은 주체사상의 결과가 과연 이러한가?

"가혹한 정치는 호랑이보다 더 사납다."는 말이 다시 한번 실감이 났다.

2006년 3월 20일

苛: 가혹할 가　　政: 정사 정　　猛: 사나울 맹　　於: ~보다 어
虎: 호랑이 호

만초손, 겸수익
滿招損, 謙受益

자만하면 손해를 부르고, 겸손하면 이익을 부른다

옛날 순(舜)임금 때, 중국 남쪽의 묘족(苗族)들이 반란을 일으키자, 순임금은 신하 우(禹)에게 군사를 거느리고 가서 정벌하게 했다. 30여 일 동안 작전을 벌였지만, 아무런 성과가 없었다.

그때 우(禹)를 보좌하던 익(益)이 이렇게 말했다. "오직 덕(德)만이 하늘을 감동시킬 수 있나니 아무리 먼 곳에 있는 사람이라도 회유(懷柔)할 수 있습니다. 자만(自滿)하면 손해를 부르고 겸손(謙遜)하면 이익을 받는 것이 하늘의 도(道)입니다. 지극한 정성은 신(神)도 감동시키거늘 하물며 묘족이겠습니까?"

우가 그 말을 듣고 절을 하며 "그렇소."라고 하고는 군사를 철수시켜 돌아왔다. 순임금이 문교(文敎)와 덕(德)을 크게 펼치자, 묘족이 70일 만에 감화를 받아 굴복해 왔다.

국가와 국가 간의 외교에 있어서 무력충돌보다는 대화로 감화시키는 것이 더 효과적이다. 한 나라의 정치도 가혹한 법을 만들어 강압적으로 하는 것보다는 인의예지(仁義禮智)를 숭상하는 덕치(德治)를 하는 것이 더 효율적이다.

사람과 사람의 관계도 마찬가지다. 자기는 자기가 똑똑하다고 여겨, 조금만 기분 나빠도 눈을 부라리고, 한 마디 말도 남에게 지지 않고 대응하고, 한 푼도 손해 안 보고 반드시 따져 찾아내지만, 그런 사람은 사람들이 상대를 하지 않는다. 그런 사람은 또 자기보다 더한 사람에게 당하게 되어 있다. 푸근하게 덕으로 남을 감싸 주고 남의 입장을 이해해 주면, 다른 사람들이 그런 사람에게 감동을 받게 되고, 또 그런 사람에게 도움을 주고자 한다.
　한 나라의 국무총리(國務總理)라면, 옛날 같으면 영의정(領議政)에 해당된다. 영의정 자리를 흔히 "일인지하(一人之下: 한 사람의 아래고) 만인지상(萬人之上: 만 사람의 위라)"이라 했다. 왕 다음으로 높은 자리라는 뜻이다. 그러니 막강한 권력을 가진 자리이다. 그러나 막강한 권력이 있을 뿐만 아니라, 그 책임 역시 막중(莫重)하다. 공식적인 책임뿐만 아니라, 그 한 마디 말 한 가지 행동이 모두 국민의 모범이 되어야 한다. 장래 희망이 국무총리인 청소년이 많은데, 총리의 행동은 그들이 본받을 만해야 한다.
　얼마 전 물러난 국무총리는 총리 자리에 앉아 총리직을 수행했지만, 언행이 영 총리답지 못했다. 다른 사람을 대할 때 사늘한 눈을 부라리고 말도 표독스럽게 했다. 국회 대정부 질문하는 장소를 말싸움하는 곳으로 만들었다. 그리고 고통받는 백성들의 생활에는 신경을 쓰지 않고, 나라를 위해 헌신(獻身)하겠다는 사명감도 없는 것 같았다. 대통령의 전적인 신임을 받아 상당히 총리의 권한을 누렸건만, 자신의 오만한 태도로 말미암아 스스로 자리에서 물러나지 않을 수 없도록 상황을 몰고 갔다.
　청(淸)나라 속담에, "정승 된 사람은 배[腹] 속에서 배[舟]를 저을 수 있어야 한다."라는 말이 있다. 능력도 중요하겠지만, 겸손한 도량을 갖춘 사람이 총리가 되어야 나라가 도덕적으로 좀 더 성숙할 수 있을 것이다.

2006년 3월 27일

| 滿: 가득할 만 | 招: 부를 초 | 損: 덜 손 | 謙: 겸손할 겸 |
| 受: 받을 수 | 益: 더할 익 | | |

양속현어
羊續懸魚

양속이 고기를 달아맸다

후한(後漢) 말기에 양속(羊續)이란 사람이 있었다. 그 당시 사회가 혼란하여 곳곳에서 반란이 일어났는데, 남양군(南陽郡)의 태수(太守)가 살해되었다. 황제 영제(靈帝)는 양속을 태수로 임명하여 반란을 진압하도록 했다.

임명을 받은 양속은 평상복 차림에 심부름하는 아이 하나만 데리고 물어물어 남양을 찾아 부임하였다. 그리고 신속하게 난을 평정하여 평온을 되찾았다.

그 당시 남양에 살던 귀족들은 극도로 사치스러운 생활을 하였고, 남양군 소속의 관리들도 극도로 부패하여 뇌물(賂物)이 횡행하였다. 이런 상황이니 백성들은 가혹한 착취 속에서 고통받고 있었다. 반란을 평정한 이후로 백성들을 위한 공정한 행정에 신경을 쓰고, 법을 어기거나 탐학(貪虐)한 관리들은 엄하게 처벌하였다.

그 자신은 멸사봉공(滅私奉公)의 정신으로 직무에 충실하였고 또 아주 청렴하였다. 매일 먹는 음식은 아주 거칠었고, 입고 있는 옷은 아주 오래된 관복이었고, 타는 수레도 아주 낡은 것이었다. 자신의 행동으로 모범을 보였다. 그러자 남양의 관리들도 자신의 부정부패를 반성하게 되고, 귀족들도 사치를 부끄러워하여 감히 낭비를 하지 못하게 되니, 남양의 사회 기풍(氣風)이 완전히 달라졌다.

하루는 군의 부승(府丞: 태수의 보좌관)이 산 잉어를 한 마리 얻었다. 평소에 태수의 식사가 너무 형편없는 것을 생각하여 태수에게 바치기로 했다. 태수는 부승의 호의를 생각해서 박절하게 거절은 하지 않고 그냥 두고 가라고 했다. 부승이 가고 난 뒤, 태수는 그 잉어를 마당의 빨랫줄에 매달아 두었다.

부승은, 자기가 바친 고기를 태수가 순순히 받더라 싶어, 얼마의 시간이 지난 뒤 다시 한 마리를 마련하여 바쳤다. 그러자 태수는, "이보게! 자네가 지난번에 선물한 고기도 아직 먹지 않고 여기 있다네."라고 하면서 빨랫줄에 매달려 바짝 마른 고기를 가리켰다. 그러자 그 부승은 미안하여 얼굴이 발갛게 되어 재빨리 가 버렸다.

태수는 그다지 유난스럽지 않게 뇌물을 거절하였다. 이 소문이 사방에 알려지자, 감히 뇌물을 바치려는 사람이 아예 없었다.

정말 청렴한 사람은 자신의 입으로 청렴을 말하지 않고, 자신이 청렴한 듯이 보이려고 하지 않는다. 요사이 민주인사로서 청렴하게 살았다고 자랑하던 사람들 가운데 부정한 재산을 모으거나 뇌물 받은 것이 탄로 난 사람이 적지 않다. 부정한 재산 모으고 뇌물 받은 것도 백성들을 속인 행위가 되지만, 겉과 속이 다른 그들의 행위에 많은 사람들은 더욱 분노를 느낀다.

2006년 4월 3일

羊: 양 양   續: 이을 속   懸: 달아맬 현   魚: 물고기 어

교언영색
巧言令色

간교한 말과 좋은 얼굴빛

필자가 알고 지내는 중국 북경사범대학(北京師範大學)의 교수 한 사람이 필자가 근무하는 대학에 자주 오는데, 마침 그 교수가 두 번째 왔을 때, 우리 대학에서 총장 선거를 위한 투표가 진행되었다. 자기 나라에서는 꿈도 못 꿀 일이라 말하며 아주 부러워하면서 참관하였다. 그래서 투표가 화제가 되어 우리나라의 선거제도에 대해서 자랑하듯 이야기해 주었다.

그 뒤 그 교수가 한국뿐만 아니라 대만, 일본, 필리핀 등을 두루 다니고 나서는 생각이 싹 바뀌었는데, 이렇게 자기 의견을 개진했다. "백성들의 의사가 직접 반영되는 각종 선거는 민주주의가 실현되는 아주 좋은 제도라고 생각하여 '우리 중국에서도 언제 우리 손으로 직접 우리의 대표를 뽑아 보나?'라고 생각하며 부러워해 왔습니다. 그러나 선거를 하는 나라들을 다니다 보니, 차라리 선거제도를 실시 안 하는 우리 중국이 낫다고 생각하게 되었습니다. 왜냐하면 선거에 뽑힌 사람은 꼭 가장 나은 사람이 아니고, 대체로 말재주 좋고 사람 선동 잘하는 사람이 당선되는 것 같습니다. 또 여러 가지 선거로 인해서 허비되는 경비도 어마어마할 것 아닙니까? 또 각종 선거가 너무 잦다 보니 백성들이 정신이 선거에 쏠려 자기 일 하는 데 지장이 많을 것 같습니다. 그리고 선거 마치고 나면 당선자를 지지한 사람들과 지지하지 않은 사람들 사이에 분열이 생길 것 같습니다. 전임자가 훌륭한 인재를 육성하여 발탁하는 중국의 제도가 나은 것 같습니다."

우리나라는 지금 대학의 총장, 학장까지도 선거로 뽑는 민주주의를 자랑하지만 분명 선거의 문제점은, 이 중국 교수가 지적한 것 이외에도 많다.

공무원으로서 장기간 근무하면서 그 분야의 전문적인 실력을 갖춘 사람은 기관장이 되기가 어렵다. 장관, 차관, 청장 등으로 승진하기는 더욱더 어렵다. 그러나 학교 다닐 때 공부는 안 하고 매일 마이크 들고 시위나 하던 사람들은, 하루아침에 장관, 차관, 대통령 비서관 등 높은 자리를 차지한다. 대부분 대통령 선거에 따라다닌 덕분이다. 또 자신이 선거에 나서 당선되기만 하면 도지사, 시장, 군수나 교육감 등으로 앉는다. 그러니 누가 성실하게 공부하겠는가? 학생들도 기성세대의 선거풍토를 배워 학생회장 선거를 위해서 몇 달 전부터 여관을 정해 놓고 대책회의를 하고, 고급 홍보물을 대량으로 만들어 배포한다. 온 세상이 좀 더 근본으로 돌아가 차분해질 필요가 있다.

다시 선거철이 다가오고 있다. 평소에 별 관계 없던 사람들이 학연, 지연, 혈연 등을 고리로 하여 친근하게 손을 내민다. 다 표를 의식해서이다. 그러나 그들의 얼굴을 보면 어딘가 비굴해 보이고 말은 실속이 없다. 공자(孔子)가, "간교한 말과 좋은 얼굴빛에는 인(仁: 훌륭한 덕성)이 적다.[巧言令色, 鮮矣仁.]"라는 말을 했다. 다가오는 선거에서 교언영색을 무기로 하는 후보를 찍지 말고, 말은 좀 서툴고 표정은 투박할지라도 인격이 훌륭하고 실력을 갖춘 인물을 뽑도록 해야겠다. 그래야만 우리 지역도 살고, 나아가 나라도 살 수 있는 것이다.

2006년 4월 10일

巧: 교묘할 교   言: 말씀 언   令: 명령할 령, 좋을 령   色: 빛 색

이와전와
以訛傳訛

잘못된 것을 잘못 전하다. 잘못된 소문이나 상식이 자꾸 전해지다

우리나라에서 지금도 많이 쓰이는 속담(俗談)으로 "쇠뿔은 단김에 뽑아야 한다."라는 말이 있다. "무슨 일이든지 망설이지 말고 바로 착수해야 된다."는 뜻으로 쓰이고 있다.

이 말이 잘못된 말이라고 한다면, 아마 독자들은 믿지 않을 것이다. 그러나 이 말은 잘못되어도 한참 잘못된 말이다. 소는 옛날에는 농사의 밑천이다. 아무리 농토가 많아도 소가 없으면, 농사를 지을 수가 없다. 그래서 나라에서도 소를 잡아먹지 못하도록 금령(禁令)을 내렸다. 사람이 다른 일도 바쁜데 소의 뿔을 뽑는 일을 할 턱도 없고, 또 소는 뿔이 뽑히면 죽게 된다. 소를 보물처럼 여기던 농경사회(農耕社會)에서 소의 뿔을 뽑는 일은 정신이상자가 아닌 이상 할 턱이 없다.

이 속담은 본래는 "쇠[鐵] 불[火]은 단[熱] 김에 뽑아야 한다."라는 말이 잘못된 것이다. 곧 "성냥간에서 쇠가 불에 달구어졌을 때 자기가 만들고 싶은 칼이나 낫 등을 뽑아내야 한다."는 뜻이다. 쇠가 불에 달구어졌을 때는 두드리면 대장장이가 만들고 싶은 물건이 만들어지지만, 쇠가 식고 나면 아무리 두들겨도 힘만 들고 물건 모양이 만들어지지

않는다는 뜻을 가져와, 어떤 일에는 각각 적절한 시기가 있으므로 그 기회를 놓치지 말라는 뜻으로 쓰던 속담이다. 중국어에도 이런 뜻과 꼭 같은 '진열타철(趁熱打鐵)'이라는 단어가 있다.

별 능력도 없으면서 일을 하다가 잘 알지 못해서 실패한 사람들을 놀릴 때, "알아야 면장을 하지."라는 속담도 자주 쓴다. 어딘지 좀 이상하다. 잘 아는 사람이 어찌 꼭 면장만 해야 하는가? 군수, 도지사라고 하지 않고 면장이라고만 하니, 그 이유는 무엇인가?

이것도 본래는 "알아야 면장(面牆)을 면(免)할 수 있다."라는 말인데, '면' 자 발음이 겹치니까, 어느 사이에 하나가 생략되어 "면장을 할 수 있다."라고 잘못 전해진 것이다. 『서경(書經)』에 나오는, "배우지 않으면 얼굴을 담장에 대고 서 있는 것과 같아, 일을 당하게 되면 복잡해진다.[不學牆面, 莅事惟煩.]"라는 말에서 유래된 것으로 볼 수 있다. "배워서 알아야만 사람이 소견이 트여서 일을 할 수 있다."는 뜻인데, 얼토당토않게 면장(面長)으로 둔갑해 버려 전혀 엉터리 말이 되어 버렸다.

지금은 잘 쓰이지 않지만 옛날 노인들이 자주 쓰던 속담으로, "외가(外家)가 낮으면 씀바귀나물을 못 먹는다."라는 말이 있었다. "외가의 지체가 낮은 사람은 씀바귀나물을 먹지 못한다."라는 뜻으로 쓰였다. 어떤 사람이 외가가 괜찮은 집안인지 그렇지 않은지는 그 사람이 씀바귀나물을 먹는 것을 보고 판단한다는 것이었다. 그러나 이 말은 터무니없는 말이다. 본래의 뜻은 "외[瓜]가 나오면 씀바귀는 맛이 없어 못 먹는다."라는 것이었다. 6월 달쯤 해서 외나 동아 등 외 종류의 반찬이 나오면 씀바귀는 맛도 못하겠지만 세어 버리기 때문에 먹을 수 없다는 뜻이 와전(訛傳)되어 사람의 지체를 판단하는 말로 쓰일 정도로 권위를 가졌으니, 우스운 일이다.

우리 주변에서 날마다 만나는 하찮은 말이나 사물에서도 궁리(窮理)하는 습관을 길러 바른 이치를 찾도록 해야겠다.

2006년 4월 17일

以: 써 이 　　　　訛: 잘못될 와 　　　　傳: 전할 전

혈구분인, 선오기구
血口噴人, 先汚其口

피를 머금은 입으로 남에게 뿜으면, 먼저 그 입을 더럽힌다

독자 여러분들이 다 아시겠지만, 조선왕조 숙종(肅宗) 때는 당쟁(黨爭)이 유달리 심하여 노론(老論)과 남인(南人)의 정권교체가 네 차례나 있었다. 그 당시 노론의 영수는 우암(尤庵) 송시열(宋時烈) 선생이었고, 남인의 영수는 미수(眉叟) 허목(許穆) 선생이었다.

이러한 격렬한 당쟁 속에서도 그러나 그 당시 분들은 사람으로서 지켜야 할 도리는 지키는 따뜻한 인간미가 있었다.

우암은 건강비결로 늘 어린애 오줌을 받아 마셨는데, 이것이 나중에 결석(結石)을 불러와 어떤 약으로도 치료가 되지 않았다. 그래서 의약에 정통한 정적(政敵)인 미수한테 가서 약을 지어 오도록 아들에게 시켰다. "아버지, 그 사람한테 약을 짓다니 될 말입니까? 틀림없이 약을 이용해서 아버지를 죽이려 들 것입니다. 다시 한번 생각해 주십시오."라고 아들이 간언(諫言)을 하자, 우암은 "그 사람하고 내가 정치노선은 다르지만 나를 죽일 사람은 아니네. 약을 지어 오너라."라고 다시 심부름을 시켰다.

아들이 약을 지어 와서 보니, 약에 든 재료가 모두 사람이 먹으면

죽는 부자(附子), 비상(砒霜) 등 극약뿐이었다. 아들이 다시 우암에게, "아버지, 보십시오. 이 속에 모두 사람 죽이는 약밖에는 없지 않습니까? 그자가 아버지를 죽이려고 하는 것이 분명합니다."라고 의심하며 말하자, 우암은, "그럴 사람이 아니네. 독약끼리 조화가 되면 영험이 있는 약이 되는 수가 있다. 그대로 달여라."라고 명했다.

아들은 아무래도 의심을 떨칠 수가 없어 그중에서 아주 독한 비상 등은 반쯤 들어내고 달여 드렸다. 그 뒤 우암의 병이 근치(根治)가 안 되고 다시 재발하니, 아들이 다시 미수를 찾아가서 약을 부탁하자, 미수는 이미 그 아들이 의심하여 비상 등을 들어낸 줄을 알고 있었다. 본래 처방대로 달여 먹었으면 재발할 턱이 없기 때문이다.

위의 이야기는 옛날 노인들 사이에 전해 오는데, 우암과 미수 사이의 이야기가 아니고, 노론과 소론 두 정승 사이의 이야기로 되어 있는 경우도 있다.

아무튼 우리 조상들은 당(黨)을 달리하여 싸울지라도 인간으로서 서로 존중하는 선은 유지해 갔던 것이다. 그러나 오늘날은 당이 다르면 서로 인신공격을 하고, 온갖 폭로전을 일삼고, 심지어는 없는 사실까지 지어내어 상대를 거꾸러뜨리려 한다. 그렇게 해야만 선거에 당선이 되기 때문이다. 선거운동이란 것이 바로 흑색선전과 동의어가 되어 버렸다.

그러나 남을 거꾸러뜨리기 위해서 흑색선전을 하고 허위사실을 날조하여 유포한다면, 우선은 자신에게 유리하게 될 수 있을지 모르지만, 언젠가는 자기도 그런 수법에 휘말리게 된다. 그래서 "입에 피를 머금고서 다른 사람에게 뿜으면 먼저 자기 입부터 더럽혀진다."는 사실을 명심해야겠다. 자기가 남을 헐뜯고 욕하면, 당장은 자기가 승리한 것 같지만, 얼마 지나지 않아서 그 반격이 자기한테로 날아오기 때문에, 결국은 자기가 자기를 헐뜯고 욕한 것과 마찬가지 결과가 된다.

 상대방을 존경하는 것이 곧 자신을 존경하는 것이고, 상대방을 보호하는 것이 자신을 보호하는 길이다.

2006년 4월 24일

血: 피 혈 口: 입 구 噴: 뿜을 분 人: 사람 인
先: 먼저 선 汚=汗: 더럽힐 오 其: 그 기

인열폐식
因噎廢食

목이 막힌다고 먹는 것을 그만둔다

밥을 먹다 보면 어쩌다가 목이 막히는 수가 있다. 그렇다고 그때부터 밥 먹다가 질식해서 죽을 수도 있겠구나 하고 우려가 되어 밥을 먹지 않겠다고 하는 사람이 있다면, 사람들은 모두 그 사람을 바보라고 비웃을 것이다. 사소한 문제나 지엽적인 문제로 인하여 중요한 일, 전체적인 일, 꼭 해야만 할 일을 완전히 폐기(廢棄)한다면, 이는 일의 경중을 모르는 것이다.

어떤 주장을 하거나 논리를 펼 때는, 먼저 "이치에 맞는가?", "사람을 위한 것인가?", "시대에 맞는가?"를 따져 본 뒤에 결정해야 한다. 지나치게 극단적인 논리로 몰고 가면 부분적으로는 맞지만, 전체적으로 일을 그르칠 수가 있다. 한 집안의 가장이 극단적인 주장을 하면 그 집안사람들이 고생하게 되고, 회사의 최고 경영자가 극단적인 주장을 펴면 그 회사는 망하고 말 것이고, 한 나라의 통치자가 극단적인 주장을 하면 그런 나라는 결국 국제경쟁에서 낙후하고 말 것이다.

환경(環境)이 중요한 줄은 대부분의 사람들은 다 알고 있고, 보호하려는 생각을 갖지 않은 사람은 거의 없을 것이다. 그러나 모든 것을 무시한 채 환경만이 제일이라고 주장하는 사람들이 우리 주변에 많이 있다. 이들은 발전소 건설, 도로 건설, 간척지 사업 등등 국가에서 하는 사업은 자기들의 좀 아는 지식에 바탕을 둔 논리를 내세워 결사적으로 반대하고 있다. 이로 인해서 정부가 계획을 수립해서 국민의 대의기관인 국회에서 통과된 국책사업 등도 반대한다. 이들이 격렬히 반대하면 정부 당국은 단호히 추진해 나가야 할 사업인데도, 이들의 집단행동에 항복하여 질질 끌려다닌다. 그러다가 천문학적인 국고(國庫)를 낭비한다. 결국 그 부담은 납세자인 국민 개개인에게 돌아온다. 환경보호를 주장하되, "이치에 맞는가?", "사람을 위한 것인가?", "시대에 맞는가?"를 따져 본 뒤에 이 세 가지에 맞지 않으면, 적절한 선에서 절충안을 제시해야지 무조건 반대해서는 곤란하다.

환경만을 생각한다면, 사람은 아무것도 먹지 말고 아무것도 하지 말고, 추워도 난방도 하지 말아야 한다. 숨 쉬는 일, 먹는 일, 움직이는 일 등 모두가 엄밀히 말하면 환경 파괴 아닌 것이 없다. 그러나 사람은 먹지 않고 움직이지 않고 난방을 하지 않고는 누구도 살아갈 수가 없다. 환경을 지극히 생각하는 사람도 역시 먹지 않고 움직이지 않고 난방하지 않고 살아갈 수 없기는 마찬가지다. 사람과 자연이 함께 조화롭게 살 수 있는 길을 모색해야지, 너무 환경보호만 주장한다면, 억지라 하지 않을 수 없다.

기업 하는 사람 가운데 간혹 노동자를 착취하여 자기 혼자 호의호식(好衣好食)하는 사람이 있다고 해서, 기업은 다 없어져야 한다는 논리를 펴서는 안 된다.

전체를 보고 시대에 맞게 주장하고, 실천해야 한다. 남에게 별 영향을 안 끼치는 일에 종사하는 사람들이야 사리에 맞지 않는 주장을 해도 그 피해가 그리 크지 않지만, 남에게 영향을 많이 미치는 자리에 있는 사람은 자기의 잘못된 생각으로 인해서 많은 사람들에게 피해를 주고, 더 나아가 나라의 앞날까지도 그르칠 수가 있다. 심사숙고(深思熟考)하지 않아서야 되겠는가?

2006년 5월 1일

因: 인할 인   噎: 목멜 열(일)   廢: 그만둘 폐   食: 먹을 식

신상필벌
信賞必罰

공이 있으면 반드시 상을 주고, 죄가 있으면 반드시 벌을 준다

우리나라에서 근대적인 사법제도와 검찰, 경찰 등의 제도가 도입된 것은 일본통치하에서였다. 일본은 자기들의 강한 힘만 믿고서 야욕을 뻗쳐 남의 나라를 침략하여 온갖 악랄한 짓을 자행하였다. 그래서 우리 민족은 일제에 직접 간접으로 저항하였다. 이러다 보니, 대부분의 범죄자들은 곧 독립운동가였다. 그래서 피의자들은 경찰이나 검사들에게 대항하였고, 법정에서도 판사에게 불손하게 대하였는데, 이것이 곧 지조 있는 독립운동가의 자세였다. 경찰이나 검사, 판사에게 고분고분하면 곧 수치가 되었고, 그런 사실이 세상에 유포되면 상당히 명망 있는 분이라도 명예가 실추되었다.

독립선언서에 서명한 33인 가운데서는, 체포되어 감옥에 갇혀 우는 사람도 있었고, 한숨만 내쉬는 사람도 있었고, 심지어 자기에게 서명을 권유한 사람들을 원망하는 사람도 있었다. 그래서 만해(卍海) 한용운(韓龍雲) 선생 같은 분은 이런 구차한 처신을 하는 사람들에게 감방의 똥통을 뒤집어씌우기까지 하였다.

대한민국 정부가 수립되고 우리의 경찰, 검찰 및 법원이 체계를 갖

추어 설립되었다. 그래도 일제시대의 관습이 남아 있어 피의자들은 여전히 경찰, 검찰의 신문에 저항을 하며 비협조적이고, 재판에서도 뻣뻣한 태도를 유지하였다. 저지른 범죄의 내용은 독립운동과는 전혀 상관이 없으면서도 그 자세는 독립운동가들이 취하던 자세와 마찬가지였다.

그러니 경찰, 검찰, 법원 등의 권위가 추상같을 수가 없었다. 또 그 이후로 국가를 통치하는 정권이 정통성이 결여되어 있었기 때문에 경찰, 검찰, 법원의 권위는 더욱 실추되었다. 왜냐하면 정권의 눈치나 보는 정권의 앞잡이 역할을 충실히 수행했기 때문이다.

헌법이나 법률에 근거하여 처벌하기보다는, 집권자의 비위에 맞추어 형량을 만들기에 급급하였다. 그래서 처벌받는 것을 마치 훈장이나 받는 것처럼 자랑스럽게 생각하였고, 이것이 나중에 정계 등에 진출하여 출세하는 데 좋은 밑천이 되었다.

형벌은 본래 많은 사람들에게 경고하여 죄를 짓지 못하게 하려는 목적에서 만들어진 것인데, 도리어 형벌을 받는 것을 영예롭게 생각하게 만들었으니, 잘못되어도 한참 잘못된 것이다.

상도 본래 많은 사람들에게 권면(勸勉)하려는 뜻에서 잘한 사람에게 주는 것이다. 그러나 순수하게 제일 잘한 사람, 상을 받을 만한 사람에게 상을 주는 것이 아니고, 지연, 학연, 기타 정치적인 요소가 작용하다 보니, 대부분의 사람들은 상을 장난질이나 하는 우스운 것으로 보게 되었다.

벌이 징계하는 의미를 잃고 상이 권면하는 의미를 잃어버렸으니, 벌이고 상이고 아무런 의미가 없게 되어 버렸다.

우리나라만큼 공권력이 권위가 없고, 원칙이 없는 나라는 세계에서도 드물다. 모두가 다 지금까지 나라를 다스려 온 최고통치자들이 이렇게 만들었다. 우리가 민주주의 국가의 대표로 알고 있는 영국 같은 나라에서는 백성들이 경찰에 감히 도전할 생각을 못 한다고 한다. 경찰이 한 번 명령한 것이 곧 법이라고 한다. 무허가 상점 철거하라면 바로 철거하고, 만약 말을 듣지 않으면 불도저로 바로 밀어 없애 버린다고 한다.

시위대에게 경찰도 군인도 두들겨 맞고 행패를 당하고서도 아무런 조처를 못 한다. 이러고서도 국가라 할 수 있겠는가? 시위대한테도 꼼짝 못 하는 군대가 일본 군대나 중국 군대가 쳐들어왔을 때 과연 용감하게 싸울 수 있을까? 이 모두가 지금까지의 통치자들이 너무나 원칙 없이 나라를 다스려 온 업보(業報)라 하지 않을 수 없다.

2006년 5월 8일

信: 믿을 신   **賞**: 상 줄 상   **必**: 반드시 필   **罰**: 벌할 벌

145

존사중도
尊師重道

스승을 존경하고 도덕을 중시한다

월요일 아침인데도 고등학교 3학년인 딸이 학교 갈 생각을 하지 않기에, 물어봤더니, "오늘은 스승의 날이라서 학교에 안 갑니다."라고 대답했다.

  그 말을 듣고 참 이상하다는 생각이 들었다. 스승의 날은 스승인 교사(教師)들을 위해서 만든 기념일인데, 이날 학교마다 다 문을 닫고, 교사들은 아예 출근을 못 하도록 막고, 학생들은 수업을 받지 못하도록 만들어 놓았으니, 이 무슨 괴이한 제도인가?

  국군의 날에는 대통령이 참석하는 국가적인 기념식을 거행한다. 노동절에는 노동자들을 위해서 국가에서 각종 행사를 거행한다. 어린이날에는 어린이를 위한 각종 행사가 거행된다. 방송, 신문에서도 이날을 위한 특집프로그램이 다투어 마련된다. 장애인의 날, 보훈의 날, 해운의 날 등등 어떤 기념일이 있으면, 그 대상자들을 위한 행사가 다 마련된다.

  그러나 유독 스승의 날만은 교사들을 자신의 생활터전인 학교에 나오지도 못하게 하여 아예 교육의 대상자인 학생들을 만날 수 없게 만든다. 이것은 다른 이유가 없고, 오로지 교사들이 촌지나 선물을 받을까 우려하여 이렇게 만든 것이다.

이는 국가에서 근본적으로 교사를 믿지 못하겠다는 것이고, 더 나아가서는 교사들을 우범자(虞犯者) 취급하는 것이다. 교사들에게 가해지는 가장 극심한 모욕이다.

물론 교사 가운데 촌지를 받는 사람이 전혀 없는 것은 아닐 것이다. 그러나 한두 사람이 촌지를 받는다 하여, 촌지를 받을 우려가 있으니, 모든 교사들은 학생들과 접근하지 말라는 것은, 마치 교통사고의 우려가 있으니, 모든 차량은 운행하지 말라는 것과 같다.

교육은 고도의 정신적인 작용이다. 사람의 머리는 워낙 정밀하고 미세하여 개인차가 아주 크다. 그래서 교육학자들이 오랫동안 많은 실험과 연구를 해 왔지만 구명하지 못하는 분야가 많다. 또 교육의 효과는 개인마다 엄청난 차이가 있다.

그러나 한 가지 공통점이 있으니, 그것은 "가르치는 사람을 존경하지 않으면 교육의 효과가 없다."는 점이다. 배우는 사람에게 "무조건 가르치는 사람을 존경해야 한다."라고 해서 존경을 하는 것이 아니다. 남을 가르치는 사람은 기본적으로 남의 존경을 받을 수 있어야 한다. 첫째, 전공분야에 대한 충분한 학문적 축적이 있어야 한다. 둘째, 견문이 넓어서 배우는 사람을 한발 앞서서 인도할 수 있어야 한다. 셋째, 행동에 있어서 배우는 사람의 모범이 될 수 있어야 한다.

원래는 가르치는 사람이 스승이라고 자처하면서 배우는 사람을 불러 모아서도 안 된다. 그 사람의 학문과 인격을 존경하여 배우려는 사람들이 저절로 모여들게 해야 한다. 가르치는 사람이 "나는 스승이다."라고 말해서도 안 되고, 더구나 배우는 사람에게 "나를 존경하라. 나를 믿어라."라고 말해도 안 된다.

　배우는 사람들이 저절로 가르치는 사람의 학문과 인격에 감화되어 존경하고 믿고 따르도록 해야만 참된 스승이라 할 수 있다. 그래야 스승의 존엄성이 살아난다.

　전제군주국가라 할 수 있는 과거 우리나라나 중국에서 제왕이 신하로 삼지 못하는 사람이 있었으니, 바로 스승이었다. 신하라도 임금에게 강의할 때는 신하의 예를 차리는 것이 아니고, 도리어 제왕이 제자의 예를 취하여 스승을 높였던 것이다.

　아직 우리보다 생활수준이 못하다 할 수 있는 중국에서는 공자(孔子)의 탄신일을 스승의 날로 삼아 행사를 거행하고 있다. 스승의 날이 되면 주석부터 시작해서 각부 장차관, 공산당 간부, 지방정부 장관 등이 조별로 나누어서 각종 학교를 방문하여 교사, 교수들과 교육현장의 문제에 대해서 간담회를 개최하고 점심 식사도 같이 하며, 학교의 각종 시설을 둘러본다. 단순히 형식적인 방문이 아니라 학교 구석구석을 다 둘러보고, 교육행정에 반영한다.

　우리나라의 국가 지도자들은 학교를 찾아와 교육자들을 격려하고 교육시설을 개선하려고 노력하기는커녕, 모든 교육자들을 우범자로 몰아 멸시하고 있다. 국가가 이런 시각을 갖고 있는데, 학생들이나 사회인들이 교육자들을 존경하겠는가?

　스승을 존종해야만 배우는 내용도 중요한 줄을 알게 되고, 머리에 잘 남는다. 교육자의 존엄성이 무너지면 교육은 효과를 거둘 수 없다. 교육이 효과적으로 되지 않으면, 인재양성이 될 수 없고, 인재양성이 되지 않는 나라는 발전이 있을 수 없는 것이다. 교육은 국가 백년대계(百年大計)라고 자주 말은 하지만, 교육자를 멸시하면서 교육이 잘될 수 있겠는가?

2006년 5월 22일

尊: 존경할 존　師: 스승 사　重: 무거울 중, 중요하게 여길 중　道: 길 도

행인지불행
幸人之不幸

다른 사람의 불행을 다행으로 여긴다

우리나라 속담에 "좋은 소문은 대문 밖을 안 나가지만, 나쁜 소문은 천리를 간다."라는 말이 있다. 남에게 좋은 일이 있으면 선전을 안 해 주면서, 좋지 못한 일이 있으면 사방에 이야기하고 다니는 사람들이 많이 있다는 뜻이다.

사람은 본능적으로 생존을 위해서 남과 경쟁하려는 마음이 있다. 이 경쟁심리를 좋은 쪽으로 개발해 나가면 자기 발전의 원동력(原動力)이 되지만, 잘못된 쪽으로 키우면 남을 질투하고 시기하고 훼방하는 마음으로 되고 만다. 이렇게 되지 않으려고 의도적으로 노력해야 하는데, 이것이 바로 수양(修養)이다.

이미 작고했지만 서울의 명문대학의 국문과 교수로 많은 연구업적도 있고, 학계에 이름도 있는 김모(金某) 교수가 있었다. 풍채도 아주 좋아 겉으로 보기에는 관대한 어른처럼 보였다. 그러나 이분은 마음이 배배 꼬여 남이 잘되는 것을 보고는 참지 못하였다. 예를 들면 동료 교수가 책을 한 권 새로 내면 수업 시간에 들어가서 그 책 엉터리다라고 학생들에게 이야기할 정도였다. 돌아서면 남 욕을 하고, 남 안 보는 데서 남의 일을 방해하는 짓을 하였다. 그러면서 학생들한테는 다른 교수들보다 유달리 "사람이 되어야 한다."는 말을 많이 했다. 텔레비전 방송에 나가 그럴듯한 이야기를 하고, 신문에 글도 자주 써서 사회적으로는 명사(名士)가 되어 있지만, 자기 학교에서는 원수가 되어 만나도 인사도 안 하는 교수가 한둘이 아니었다. 자기 스스로 "나는 남 잘되는 것은 못 보는 사람이다."라고 말을 하고 다녔다. 학생들이 말은 안 했지만, 속으로 다 경멸하고 있었다.

그의 성장 배경을 알아봤더니, 가난한 집안에서 태어나 일본으로 건너가 대학을 다닐 때는 부두에서 짐을 날라 돈을 벌어야 했다. 월급은 얼마 못 받으면서 사람 취급을 받지 못했던 것이다. 그때 사회를 보는 눈이 완전히 뒤틀린 것이었다. 그래서 그 뒤 대학교수가 되어서도 다른 사람은 다 잘사는 집에서 호화롭게 자라고 자기 혼자만 고생한 것으로 생각하여 우리나라에서 자기보다 나은 사람은 다 시기하고 질투하는 성격이 되어 버린 것이었다.

자기가 노력하지 않으면 나중에 출세하여 지위가 올라간다고 하여 인격도 따라 올라가는 것은 아니다.

자기를 희생한다는 것은 보통 사람으로서는 하기도 어렵고, 남에게 강요할 일도 아니다. 그러나 자기도 잘되고 남도 잘되어야 한다는 생각을 갖는 것이 정상적이다. 사회 구성원 대다수가 이런 사람이 되어야만 건전한 정상적인 사회가 될 수 있다. 자기만 잘되어야 하고 다른 사람은 잘되면 안 된다는 생각을 가진 사람은 정신적으로 정상이 아니다. 그런 생각을 가진 사람이 혹 있다면, 하루빨리 고치도록 노력해야 한다. 남을 시기하고 질투하는 사람이 많으면, 사람들이 늘 불안하고 불쾌하여 살맛이 나지 않는다. 경제적 성장에 맞추어 삶의 질도 높여야겠다.

　한나라당 박근혜 대표가 불의의 피습을 당해 얼굴에 큰 상처를 입는 불상사가 발생했다. 한나라당을 지지하든 안 하든 상관없이 얼굴에 큰 상처를 입게 된 사건을 보고 마음 아파하고 안쓰러워하는 것이 정상적인 사람의 정상적인 감정이다. 그런데 노사모 소속의 어떤 사람이 비웃는 듯하면서 고소하다는 듯한 표현의 글을 인터넷에 올렸다가 많은 사람들로부터 매서운 질타(叱咤)를 받고 있고, 열린우리당의 어떤 의원도 그 비슷한 발언을 했다가 당 동지들로부터 매서운 공격을 받고 있다.

　그래도 우리나라 국민들 대다수는 남의 불행을 나의 불행처럼 생각하고 남의 아픔을 나의 아픔으로 생각하는 아름다운 마음씨를 가졌음이 증명되었으니, 우리나라는 희망이 있는 나라다.

2006년 5월 29일

幸: 다행 행, 다행으로 여길 행　　人: 사람 인, 남 인　　之: ~의 지

不: 아니 불

자업자득
自業自得

자기의 업을 자기가 얻는다

업(業)은 불교용어(佛敎用語)로 "전생에 지은 일의 결과로 받는 응보(應報)"이다. 일반적으로는 "자기가 행해 온 나쁜 일이 원인이 되어 나중에 받는 좋지 않은 결과"를 말한다. 어떤 사람이 안 좋은 일을 당했을 때, 그 사람이 살아온 평소의 행실이 좋지 않으면, '자업자득'이라고 하는 것이다. 예를 들면 고기를 지나치게 좋아하는 사람이 있는데, 주변에서 아무리 고기를 적당히 먹으라고 충고해도 듣지 않고, 자기 좋은 대로 계속 고기를 먹다가 고혈압 판정을 받게 되면 사람들은 "자업자득이다."라고 말하는 것이다.

지난 5월 31일에 치러진 전국지방선거에서 대통령이 소속돼 있는 여당(與黨)이 참패를 했다. 명색이 집권당이라면서 16개 광역단체장 가운데서 겨우 한 자리만 당선자를 내었다. 그런데도 대통령이나 여당은 문제의 심각성을 모르고 국민들만 야속하게 생각하고 있을 뿐, 그런 결과가 나오게 된 원인을 정확히 모르는 것 같다.

이 모두가 평소에 자기들이 무능하고 무원칙하다는 것은 모르고, 자기들은 옳고 바르게 해 나간다고 생각하여 정책이나 노선을 결정하고, 국민들은 잘 따르기만 하면 된다고 믿고 국민들에게 요구했기 때문이다.

　대통령의 갈팡질팡한 정책노선, 방만한 정부운영, 장난 비슷한 말투, 전직 국무총리의 오만한 말투와 도전적인 태도, 능력도 없는 비전문가를 정부요직에 임명하는 일, 국영기업체 경영자에 자기 사람 심기, 북한의 인권에 대한 침묵, 국민적 합의도 없이 무조건 김정일에게 퍼 주기, 공권력의 무력화, 교육의 붕괴, 내놓는 것마다 문제를 야기하는 부동산정책, 날로 가중되는 각종 세금, 온갖 시민단체의 발호, 강성노조, 모든 것에 대한 양분화하기 등등 문제가 한두 가지가 아니다. 현재 우리나라에서 살아가고 있는 백성들은 단 하루도 정신적으로 안정을 얻을 수 없는 세상이 되어 있다.

　게다가 "대통령과 여당은 잘하는데, 국민이 이해를 못 하고 따르지 않는다.", "대통령이 무슨 일을 하려고 하면, 보수언론이 결사적으로 방해한다." 등등의 말을 하며, 자신들의 무능과 무원칙을 전혀 모르고 엉뚱한 핑계를 대고 있다.

　이 때문에 국민들은 정말로 단단히 화가 난 것이다. 한나라당이 잘한다고 다 밀어준 것은 아니지만, 열린우리당으로는 도저히 안 되겠다는 국민적 공감대가 형성되어 이런 선거결과가 나온 것이다. 지금이라도 국민의 의향이 무엇인지 정확히 파악하여 국민들이 원하는 방향으로 정치를 해 나가면 국민들은 얼마든지 지지할 수 있다.

　국민들의 지지는 한 군데 고정되어 있지 않다. 잘하면 언제든지 국민의 지지를 얻을 수 있고, 잘못하면 국민의 지지는 떠난다. 어떤 당에 대해서도 마찬가지다. 한나라당도 승리에 들떠 가지고 국민의 의견을 겸허하게 받아들여 노력하지 않으면, 바로 국민들의 버림을 받는다는 것을 명심해야 한다.

2006년 6월 12일

自: 스스로 자   業: 일 업   得: 얻을 득

사반공배
事半功倍

일은 반만 하고도 성과는 두 배가 된다

유교(儒敎)에서 아성(亞聖)으로 추앙되는 맹자(孟子)가 살았던 시대는 역사에서 전국시대(戰國時代)라고 부른다. 워낙 각 나라 사이에 전쟁이 심했기 때문이다.

이미 천자(天子)나라인 주(周)나라를 없애 버리고 각 지역에 봉해졌던 제후나라의 임금들이 천하를 차지하겠다고 마음먹고 백성을 끌어다가 전쟁터로 내몰고, 또 전쟁에 필요한 경비를 충당하기 위해서 백성들에게서 각종 명목의 많은 세금을 거두었다. 백성들은 정말 거꾸로 매달린 것 같은 괴로운 생활 속에서 신음하며 지냈다. 각 나라 임금들은 다투어 새로운 정책을 제시할 학자들을 초빙하여 부국강병(富國強兵)하려고 노력하였다. 그러다 보니 새로운 사상이나 학설이 많이 나와 제자백가(諸子百家)들이 활약하는 시대가 되었다.

이 시기에 활약한 맹자는 다른 학자들과는 달리, 전쟁을 좋아하지 말고 백성들에게 인정(仁政)을 베풀라고 여러 나라 임금들에게 역설하고 다녔다. 어느 날 제(齊)나라에서 그의 제자 공손추(公孫丑)에게 이렇게 말하였다. "지금 백성들이 학정(虐政)에 시달리고 있는 것이 어느 시대보다 더 심하다. 굶주린 사람에게는 먹이기가 쉽고 목마른 사람에게는 물을 먹이기가 쉬운 법이다. 지금 제나라처럼 큰 나라에서 어진 정치를 베푼다면, 백성들이 기뻐하여 마치 거꾸로 달아매였다가 풀려나는 것처럼 여길 것이다. 그러니 일은 옛날 사람들의 반만 하고서도 얻는 효과는 두 배가 될 것이다."

어떤 일을 이루는 사람은 때를 잘 가리고 형편을 잘 살펴서 적절한 기회를 놓치지 않는다. 아무리 지혜가 있는 사람이라도 시기를 잘 잡는 사람만 못하고, 아무리 좋은 농기구가 있어도 때맞추어 가꾸는 사람만 못한 법이다.

우리나라에서는 근래 민주화에 공헌한 사람이라 하여 대통령으로 당선된 사람들이 몇 명 있다. 처음 출발할 때는 국민들이 대단한 기대를 걸고 이들에게 열렬한 지지를 보냈다. 그러나 평생 다니면서 선동이나 일삼으며 지냈지, 책임지고 무슨 일을 해 본 적이 없었기 때문에 대통령을 맡아 잘해 보려 했지만, 뜻대로 되지 않았다. 외과의사가 아닌 사람이 병원 수술실을 맡아 아무리 수술을 잘해 보려고 정성을 다해도 잘할 수가 없는 법이다. 그런데 정치가는 무슨 일이든 다 할 수 있다고 본인이 생각하여 무슨 일이든지 맡고, 백성들도 그렇게 여겨 일을 맡긴다. 본인이야 정치적 야욕 때문에 능력이 없어도 일을 맡으려 하겠지만, 국민들이 잘 판단하여 그런 사람에게는 일을 맡겨서는 안 된다. 그런데 그동안 우리 국민들도 흥분하여 사리분별이 없었다. 국력의 저하를 누가 책임질 것인가? 아무도 책임지지 않는다. 그 부담은 고스란히 다음 세대의 사람들이 져야 한다. 현재 치솟는 청년실업 문제를 누가 책임져야 할 것인가?

앞으로 대통령 되는 사람은 비교적 대통령 노릇을 하기 쉬울 것이다. 지금까지 대통령 몇 사람이 워낙 잘못했기 때문에 약간만 잘해도 국민들로부터 크게 지지를 받을 수 있을 것이니까.

2006년 6월 19일

事: 일 사　　　半: 반 반　　　功: 공로 공　　　倍: 두 배 배

사시이비
似是而非

옮은 듯하나 틀린 것

우리 조상들이나 중국 사람들은 본 이름과 함께 자(字)나 호(號)도 아울러 사용하였다. 본 이름은 자신이 자기를 일컬을 때나 공식적인 문서 등에 썼고, 일반적으로 남의 이름을 바로 부르는 일은 없었다. 죄인이나 역적일 경우에는 사람 취급을 하지 않기에 이름을 바로 불렀고, 당파가 다르거나 무시할 경우에는 의도적으로 이름을 바로 불렀다. 이를 '직호성명(直呼姓名)'이라고 했다. 남에게 자기의 이름이 바로 불린다는 것은 매우 경멸을 당한다는 것을 의미한다.

자는 20세 전후 성인이 되는 의식인 관례(冠禮)를 할 때 지어 부르는 이름인데, 그 사람의 이름을 풀이하여 그 사람의 정신적인 자세, 나아갈 방향 등을 제시하였다. 그러므로 자신이 자를 생각하거나 자기의 자를 부르는 소리를 들으면, 자에 담긴 의미를 생각하기 때문에 자연히 수양도 되고 공부도 되었다. 그래서 자를 관명(冠名), 또는 표덕(表德)이라고 했다.

호는 중국 동진(東晋) 때 시인 도연명(陶淵明)이, 자기 집 앞에 다섯 그루의 버드나무를 심고서 자신을 오류선생(五柳先生)이라고 부른 데서 비롯되었다. 그 이후 송(宋)나라 때부터 일반적으로 문인, 학자들이 즐겨 사용하였다. 그래서 자신이 좋아하는 것, 이상(理想)으로 삼는 것, 자신이 지향(志向)하는 것, 자신의 정신적, 신체적 특징이나 결점, 자기의 고향, 고향의 산천 이름, 그리워하는 것 등등을 가지고 호를 삼았다.

호는 자기가 짓기도 하고, 친구나 스승이 지어 주기도 하고, 부형이 지어 주기도 한다. 그러나 옛날에는 호를 가질 정도가 되면 학문이나 덕행이 다른 사람이 우러러볼 정도가 되어야 했고, 행실에 흠이 없어야 했다. 그래서 옛날에는 호를 가진 사람이 그리 흔치 않았다. 일반적으로 족보(族譜) 한 면을 여섯 칸으로 나누는데, 6대의 세대(世代)가 연속으로 실릴 수 있다. 옛날 우리 조상들 사이에서, "족보 한 면에 호 가진 어른이 한 분만 있어도 그 집안은 명가(名家)다."라는 말이 있을 정도로 호를 가질 정도의 인물이 되는 것은 쉽지가 않았다. 옛날 족보에 호가 없던 조상도, 후손들이 근래에 새로 족보를 하면서 호를 지어 넣은 경우도 적지 않다.

오늘날 문인이나 예술가, 학자들 사이에서 호(號) 문화를 다시 살리자는 운동이 널리 일어나고 있고, 상당히 많은 사람들이 널리 호를 사용하고 있다. 자녀들이 다 장성했는데, 어른들끼리 친구라고 이름을 바로 부르는 것보다는, 그래도 호를 사용하여 서로를 운치 있게 부르는 것은 품위 있는 일이라 할 수 있다. 오늘날은 관례를 하지 않기 때문에 자(字)가 있는 사람이 드무니, 오늘날의 호는 자의 기능까지도 겸하고 있다고 할 수 있다.

그러나 호를 사용하는 것은 장려할 만하지만, 호를 잘못 사용하면 망발(妄發)이 되고, 자신의 무지한 밑천을 드러내는 꼴이 되고 마니 매우 조심하지 않아서는 안 된다. 집안으로 볼 때 상당히 전통문화가 잘 지속되어 온 명가(名家)의 후손이라도, 학교 다닌다고 어릴 때부터 장기간 집을 떠나서 살았기 때문에 우리의 전통문화에 대한 견문(見聞)이 부족한 경우가 많이 있다.

호에는 어느 정도 존경의 의미가 담겨 있기 때문에, 자기가 먼저 남에게 자기의 호를 선전해서는 안 된다. 더구나 자기의 손윗사람, 즉 스승이나 집안 어른 앞에서는 감히 호를 거론해서는 안 된다. 그리고 명함 등에 자기 호를 찍어 다니면서 돌려서도 안 된다.

그리고 서신이나 예서(禮書) 등에 자기 호를 써서는 안 된다. 성현(聖賢)이나 대현(大賢), 조상(祖上) 등의 시문을 인용하거나 글씨를 쓰면서 그 아래다 자기 호를 써서는 더더욱 안 된다. 전화하면서 자기를 일컬으면서 자기 호를 이야기하는 사람이 있는데, 그것도 절대 안 된다. 자신을 일컬을 일이 있을 때는 반드시 자기 이름을 이야기해야지 자기 호를 말하면 안 된다. 손윗사람한테는 물론 안 되고, 손아랫사람한테도 안 된다. 자신을 일컬을 때 자기의 자(字)를 일컬어도 안 된다. 요즈음 중국에서 촬영한 『삼국지(三國志)』 연속극에서, 조조(曹操)가 자신을 일컬어 "나 맹덕(孟德: 曹操의 字)은 ……"이라고 했는데, 중국 교수 이중천(易中天)이 그 잘못을 지적하는 강의를 하는 것을 봤다.

더구나 자기의 호를 아호(雅號)라고 말하는 것은 절대 안 된다. 아호라 할 때의 '아(雅)' 자가 '고상한'이란 뜻인데, 자기의 호를 자기가 '고상한 호'라고 해서 될 일인가?

다른 사람이 굳이 자신에게 호가 뭐냐고 물으면, "저 같은 보잘것없는 사람이 어찌 호가 있겠습니까?"라고 몇 번 사양한 뒤, 마지못해 알려 주는 듯한 태도로, "무슨 자 무슨 자를 씁니다.", "누가 무슨 자 무슨 자를 쓰라고 지어 주어서 간혹 혼자서 씁니다."라고 말하는 것이 좋다.

시를 쓰는 어떤 교수가 모임에서 "내 아호(雅號)가 무엇입니다."라고 자기를 소개하다가, 어떤 원로 시인한테 "대학교수란 게 뭐 이따위가 있어?"라는 책망을 들으며 망신을 당한 적이 있다.

그리고 호를 좀 호답게 지어야 한다. 작명가 등에게 가서 지은 아무런 의미 없는 호는 안 된다. 남에게 호를 지어 줄 지식이나 안목도 없으면서 호 지어 주기 좋아하는 사람이 지어 주는 호도 안 된다. 이런 부류의 호는 남의 웃음거리만 될 뿐이다. 정치가들의 호 가운데는 그런 것이 많다. 그리고 역대로 추앙받아 온 선현(先賢)의 호를 자기 호로 해서도 안 된다. 어떤 사람의 호를 보면 그 사람의 식견이나 출신을 알 수 있다.

근자에 어떤 상당히 유명한 서예가가 '일두(一蠹)'라는 호를 쓰고 있어, 전통문화를 좀 아는 다른 서예가가 "일두라는 호를 써서 되겠습니까?"라고 했다. 그러자 그 서예가가 "일두가 어때서요?"라고 반문했다. "일두는 동방오현(東方五賢)의 한 분으로 문묘(文廟)에 종사(從祀)되어 있는데, 대현(大賢)의 호는 쓰는 법이 아닙니다."라고 했다. 그러자 이번에는 그 스승으로 국전 심사위원장을 여러 번 역임한 원로 서예가 이돈흥(李敦興) 씨가 "옛날 것에 구속될 필요가 없지요. 나는 써도 괜찮다고 생각합니다."라고 했다고 한다. 자기가 잘 모르면 바르게 가르쳐 주는 것을 받아들여야지 잘 모르면서 이렇게 멋대로 해서 되겠는가? 우리의 좋은 전통이 조금의 성찰도 없이 이렇게 파괴되어 간다.

가장 큰 문제는 조상에 관한 글이나 선현(先賢)에 관계되는 글을 쓰면서 자기의 호를 쓰는 것이다. 경건한 자세로 글을 써야 할 상황인데, 자신을 높이는 호를 써서 되겠는가? 요즈음 교수, 문인, 시인, 서예가 가운데는 선현들의 비문을 짓거나 글씨를 쓰면서, 자기의 호를 이름

위에 쓰는데, 이는 너무나 망발이고 불경(不敬)한 태도다. 어떤 유명 서예가는 자기 직계선조가 쓴 초서 밑에 해서(楷書)로 풀이한 글씨를 쓰면서, 자기의 호와 성(姓)까지 써넣었다가 망신을 당한 일이 있었다.

유명한 역사연구가요 문필가인 이은상(李殷相) 씨나 향가(鄕歌) 연구의 대가인 양주동(梁柱東) 교수 같은 분들은, 학식은 풍부하고 글은 잘 썼는지 몰라도, 어려서부터 집에서 나와 일본에서 대학을 다녀 우리의 전통의 문화나 제도 등에 대해서 잘 모른다. 이은상 씨의 경우 충무공(忠武公) 이순신(李舜臣) 장군, 충의공(忠毅公) 정문부(鄭文孚) 선생 등 구국(救國) 선열(先烈)의 비문에까지 노산(鷺山)이라고 자기의 호를 곳곳에 써넣어 놓았다. 양주동 교수도 남에게 자기를 가리킬 때 늘 "나무애(无涯)요."라는 식으로 자기의 호로 자신을 일컬었다. 시조시인으로 문필가로 학자로 이름을 최고로 날렸지만, 전통문화의 기본도 모르는 수준이다.

후세의 문인이나 학자들은 이분들이 남긴 아주 잘못된 사례가 옳은 줄 알고 잘못된 것을 그대로 따라 쓰고 있다. 요즈음 교수나 문인, 시인들이 남의 비문을 지으면서 거의 다 호를 사용하여 넣고 있다. 글을 받아 가는 사람들은 그것을 나무라고 쓰지 않아야 할 것인데도, 모르고 그대로 가져가 비석에 새긴다. 문학박사인 어떤 대학교수는 필자에게 남의 비문을 지으면서 글 지은 사람이 왜 이름 위에 호를 쓰지 않느냐고 항의하는 편지를 보내온 적이 있다. 정말 한심한 일이다. 심지어 안동(安東) 퇴계선생(退溪先生) 후손의 집에서도 비석을 세울 때 비석에 글씨 쓴 사람이 자기 호를 써넣어 새겼으니, 우리의 전통이 얼마나 파괴되었는지 알 수 있다.

호(號) 문화를 오늘날에 되살리려면 올바로 살려야지, 지금처럼 잘

못 살려 쓴다면, 정말 옳은 듯하면서도 정말 옳지 않은 것이다.

2006년 6월 26일

似: 비슷할 사   是: 옳을 시   而: 말 이을 이   非: 아닐 비

150

혹세무민
惑世誣民

세상을 미혹하게 만들고 백성들을 속인다

요즈음 서점에 가 보면, 4분의 1쯤은 컴퓨터 관련 책이고, 4분의 1쯤은 각종 시험 대비 수험서적이고, 4분의 1쯤은 풍수나 역술(易術), 작명 등에 관한 책이고, 교양서적과 전문서적 합쳐도 4분의 1을 차지하지 못할 정도이다.

과학이 이렇게 발달한 시대에 풍수나 역술에 관한 책이 왜 이렇게도 많은가? 일본강점기 이후로 미신으로 몰렸던 풍수, 역술 등에 관한 책이 왜 이렇게 많이 출판되고 있는가? 잘 팔리기 때문이다. 왜 잘 팔리는가? 찾는 사람이 많기 때문이다.

경제가 발달하면 발달할수록, 풍수나 역술 관계의 책이 잘 팔려 나간다는 기이한 현상이 있다. 기업을 한다든가, 무역을 한다든가, 장사를 하면 앞날을 예측할 수가 없는 것이다. 경제현상은 경제학 교과서에 쓰인 대로 되는 것이 아니다. 경제 원리 이외의 조건이 더 많은 작용을 한다. 정치가들도 마찬가지다. 국회가 새로 개원할 때마다 국회의원의 70퍼센트가 초선의원이다. 그러니 국회의원을 계속 할 수 있을지 하는 것이 현역 국회의원의 가장 큰 고민이다.

그러니 마음이 불안하고 답답하므로, 점 등에 의지하지 않을 수 없는 것이다. 그래서 풍수나 역술인에게 문의하는 경우가 많다. 꼭 맞는다고 확신은 안 할지라도, 어느 정도 마음의 위안을 주는 것은 사실이기 때문이다.

풍수나 역술가를 찾는 사람이 많기 때문에 풍수나 역술에 종사하는 사람이 많이 생겼다. 그 가운데는 큰 기업가나 유명한 정치인을 만나 일확천금(一攫千金)을 한 사람도 없지 않다. 그러자 너도나도 풍수나 역술을 배우겠다고 나섰다. 도시 곳곳에 풍수나 역술연구소가 생기고, 학회도 생기고, 심지어 대학이나 신문사의 평생교육원 등에서도 빠짐없이 유명한 풍수가나 역술인을 초빙하여 강좌를 열고 있는 실정이다. 그리고 책도 수없이 만들어 내고, 심지어 비디오 시디 등으로 만든 강의록도 판매되고 있는 실정이다. 주역학회 등은 회원이 만 명에 육박할 지경이다.

문제는, 풍수나 역술을 가르치는 이들 가운데는, 성실하게 깊이 있게 공부한 사람이 거의 없다는 것이다. 돈벌이에 혈안(血眼)이 되어 큰 소리치면서 잘 모르는 사람을 속이고, 또 자기 말을 안 들으면 앞으로 큰 재난이 닥친다고 위협을 한다. 그러니 긴가민가하면서도 대부분의 사람들이 그들의 말을 따르게 된다. 풍수가 "이 산소는 자식들에게 해롭습니다."라고 말하면, 그 산소를 옮기지 않을 사람이 드물기 때문이다.

몇 달 전에 어떤 60대 노인 한 분이 필자를 찾아왔다. 그 사연인즉, 자기가 "풍수를 하고 있는데, 풍수 책이 전부 한문으로 되어 있어 곤란하니, 이 책들을 번역을 좀 해 주시면 사례는 충분히 하겠습니다."라는 것이었다. 필자가 "풍수에 관한 책은 한문 책 가운데서도 가장 어려운 책인데, 한문을 모르면서 어떻게 풍수를 하십니까?"라고 물었더니,

"감(感)으로 압니다. 그러나 답답합니다. 그래서 번역을 부탁하는 것 아닙니까?"라고 답했다. 필자가 "글을 모르면서 어떻게 내용을 안다는 말입니까? 풍수를 계속하시고 싶으면, 기본이 되는 한문 공부부터 착실히 하여 시작하시고, 그러지 않으면, 죄를 짓는 것입니다. 옛날 우리 고향에 유명한 풍수 한 분이 계셨는데, 어떤 젊은 사람이 풍수를 배우려고 하니까, 그 풍수는 '이건 남 망치고 자기 망치는 길이다. 나는 어쩔 수 없어 하지만 젊은 사람이 무슨 할 일이 없어 이것을 배우려고 해.' 하면서 쫓아 버린 일이 있었습니다."라고 말해 줬더니, 그 노인은, "사실 맞습니다. 저도 잘 모르지만 사람들이 찾아와 물으니, 아는 체하는 것이지요. 그러나 쏠쏠하게 생활비가 나오는데, 누가 그만두겠습니까?"라고 했다. "그러면 본격적으로 열심히 연구하여 세상을 혹하게 만들고 사람들을 속이는 일은 하지 말아야지요."라고 했더니, "한문 공부 하려면 어렵고 시간이 많이 걸리는데, 풍수하는 사람 가운데 누가 한문 공부 하려고 하겠습니까?"라고 말하고는 돌아갔다.

풍수나 역술에 종사하는 사람들 가운데는, 노력은 하지 않으면서 적당하게 모르는 사람들을 속이거나 위협하여 돈벌이하는 사람이 더 많다. 정말 풍수나 역술에 관심이 있다면, 본격적으로 깊이 있게 공부하든지 그렇지 않으면 그만두어야 할 것이다. 자기도 잘 모르면서 다른 사람을 가르치는 것은 범죄행위다.

2006년 7월 3일

惑: 혹할 혹   世: 인간 세   誣: 속일 무   民: 백성 민